权威·前沿·原创

皮书系列为
"十二五""十三五"国家重点图书出版规划项目

北京市哲学社会科学研究基地智库报告系列丛书

平安中国蓝皮书

BLUE BOOK OF
SAFE CHINA

平安北京建设发展报告
（2018）

ANNUAL REPORT ON THE DEVELOPMENT OF SAFE BEIJING
(2018)

主　　编／宫志刚
副 主 编／台运启　张小兵
执行主编／王建新

社会科学文献出版社
SOCIAL SCIENCES ACADEMIC PRESS（CHINA）

图书在版编目（CIP）数据

平安北京建设发展报告. 2018 / 宫志刚主编. -- 北

京：社会科学文献出版社，2018.12

（平安中国蓝皮书）

ISBN 978 - 7 - 5097 - 3971 - 6

Ⅰ. ①平… Ⅱ. ①宫… Ⅲ. ①社会治安 - 治安管理 -

研究 - 北京 - 2018 Ⅳ. ①D631.4

中国版本图书馆 CIP 数据核字（2018）第 273483 号

平安中国蓝皮书

平安北京建设发展报告（2018）

主　　编 / 宫志刚

副 主 编 / 台运启　张小兵

出 版 人 / 谢寿光

项目统筹 / 恽　薇　高　雁

责任编辑 / 颜林柯　王蓓遥

出　　版 / 社会科学文献出版社·经济与管理分社（010）59367226
　　　　　　地址：北京市北三环中路甲 29 号院华龙大厦　邮编：100029
　　　　　　网址：www.ssap.com.cn

发　　行 / 市场营销中心（010）59367081　59367083

印　　装 / 三河市龙林印务有限公司

规　　格 / 开 本：787mm × 1092mm　1/16
　　　　　　印 张：22.75　字 数：340 千字

版　　次 / 2018 年 12 月第 1 版　2018 年 12 月第 1 次印刷

书　　号 / ISBN 978 - 7 - 5097 - 3971 - 6

定　　价 / 98.00 元

皮书序列号 / PSN B - 2018 - 773 - 1/1

为贯彻落实中共中央和北京市委关于繁荣哲学社会科学的系列指示精神，北京市社科规划办和北京市教委自2004年以来，依托首都高校和科研机构的优势学科领域，建设了一批北京市哲学社会科学研究基地。研究基地在优化整合社科资源、资政育人、体制创新、服务首都改革发展等方面发挥了生力军作用，为首都新型高端智库建设进行了积极探索，做出了突出贡献。

围绕新时期首都改革发展的重点和热点问题，北京市哲学社会科学规划办公室与社会科学文献出版社联合推出"北京市哲学社会科学研究基地智库报告系列丛书"，旨在推动研究基地成果深度转化的同时打造首都新型智库拳头产品。

《平安北京建设发展报告（2018）》
编 委 会

主要编撰者简介

宫志刚 山东威海人，中国人民公安大学治安学院院长，首都社会安全研究基地主任，法学博士，教授，博士生导师。研究方向为治安学、治安秩序与治安文化。担任中国警察协会学术委员会委员、首都社会治安综合治理研究会监事长、北京警察学院客座教授等。有《社会转型与秩序重建》《治安学导论》《治安之道》等具有重要影响的著作，发表论文50余篇。曾获"北京市优秀教师"等荣誉称号，多次出访澳大利亚、韩国、越南、匈牙利和葡萄牙等国家进行学术交流。

台运启 安徽六安人，法学硕士，教授，硕士研究生导师，中国人民公安大学治安学院副院长，首都社会安全研究基地首席专家，全国公安教育系统优秀教师，中国人民公安大学教学名师。研究方向为社会治安防控、群体性事件处理。主持国家重点研发计划、国家科技支撑计划、973计划项目课题及多项省部级课题，发表学术论文40余篇。

张小兵 山西临县人，政治学博士，中国人民公安大学治安学院教授、博士生导师，城市安全研究中心主任，首都社会安全研究基地副主任。研究方向为治安防控、城市安全与国外警察制度。主持多项部级项目，发表学术文章50余篇，著有《美国联邦警察制度研究》《中美警察制度比较研究》等。

王建新 山东临朐人，法学博士，中国人民公安大学治安学院副教授，硕士研究生导师，首都社会安全研究基地秘书。研究方向为治安法治、治安防控、应急警务。主持参加十余项国家级、省部级科研项目，发表学术论文20余篇，出版专著《英国行政裁判所制度研究》。

摘　要

习近平总书记强调，平安是人民幸福安康的基本要求，是改革发展的基本前提。首都稳，则国家稳。平安北京建设是一项涵盖政治稳定维护、社会治安防控、社会治理创新、安全生产管理、矛盾纠纷化解、人口服务管理等内容的维护首都安全稳定的系统工程，并随着时代的发展不断调整和完善。通过对平安北京的建设发展情况进行评估能够客观反映首都平安建设的实际情况，找出薄弱环节并有针对性地提出完善举措。为此，课题组在科学性、规范性、系统性和易操作性原则指导下设计了平安北京建设发展指标体系，涵盖 4 个层级 141 项指标。课题组进行评估的数据主要来自网络搜索数据、统计数据、问卷数据以及访谈，特别是通过抽样入户调查得到的 1200 份问卷在很大程度上保证了最终评估结果的科学性和有效性。

本书由总报告、分报告、专题报告及附录四部分组成。总报告主要对平安北京的发展历程、评估指标体系、评估方法和评估过程以及评估结果进行总体分析介绍。分报告主要对北京市的社会治理、社会治安防控、安全生产、矛盾纠纷化解和人口服务管理五项内容进行评估分析。专题报告主要针对平安北京建设的保障情况和北京市安全感状况进行评估分析。

评估结果显示，平安北京建设发展（2018）总体得分为 88.36 分，处于优秀等级。7 项一级指标中"社会治理"、"社会治安防控"和"平安建设保障"处于优秀等级，"安全生产"、"矛盾纠纷化解"、"人口服务管理"和"安全感"处于良好等级。总体而言，北京市社会治理共建共治共享格局初步形成，首都社会治安防控扎实有力，安全生产总体状况良好，矛盾纠纷化解持续开展，人口服务管理成效显著、稳中有进，平安北京建设各项保障充分有力，市民总体感觉社会稳定安全有序。但是，通过评估我们也发现

平安北京建设也存在一些不足之处。例如，群众利益表达、信息反馈渠道不够畅通；物流寄递实名验视制度落实不好；个人信息保护不充分；部分行业领域安全事故防控形势严峻；矛盾纠纷调解队伍建设不平衡；人口管理信息共享滞后；出租房屋管理短板突出；不同区域、不同行业、不同主体之间的安全感差异较大。未来的平安北京建设需要重点加强部门协同与社会参与，更加重视基层社会治安治理，加大重点行业监管与个人信息保护力度，拓宽群众利益表达渠道，完善社会稳定风险评估，强化流动人口和出租房屋管理，增强平安北京品牌意识和宣传教育。

本书是中国人民公安大学首都社会安全研究基地承担的 2017 年北京社科基金研究基地项目"平安北京建设发展报告（2018）"（17JDGLA041）的研究成果，由北京市哲学社会科学规划办公室资助出版。首都社会安全研究基地（以下简称研究基地）成立于 2004 年，在总体国家安全观的指引下致力于打造社会安全高端新型智库，为维护首都安全稳定提供决策咨询和智力支持，本书即研究基地长期关注研究首都社会安全的标志性成果。本书的研创得到了多方关心和帮助，北京市哲学社会科学规划办基地处给予大力支持，社会科学文献出版社给予专业指导，诸多社会安全领域专家学者给予认真指点，中国人民公安大学 2017 级治安学专业硕士研究生帮助完成社会调查，李龙、石健、范佳华、丁亚川、彭雨苏、廖天成等同学也为问卷设计和书稿校对付出了辛勤的劳动。在此向所有参与本书编写的作者、数据收集和社会调查的研究生以及为本书出版精心编辑的编辑等一并表示衷心的感谢。

关键词： 平安北京　指标体系　社会治理　治安防控　安全感

Abstract

General Secretary Xi Jinping emphasis that safety is the basic requirement of people's happiness and the fundamental premise of reform and development. Only if the capital maintains stability will the state run in order. The construction of Safe Beijing is a systematic project which covers the maintenance of political stability, the crime prevention and control, the innovation of social governance, the management of production safety, the resolution of contradictions and disputes, and the management of population services, etc. And the construction of Safe Beijing is constantly adjusted and improved with the development of the times. Through the evaluation of the construction and development of Safe Beijing, we can objectively reflect the actual situation of the construction of Safety in the capital, find out the weak links, and put forward improvement measures. To this end, under the guidance of scientific, normative, systematic and easy-to-operate principles, the research group has designed the Safe Beijing construction and development index system, which covers 141 indicators at four levels. The data support of the research group mainly comes from the data of network search, statistics, questionnaire and interviews, especially 1200 questionnaires which obtained from the sample household survey, to a great extent, guarantees the scientificity and validity of the final evaluation results.

The report is composed of four parts: general report, sub report, special report and appendix. The general report mainly introduces the development process, evaluation index system, evaluation methods, evaluation process and evaluation results of Safe Beijing. The sub report mainly evaluates and analyzes five aspects of Beijing's social governance, social security prevention and control, safety production, dispute resolution and human services management. The special report mainly evaluates and analyzes the security situation of the construction of Safe Beijing and the security situation of Beijing.

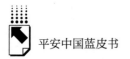
The assessment results show that the overall score of Safe Beijingin 2018 is 88. 36 points which in excellent grade. Among the seven first-level indicators, 'social governance' 'crime prevention and control' and 'security construction' are in excellent grades, 'safety production', 'conflict and dispute resolution', 'population service management' and 'security sense' are in good grades. Overall, the pattern of co-construction, co-governance and sharing of Beijing's social governance has initially formed, the crime prevention and control in the capital is solid and effective, the overall safety production situation is good, the resolution of contradictions and disputes continues to be carried out, the management of population services has achieved remarkable and steady progress, the various guarantees for the construction of safe Beijing are comprehensive, and the citizens feel the society stable, safe and orderly. However, we also found some shortcomings in the construction of Safe Beijing, such as the lack of smooth expression of the interests of the masses and information feedback channels; poor implementation of the logistics real-name inspection system; inadequate protection of personal information; severe situation in the prevention and control of safety accidents in some industries; unbalanced contradiction and dispute mediation teams; population management information lags sharing; rental housing management has many problems; the sense of security are variously between different regions, different industries, different subjects. The future Safe Beijing needs to focus on strengthening the coordination of departments and social participation, paying more attention to the grass-roots social security management, strengthening the supervision of key industries and the protection of personal information, broadening the channels for the expression of the interests of the masses, improving the risk assessment of social stability, strengthening the management of floating population and rental housing, and enhancing Safe Beijing's brand awareness and publicity and education.

Thisreport is the research result of the project Annual Report on the Development of Safe Beijing (17JDGLA041), which was undertaken by the Center for Capital Social Safety of the People's Public Security University of China, sponsored and published by the Beijing Office of Philosophy and Social Science Planning. The Center for Capital Social Safety (hereinafter referred to as the Center) was established in 2004, Under the guidance of the overall national security concept, it devotes itself to creating a new type of high-end think tank for social security, providing decision-making consultation and intellectual support for the maintenance of the security and stability of Beijing. This book is the landmark of the Center's long-term concern for the research on social security of Beijing. The research and creation of this report has been concerned and helped by many parties. For example, the Beijing Philosophy and Social Sciences Planning Office has given strong support, the Social Sciences Literature Publishing House has given professional guidance, and many experts and scholars in the field of social security have given serious guidance. The 2017 Master's degree graduates of public security of People's Public Security University of China helped to complete the society. Investigation, Li Long, Shi Jian, Fan Jiahua, Ding Yachuan, Peng Yusu, Liao Tiancheng and other students have also paid hard work for questionnaire design and manuscript proofreading. We would like to express our heartfelt thanks to all the authors who participated in the preparation of this report, the graduate students who participated in data collection and social surveys, and the editors who carefully edited the publication of this book.

Keywords: Safe Beijing; Index System; Social Governance; Crime Prevention and Control; Sense of Security

目 录

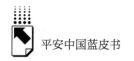

Ⅳ 附 录

皮书数据库阅读**使用指南**

CONTENTS

Ⅰ General Report

Ⅱ Sub-Reports

Ⅲ Special Reports

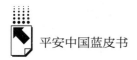
平安中国蓝皮书

Ⅳ Appendices

总 报 告

General Report

B.1
平安北京建设评估报告

王建新*

摘　要：　平安北京建设是维护首都安全稳定的系统工程。评估结果显示，平安北京（2018）总体得分为88.36分，处于"优秀"等级，表明建设情况较为理想，符合发展规律。具体而言，"平安建设保障"部分得分最高，得到98分，处于"优秀"等级，说明保障工作非常到位；"安全生产"和"矛盾纠纷化解"两部分得分相对偏低，分别得到79.89分和78.6分，拉低了平安北京建设总体得分；社会治理共建共治共享格局初步形成，"社会治理"部分得到86.93分，处于"优秀"等级；社会治安防控扎实有力，效果较好，"社会治安防控"部分得到85.22分，处于"优秀"等级；人口服务管理成效

---

* 王建新，法学博士，中国人民公安大学治安学院副教授，硕士研究生导师。

显著、稳中有进，"人口服务管理"部分得到82.71分，处于"良好"等级；市民总体感觉社会稳定安全有序，"安全感"部分得到83.19分，处于"良好"等级。

关键词： 平安北京　指标体系　社会治理　治安防控

一　平安北京建设发展历程

习近平总书记强调，平安是人民幸福安康的基本要求，是改革发展的基本前提。安全是一个国家存在和发展永恒的话题，离开了安全保障，国家就成为无本之木、无源之水。首都稳，则国家稳。首都安全是国家安全的重中之重，总体国家安全观是首都安全维护的指导思想和直接指引。首都安全稳定既是回答"建设一个什么样的首都，怎样建设首都"这一重大时代命题的基础保障，也是明确北京城市功能定位，强化首都"四个中心"核心功能的必然要求。平安北京建设作为维护首都安全稳定的系统工程，随着北京经济社会的发展和社会治安形势的变化，也经历了产生、发展和深化的过程。从2004年以平安奥运为抓手开始推动平安建设到2008年底正式提出深入推进平安北京建设，再到党的十八大以后提出全面深化平安北京建设，北京的平安建设取得了丰硕的成绩。

（一）2008年之前的首都平安建设

平安建设是新时期社会治安综合治理发展的必然要求，也是新形势下加强社会管理综合治理的重要举措。2003年中央综治委"南昌会议"推出平安建设的经验后，平安建设在全国城镇乡村迅速展开。

2004年以来，北京市委、市政府紧紧抓住开展平安建设的契机，提出了"平安奥运"的目标和理念，把实现"平安奥运"作为平安建设的阶段性目标，大力推进社会面控制工程、城市环境净化工程、基层力量整合工程和科技创安工程，确保以扎实的基础工作、严密的组织领导、有序的城市环境、先进的防控手段保障社会的和谐稳定和奥运会的绝对安全。当时的首都平安建设主要涵盖四个方面的内容：一是实施社会面控制工程，切实加强社会管理和建设；二是实施城市环境净化工程，切实加强城市管理和建设；三是实施基层力量整合工程，切实加强基层组织队伍管理和建设；四是实施科技创安工程，切实加强社会治安的管理和建设。①

2006 年北京市委政法委和首都综治委发布《关于深入开展平安建设的意见》，提出了平安建设的工作目标：为首都经济发展、社会和谐、人民安康，为 2008 年奥运会创造平安和谐的社会环境、安全稳定的政治环境、规范有序的经济发展环境和祥和净化的城市环境。营造平安和谐的社会环境，重点抓好五个体系建设：建立人民调解、治安调解、司法调解有效结合的新的调解体系；坚持精确指导、精确打击，完善"严打"整治工作体系；落实平安奥运各项安保措施，完善社会治安防控体系；全面提升技术防范水平，完善首都科技创安工作体系；严格落实责任制，完善社会管理体系。②

这一阶段首都平安建设一个显著特点就是服务"平安奥运"，平安建设的范畴除了传统的政治稳定、社会秩序维护外，增加了城市管理、城市环境整治的内容，同时着重强调发挥科技在平安建设中的作用。

（二）平安北京建设的提出

平安北京建设是对 2008 年北京奥运会之前首都维护安全稳定工作的继承和发扬。"平安北京"正式提出是在 2008 年底，北京市委在总结平安奥运工作成果的基础上，结合首都政法稳定工作实际提出建设"平安北京"的工作目标。强调"平安北京"是建设"人文北京、科技北京、绿色北京"的重要保障，是首都政法稳定工作贯彻落实科学发展观的重要实践载体和平台，是贯穿当前和今后一个时期首都政法稳定工作的一条主线。③ 平安北京

---

① 《北京：把实现"平安奥运"作为平安建设阶段性目标》，央视国际，http：//news.cctv.com/law/20070416/103692.shtml，2018 年 6 月 28 日访问。
② 《开展平安建设构建首都综治新格局》，《北京日报》2006 年 4 月 7 日，第 1 版。
③ 高斌：《市委政法委：建设平安北京 服务科学发展》，《前线》2009 年第 8 期。

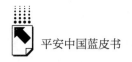
建设作为维护首都安全稳定的战略目标，是一项需要整合各方面资源和力量，各部门、各主体共同参与的系统复杂工程。

早期的平安北京建设以六大体系为重点：建立多元化矛盾纠纷化解体系，全力化解社会矛盾；建立新型社会治安防控体系，不断提升整体防控水平；建立流动人口服务管理体系，有效提高服务管理水平；建立城市环境秩序综合治理体系，努力维护良好的城市环境；建立刑事犯罪综合预防体系，从源头上预防和减少违法犯罪，坚持打防结合，预防为主，综合运用教育、防范、打击等各种手段，不断提高对首都社会治安局势的驾驭能力；建立应急处置体系，全面提高维护公共安全的能力。①

（三）党的十八大以来的平安北京建设

党的十八大以来，以习近平同志为核心的党中央高瞻远瞩，对全面深化改革做出了一系列战略部署，特别是把全面推进平安中国建设作为创新社会治理体制的重要内容，提出要坚持源头治理、系统治理、综合治理、依法治理，努力解决深层次问题，着力建设平安中国。同时，首都城市战略的新定位、治理"城市病"的新挑战、维护和谐稳定的新任务等，都对平安北京建设提出了更新、更高的要求。

随着首都经济发展、社会进步，市民群众对过上美好生活有了新的期待，对平安北京建设有了新的要求。首都安全稳定工作也应及时顺应这些新发展、新变化，按照创新社会治理、建设平安中国的总体安排，进一步拓展平安建设领域，丰富平安建设内涵。2014 年北京市委、市政府下发了《关于全面深化平安北京建设的意见》（以下简称《意见》），对在更高起点上全面深化平安北京建设进行了总体部署，并提出了平安北京建设的目标：到"十二五"末，努力实现严重刑事案件、重大公共安全事故、重大群体性事件等得到有效控制，群众安全感稳中有升，首都安全稳定总体状况进入良性循环轨道；到 2020 年，努力实现"三升三降三个不发

---

① 高斌：《市委政法委：建设平安北京　服务科学发展》，《前线》2009 年第 8 期。

生"（即社会治理能力、治安防控水平、群众安全感满意度明显提升，严重刑事案件、重大公共安全事故、重大群体性事件明显下降，坚决防止发生危害国家安全和政治稳定的重大暴力恐怖事件、重大政治事件、重大个人极端事件），首都成为全国最安全、最稳定的地区之一。提出了大力实施全面深化平安北京建设的六项工程：一是深入推进政治稳定维护工程，确保社会大局持续平稳；二是深入推进社会治安防控工程，确保治安秩序更加良好；三是深入推进矛盾预防化解工程，确保重大矛盾明显减少；四是深入推进人口服务管理工程，确保全市人口和谐有序；五是深入推进社会治理创新工程，确保治理能力明显提升；六是深入推进基层基础建设工程，确保平安建设根基牢固。①

2015 年，平安北京建设紧紧围绕首都社会治安领域的突出问题和薄弱环节。一是认真履行维护稳定第一责任，立足全国政治中心的功能定位，坚决维护首都政治安全；二是按照网络化、信息化、社会化的要求，创新完善的立体化社会治安防控体系，切实保障首都公共安全；三是不断深化社会矛盾问题源头治理，加强矛盾纠纷排查调处制度建设，努力确保首都和谐安定；四是在首都人口规模调控方面积极作为，健全完善流动人口服务管理体制机制，切实促进人口和谐有序；五是深入推进首都综治信息化建设，加强信息共享、互通互联和深度应用，努力实现以信息化引领平安建设的现代化。②

新时代对平安建设提出了新的要求。党的十九大报告指出要打造共建共治共享的社会治理新格局，加强社会治理制度建设，完善党委领导、政府负责、社会协同、公众参与、法治保障的社会治理体制，提高社会治理社会化、法治化、智能化、专业化水平。平安北京建设也积极回应新时代平安中国建设的新要求，2018 年北京市政府工作报告也从六个方面阐述了如何深入推进平安北京建设。一是坚持总体国家安全观，以首善标准做好维护政治

---

① 闫满成：《在更高的起点上全面深化平安北京建设》，《前线》2014 年第 10 期。
② 《首都综治工作将紧盯社会治安薄弱环节》，《法制日报》2015 年 2 月 10 日，第 3 版。

安全、反恐防恐、社会安全、公共安全、网络安全等各项工作，切实履行维护首都安全的重大职责。二是树立超大城市安全发展理念，弘扬生命至上、安全第一的思想，加强安全宣传教育，提高防灾减灾救灾能力。三是严格落实安全生产责任制，以"三合一""多合一"场所为重点，深入开展城市安全隐患治理三年行动计划，强化消防安全、建筑施工、道路交通等重点领域整治，坚决遏制重特大安全事故。四是保障水电气热等城市生命线安全运行。五是强化社会矛盾风险预测预警预防，完善人民调解、行政调解、司法调解衔接联动机制，提高信访工作专业化、法治化、信息化水平，依法及时就地解决群众合理诉求。六是巩固深化立体化、信息化社会治安防控体系，依法打击和惩治黄赌毒黑拐骗等违法犯罪活动，全力确保首都安全稳定。[①]

通过梳理平安北京建设发展的历程，我们发现平安北京建设的内容随着社会的发展和时代的变化不断调整，呈现如下特点：一是凸显政治安全的重要地位，政治安全维护始终是首都平安建设的首要任务和基础；二是建设的内容更加具体精准，由宏观政治环境、城市环境、社会环境具体到矛盾纠纷化解、人口服务管理等；三是更加契合首都战略定位和核心功能，重点解决超大型城市发展面临的安全问题；四是平安建设注重前端预防，强调基层基础工作，矛盾纠纷由单纯化解转向预测预警预防；五是从一般的科技创安走向信息化、智能化的系统性平安建设。

二 平安北京建设发展评估概况

（一）评估的意义

1. 能够客观反映平安北京建设的实际

第三方评估的优势在于中立、客观、公正。通过预先设定的指标体系，

---

① 《平安北京建设将怎样深入开展》，千龙网，http：//beijing. qianlong. com/2018/0130/2364958. shtml，2018 年 7 月 20 日访问。

运用科学多元的评估方法对平安北京建设进行评估，能够较为客观公正地反映平安北京建设的实际情况和真实水平，找出平安建设的薄弱环节，为平安北京的发展和完善提供决策参考。

2. 有利于信息公开，扩大公众参与

长期以来，社会安全问题由于其特殊性，公开的信息和数据十分有限，导致社会公众对维护首都安全和稳定工作知之甚少，了解模糊。通过本次评估，课题组能够尽可能地向社会公众展示平安北京建设的内容和成绩。一方面有利于平安北京建设在阳光下进行，接受社会公众的监督；另一方面有利于让更多的群众了解平安北京建设，支持平安北京建设，参与平安北京建设。

3. 有利于因案施策，实现精准治理

对平安北京建设发展进行评估，不仅能够展示平安北京建设的实际情况，而且能够预测平安北京发展趋势，发现和预判影响平安北京建设的主要因素。特别是能够预测分析影响群众安全感的因素，有利于精准发力，及时调整首都平安建设的重点内容和策略，对影响社会治安的违法犯罪行为进行精确打击。

4. 有利于节约资源，提高社会治理效率

对平安北京建设发展评估得出的结论，可以引导平安建设参加主体在工作中将主要的人力、物力和财力投入维护首都安全稳定最需要的领域，避免均衡用力，浪费资源，在有限的投入下争取维护社会治安效果的最大化。同时，通过精确打击、集中资源，在一定程度上也能缓解社会治安维护警力不足的问题。

5. 能够发挥评估的绩效激励作用

对平安北京建设情况的评估能够直观地体现平安建设的各项内容运行情况的好坏，也能够反映不同主体在平安建设中的职能职责是否充分发挥，具有横向对比功能。未来的评估还会增加纵向对比的功能。通过横向与纵向的比较，变被动治理为主动治理，充分发挥评估指挥棒的作用，用客观的数据来激励平安建设主体更积极地投入实际工作。

（二）评估指标体系

平安建设是新时期社会治安综合治理发展的必然要求，也是新形势下加强社会管理综合治理的重要举措，其内容在不同的时期、不同的地区有所差别。平安北京建设评估指标体系的构建以习近平新时代中国特色社会主义思想为指引，贯彻总体国家安全观，紧紧围绕首都"四个中心"核心功能定位，参考新时代首都社会治安形势，力争较为全面客观地反映平安北京建设实际。

1. 指标体系的设立依据[①]

指标体系设立的主要依据是平安建设领域的规范性文件，包括中央层面依据和地方层面依据。

中央层面的依据主要有：《决胜全面建成小康社会，夺取新时代中国特色社会主义伟大胜利》《中华人民共和国国民经济和社会发展第十三个五年规划纲要》《关于加强社会治安防控体系建设的意见》《"十三五"平安中国建设规划（征求意见稿)》《中共中央、国务院关于推进安全生产领域改革发展的意见》《关于完善矛盾纠纷多元化解机制的意见》等。

地方层面的依据包括：《北京市国民经济和社会发展第十三个五年规划纲要》《关于深化北京市社会治理体制改革的意见》《关于全面深化平安北京建设的意见》《北京市"十三五"时期社会治理规划》《北京市"十三五"时期安全生产规划》《北京市"十三五"时期应急体系发展规划》《关于加强首都立体化社会治安防控体系建设的意见》《北京市城市安全风险评估试点工作方案》等。

2. 指标的选取原则

平安北京建设发展评估指标，首先应该科学准确地反映北京市的平安建设状况。其次，不同指标之间相互连接形成完成的系统。再次，指标的样本

---

① 本次评估指标设立的依据仅涉及通过公开渠道能够获取的规范性文件，对于不公开、涉密的规范性文件本次评估不使用。

数据应该具备良好的数据基础，指标数据的采集应该具备准确性、可比性和一致性的特点。最后，平安北京建设发展指标的选取还应具备低成本、易操作、可获得的特点。课题组将科学性、系统性、规范性和易操作性设定为平安北京建设发展指标体系的选取原则。

（1）科学性原则。指标体系的设计及评价指标的选择必须以科学性为原则，能客观真实地反映当前北京市平安建设的实际情况和特点，能客观全面反映出各指标之间的真实关系。各评价指标应该具有典型代表性，不能过多过细，过于烦琐，相互重叠；指标又不能过少过简，避免指标信息遗漏，出现错误、不真实现象。合理的平安北京指标应该从客观和主观两个方面科学准确地反映北京市的平安建设实际状况。

客观上，课题组选择平安北京建设领域的多项统计数据作为评价平安建设状况好坏的关键指标。例如，刑事、治安警情数量，刑事、治安案件数量，常住人口、流动人口的数量和变化情况，安全生产指标完成情况，平安建设经费保障，等等。一方面这些指标来自官方的数据统计，另一方面这些指标之间具有一定的关联性，能够综合反映和体现北京地区的社会治安状况和平安建设实际。

主观上，课题组选择群众安全感作为反映平安北京建设效果的重要指标。安全是市民最基本的需求，安全感是群众对社会治安综合状况的直观感受和综合反映，体现了违法犯罪行为的破坏力和公安机关对社会治安控制力之间的动态平衡，是对平安建设有较强说服力的综合评价指标。平安北京建设的出发点就是为了保障广大市民群众的生命财产安全，从而为经济社会的发展提供持续的安全稳定环境。市民群众安全感的高低将在很大程度上反映平安建设成绩的好坏。

（2）系统性原则。评估指标体系不但要有科学性，还要坚持系统完整的原则。选取的指标既要全面反映平安北京建设的内容，各指标之间还要有一定的逻辑关系。选取的指标不但要从不同的侧面反映平安建设中社会治理、社会治安防控、安全生产、矛盾纠纷化解、人口服务管理等各个子系统的主要特征和状态，还要反映各个子系统之间的内在联系。每一个子系统由一组指标构成，各指标之间既相互独立，又彼此联系，共同构成一个有机统

一体。指标体系的构建具有层次性，自上而下，从宏观到微观层层深入，形成一个不可分割的评价体系。

按照系统性的原则，平安北京建设发展评估指标体系设置了四个层级的指标。每一个一级指标就是一个子系统，每一个子系统由相对独立完整的二级和三级指标（社会治安防控部分还有四级指标）支撑，二级指标和三级指标之间又有一定的密切联系的逻辑关系。七个一级指标的子系统相互连接共同构成了平安北京建设发展指标体系。

（3）规范性原则。规范性是学术研究和调查评估的基本要求，也是保证评估最终结果公平公正的前提基础。课题组主要从三个方面控制指标选择的规范性。一是保证指标选择的准确性。选择的指标应当准确反映平安北京建设的内容、程度和效果，特别是各级指标的名称要简练、明确，不能产生歧义和误解。二是保证指标选择的一致性。指标选取的计算量度和计算方法必须一致统一。平安北京建设发展指标体系的各项指标设定时要求能够找到明确的依据，并且尽可能是相同或相似的来源。三是保证指标选择的可考量性。选择的指标能够用统计数据、问卷调查数据、文献调查数据加以考量和评测，有利于对平安北京建设的情况进行量化，便于定量处理和数字计算，进而反映该指标内容的完成情况。

（4）易操作性原则。对于评估指标体系设计而言，除了具备科学性和规范性，还需要考虑成本效益的问题。任何一项数据的统计样本都需要投入人力成本和物资成本，高昂的数据采集成本和复杂的采集过程无疑将降低平安北京建设评估长期运行的可能性。如何用最少的成本取得最大化的效益也是课题组思考的问题。平安北京建设发展评估指标要具备低成本、易操作、可获得的特点。一是优先从现有的规范性文件中选择指标，尽量避免重新创设指标；二是选择的指标需要具备公开性，有公开数据的支撑，优先采用能够用年度统计数据反映的指标，涉密的指标和数据一律不采用；三是尽量控制需要自行采集获取数据资料指标的数量和占比。

3. 指标体系的主要内容

平安北京建设发展评估指标体系包括四个层级 141 项指标。其中：一级指标 7 项，二级指标 30 项，三级指标 86 项，四级指标 18 项。

目前，国内理论界和实务界对于平安建设的内涵与外延尚未达成一致。随着"大平安"理念的提出，平安建设的内容也有扩大的趋势，不再限于传统的社会治安、公共安全领域，政治安全、生产安全、食品安全、网络安全、文化安全等也进入平安中国建设的范畴。本次平安北京建设发展评估的主要思路是用官方文件中的"平安北京"内容作为评估指标的主干，用相对客观独立的数据来评估平安北京建设的真实情况。平安北京建设发展评估指标体系 7 项一级指标分别为社会治理、社会治安防控、安全生产、矛盾纠纷化解、人口服务管理、平安建设保障和安全感。一级指标的选取主要来源于下列文件的规定。

《"十三五"平安中国建设规划（征求意见稿）》将平安中国建设主要任务归纳为三个体系：创新完善立体化社会治安防控体系、构建完善生产安全事故风险防控体系和构筑全社会合作共享的社会治理体系。

《关于全面深化平安北京建设的意见》将平安北京建设分解为六项工程：政治稳定维护工程、社会治安防控工程、矛盾预防化解工程、人口服务管理工程、社会治理创新工程、基层基础建设工程。

《北京市国民经济和社会发展第十三个五年规划纲要》指出深化平安北京建设的主要内容是国家安全维护、网络安全管理，立体化社会治安防控体系、防恐反恐工作、消防安全等。

《2018 年北京市政府工作报告》指出，深化平安北京建设的主要工作包括政治安全、反恐防恐、社会安全、公共安全、网络安全等，具体包括安全生产、社会矛盾纠纷化解、社会治安防控体系等。

结合上述政策文件关于平安建设和平安北京建设的要求，课题组从中提取出 5 项一级指标，分别是：社会治理、社会治安防控、安全生产、社会矛盾纠纷化解和人口服务管理。① 此外，课题组认为平安北京建设不仅要有具

---

① 从平安北京建设的内容看，政治安全维护当然是平安北京建设的重要内容，但是基于指标选取的易操作性原则，政治安全很难设定指标体系和获得数据支撑，因此课题组未将政治安全纳入本次平安北京建设发展评估指标体系当中。

体的建设内容，还需要强有力的人财物方面的保障才能推动各项内容的落地。因此，将平安建设保障作为指标体系的第 6 项一级指标。

同时，平安北京建设的目标就是要把北京打造成最安全城市，让生活在北京的人民始终有安全感。基于此，在前 6 项客观性指标基础上，增加 1 项主观性指标安全感作为第 7 项一级指标。一级指标的设置既体现了平安北京建设的内容，又反映了平安建设的目标，同时也兼顾了主客观指标的结合。

二级指标主要是对一级指标的内容进行分解，分解的主要依据是各领域的权威文件。三级指标侧重于对二级指标的评测与考核，设置时强调易操作性原则，尽可能选择能够用统计数据或者调查数据直接评测的指标。整个指标体系仅有社会治安防控体系一级指标下设了四级指标。主要原因是社会治安防控体系的内容相对成熟，较为体系化，可以将其体系建设单独列为二级指标。同时，社会治安防控体系建设的内容涵盖面过于广泛，单纯依靠三级指标评测过于宏观，因此增设四级指标加以详解。

4. 指标的权重

指标的权重反映了该指标在整体评价中的重要程度，也在一定程度上决定着评价结果的科学性。课题组对各项指标权重的设置主要采用专家调查法和主观经验法。

课题组聘请了中国人民公安大学、中国政法大学、北京市公安局、北京警察学院、首都社会治安综合治理研究所等单位的 20 名专家学者组成专家组，对指标体系进行深入研究。每位专家先独立地对考核指标设置权重，然后对每个考核指标的权重取平均值，作为第一轮指标权重。

同时，课题组在指标权重设置时还采用了主次指标排队分类法，按照重要程度对指标进行大致的分类，确保同等重要的指标权重不要差异过大，使用不同来源数据的指标权重也应当是有所区分的。

课题组再将第一轮的指标权重平均值以及主次指标排序的建议反馈给专家，由专家凭借主观经验再进行第二轮权重设置，再取平均值。如此，反复进行三轮专家调查，取最后一轮专家调查的权重平均值作为最终的指标权重。

（三）评估的方法

1. 专家评估法

本次评估在指标体系的设计环节采用了定性与定量相结合的方法。首先，课题组在开题阶段通过德尔菲法对平安北京建设的主要指标进行主观的、定性的评测，形成初步的指标体系框架。在此基础上，对指标的选取和指标权重的设置进行专家打分，进行定量化的评测。课题组聘请了来自中国人民公安大学、中国政法大学、北京市公安局、北京警察学院、首都社会治安综合治理研究所等单位的 20 名专家学者组成专家组，通过匿名的方式对指标的选取和权重的设置进行了三轮打分，通过得分的高低选取指标，通过平均值确定指标的权重。

2. 问卷调查法

问卷调查是本次评估的特色。根据平安北京建设与发展 2018 年课题研究的需要，按照随机原则在北京市 16 个区根据人口比例抽取样本点，开展抽样调查，使调查结果在北京市各区域都具有代表性。

本次调查采取入户调查的方式，由调查员携带纸质问卷到抽样社区入户进行一对一调查。为保证调查结果客观真实，60 名调查员全部为中国人民公安大学在读研究生。调查对象为在北京实际居住满 3 个月的北京市户籍居民和非北京市户籍居民。问卷调查的主要内容包括个人基本信息，首都社区安全状况，社会公共空间安全状况，学校、单位安全状况四个部分。

采取分层、多阶段、与规模成比例的 PPS 方法进行抽样。根据国家统计局发布的 2016 年统计用区划代码，从北京市 16 个区中随机抽取 6 个区作为抽样区域。抽取的结果为东城、海淀、石景山、房山、昌平和延庆，既有城市核心区，又有城市创新中心，还有生态涵养区和远郊区。覆盖面广，代表性强。

本次调查计划样本 1200 份。按照各区 2016 年度实有人口数量占北京市实有人口数量的比例分配问卷数量。其中，东城区随机抽取 5 个社区完成 100 份调查问卷，海淀区随机抽取 15 个社区完成 300 份调查问卷，丰台区

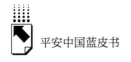

随机抽取 10 个社区完成 200 份调查问卷，石景山区随机抽取 5 个社区完成 100 份调查问卷，房山区随机抽取 7 个社区完成 140 份调查问卷，昌平区随机抽取 13 个社区完成 260 份调查问卷，延庆区随机抽取 5 个社区完成 100 份调查问卷。最终收回 1199 份有效问卷，问卷回收率为 99.9%。

3. 访谈法

为了保证研究方法的科学性和研究结果的说服力，课题组在评估过程中设置了访谈环节，访谈结果不计算得分。访谈的主要目的是对评估指标的得分情况进行验证。通过访谈，了解某一问题的实践运行情况与网络抓取、数据统计及问卷调查得出的结果是否相符，如果得分情况与实践运行差距较大，需要分析其中的原因。课题组共组织了 5 次访谈，访谈的对象包括北京市政法委、北京市公安局相关工作人员以及社区工作人员，主要围绕北京市特种行业管理、社区流动人口服务与管理、社区矛盾纠纷排查、网上信访制度、社会稳定风险评估、警力配备情况、宣传培训情况等。

（四）评分标准

本次评估每一级、每一项指标满分均为 100 分，根据各级指标所占权重计算上一级指标的得分情况。

1. 指标评分标准

本次评估指标的评分标准主要分为三类。

（1）通过网络抓取信息或数据进行评估的指标评分标准

这里又分为两种情况。一种"是否"类的网络抓取指标。例如在考察"党委领导治理"二级指标时我们设置了"是否建立党委领导责任制"三级指标。如果通过网络搜索发现北京市在社会治理中已经建立了党委领导责任制，那么该项三级指标的评估结果就选择"是"，其得分为 100 分；如果没有建立党委领导责任制，那么该项三级指标的评估结果就选择"否"，得分为 0 分。另一种是程度类的网络抓取指标。例如，我们在考察"首都群防群治"二级指标时设置了"群防群治力量参与情况"三级指标，根据网络搜索的结果将该三级指标的评测结果分为三个档次，"好"（85～100 分），

"中"（60~85分），"差"（0~60分）。①

（2）通过数据统计进行评估的指标评分标准

该类指标主要通过北京市统计局发布的统计年报中的数据进行评测，评分标准主要根据本年度数据与往年度数据之间的纵向比较确定最终得分。该类指标的得分也是分为三档。第一个档次为与往年相比，数据完成情况很好，得分为85~100分；第二档次为与往年相比，数据完成情况一般，得分为60~85分；第三档次为与往年相比，数据完成情况较差，得分为0~60分。

（3）通过调查问卷评估的指标评分标准

在平安北京建设评估指标体系构建过程中，基于三级指标核算需要，本研究通过问卷调查采集到相关信息，并据此生成三级指标的评分。调查问卷包含的140余个变量，可对应群防群治力量参与情况、群防群治品牌建设情况、群防群治成果等30余个三级指标。本研究生成评分时的总体原则是，针对调查问卷中的相关变量类别依次赋予合理分值，而后以各变量类别被调查到的现实比例分布为设计权重，加权汇总得到一个该变量的综合评分。

本研究遵循调查问卷设计的一般原则，变量基本采取"是"（肯定性回答）与"否"（否定性回答）的常见二分类模式或者"非常"（肯定性回答最高级）、"比较"（肯定性回答次高级），"一般"、"比较不"（否定性回答次高级），"非常不"（否定性回答最高级）的经典五分类模式（在部分情况下，为了降低调查难度，将肯定性回答最高级和次高级合并，否定性回答最高级和次高级合并，使用三分类模式）。对于二分类模式，评分时将选择其中反映良性成效、体现积极评价的类别赋分为100分（即满分），而将反映成效不良、代表评价消极的类别赋分为0分（即无分）。例如，关于"幼儿园校园基础设施安全"情况，"是"（即有发生问题）这一类别赋分为0分，"否"（即未发生问题）这一类别赋分为100分。对于5个分类模式，评分时按照从良性成效到成效不良，从积极评价到评价消极，依次为类别赋100分、75分、50分、25分、0分。例如，关于"邮寄快递现场检查邮寄

---

① 其中，85分为"好"，60分为"中"，全书涉及得分等级的划分均采用此标准。

物品"情况，"全部会检查""大多数会检查""检查与否比例相当""偶尔检查""不检查"5类分别对应100分、75分、50分、25分、0分。

在此基础之上，引入现实调查结果作为设计权重，可汇总得出变量评分。简要公式如下：（变量A类别1评分×变量A类别1所占比例＋变量A类别2评分×变量A类别2所占比例＋…）/100＝变量A评分（其中，变量A类别1所占比例＋变量A类别2所占比例＋…＝100%）。例如，关于"幼儿园校园基础设施安全"情况，有发生问题（"是"）的比例据调查为6.15%，其余93.85%表示未发生问题（"否"），则该情况的总评分即为93.85分；关于"邮寄快递现场检查邮寄物品"情况，"全部会检查""大多数会检查""检查与否比例相当""偶尔检查""不检查"的比例据调查分别为36.93%、28.73%、2.70%、12.96%、18.68%，则可计算出该情况的总评分为63.07分。最后，当三级指标由多个调查问卷变量表示时，各变量的评分按照等权原则汇总成指标的得分。总体来说，应用问卷调查数据核算三级指标评分，既体现了本研究的评价原则，也反映了北京市的现实情况，具有较好的效果。

2. 各级指标得分计算方法

（1）三级（四级）指标得分计算方法

三级（四级）指标的评估来源包括网络抓取、数据统计和调查问卷。

评估来源只有网络抓取的三级（四级）指标，网络抓取的得分即三级（四级）指标的最终得分。

评估来源只有数据统计的三级（四级）指标，数据统计的得分即三级（四级）指标的最终得分。

评估来源只有调查问卷的三级（四级）指标，调查问卷问题的得分即三级（四级）指标的最终得分。

评估来源包括网络抓取和数据统计两种类型的三级（四级）指标，网络抓取得分权重与数据统计得分权重各占50%，两者的得分之和即该三级（四级）指标的最终得分。

评估来源包括网络抓取和调查问卷两种类型的三级（四级）指标，网络抓取部分得分权重为40%，调查问卷得分权重为60%，两者的得分之和即该三级（四级）指标的最终得分。

评估来源包括数据统计和调查问卷两种类型的三级（四级）指标，数据统计部分得分权重为40%，调查问卷得分权重为60%，两者的得分之和即该三级（四级）指标的最终得分。

评估数据来源包括网络抓取、数据统计和调查问卷三种类型的三级（四级）指标。网络抓取部分得分权重为30%，数据统计权重为30%，调查问卷权重为40%，三者的得分之和即该三级（四级）指标的最终得分。

（2）二级指标得分计算方法

每项三级指标总分均为100分，根据三级指标所占二级指标的权重将二级指标包含的三级指标得分累加即该二级指标的得分。

（3）一级指标得分计算方法

每项二级指标总分均为100分，根据二级指标所占一级指标的权重将一级指标包含的二级指标得分累加即该一级指标的得分。

（4）平安北京建设与发展评估指标体系总得分

每项一级指标总分均为100分，根据一级指标所占总指标的权重将7项一级指标的得分相加即指标体系的总得分。专家根据当前平安中国建设、地方平安建设的实践状况，经过讨论认为，总得分85分以上为"优秀"水平，60分以下为"较差"水平。根据专家的意见，我们将平安北京建设评估结果分为四个等级，85～100分为"优秀"，70～85分为"良好"，60～70分为"中等"，0～60分为"较差"。①

（五）评估的过程

本次评估主要包括四个阶段。

第一阶段是指标体系与调查问卷设计阶段。主要工作是设计平安北京建设发展评估指标体系和调查问卷。

第二阶段是信息搜集与问卷调查阶段。主要工作是完成网络信息数据采

---

① 其中，85分为"优秀"，70分为"良好"，60分为"中等"。

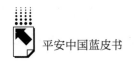
集、统计数据采集和问卷调查。

第三阶段是数据分析计算阶段。主要工作是将网络调查、统计数据和问卷调查数据应用于指标体系，计算出各项指标最终得分。

第四阶段是撰写评估报告阶段。主要工作是分析指标得分情况，结合访谈结果撰写评估总报告和分报告。

三　评估结论及对策建议

平安北京建设发展（2018）总体得分为88.36（见表1）。根据我们设定的评分标准，平安北京建设处于"优秀"等级。七项一级指标中"社会治理"、"社会治安防控"和"平安建设保障"处于"优秀"等级，其余四项处于"良好"等级，"安全生产"和"矛盾纠纷化解"得分较低，影响了平安北京建设总体得分。

表1　2018年平安北京建设发展得分

指标	得分（分）	等级
平安北京建设发展（2018）	88.36	优秀
社会治理	86.42	优秀
社会治安防控	85.22	优秀
安全生产	79.89	良好
矛盾纠纷化解	78.60	良好
人口服务管理	82.71	良好
平安建设保障	98.00	优秀
安全感	83.19	良好

（一）社会治理共建共治共享格局初步形成，部门协同与社会参与仍需加强

党的十九大报告提出，要加强社会治理制度建设，完善党委领导、政府负责、社会协同、公众参与、法治保障的社会治理体制，提高社会治理社会

化、法治化、智能化、专业化水平。通过评估我们发现，北京市的社会治理水平处于"优秀"等级。市委对社会治理的领导坚强有力，高度重视平安建设，定期召开平安议题常委会，为平安北京建设提供方向指引，保证平安建设的正确方向。市政府是平安北京建设的主导和主力军，始终将平安建设列为长期性、系统性、计划性工程，很好地开展了平安建设信息公开工作，并且将平安建设内容纳入政府年度考核当中，起到了积极的激励和推动作用。在京人民团体、社会组织和企事业单位等社会主体通过各种途径和方式积极主动参与社会治理。群防群治力量在社会治理中成效显著，"西城大妈""朝阳群众"等品牌影响力逐步增大，为北京市社会大局稳定做出了突出贡献。

但是，平安北京建设社会治理领域也存在着一些问题。在政府出台的有关社会治理及平安建设的文件、规定中，对于上下级政府、政府部门之间的责任认定未有明确划分和规定，缺乏社会协同机制。社会治理信息反馈存在单向特点，社会主体向政府反馈信息的渠道不够畅通。社会主体参与平安建设缺乏长效机制与整体规划。

在下一步的社会治理建设中要注重划分清楚上下级政府之间，特别是厘清基层政府平安建设的职责，明确政府各部门的平安建设职责与协同配合责任，同时配套建设平安北京建设问责机制。畅通群众反馈渠道，借助网络新媒体积极听取民意，并及时反馈、公开信息。完善平安建设领域的监督考核，特别要加强外部监督，引入第三方评估，使平安建设的内容在政府年度考核中处于科学合理的位置。继续加强平安建设的社会化，建立社会力量参与的长效机制和整体规划。

（二）首都社会治安防控扎实有力，重点行业监管与个人信息保护力度需要加大

社会治安防控是平安北京建设的基础性工程。评估发现，北京市社会治安防控水平处于"优秀"等级，得分 85.22 分。北京已经构建了全方位、多时段的社会面治安防控网络，覆盖面较广，校园安全和交通场站安

全成效最好。但是，问卷调查也显示部分区域街面巡逻见警率不高，医院整体安全防范能力不强，重点行业防控效果突出，旅馆等特种行业枪支、管制器具、危爆物品等能够得到有效管控，但是物流寄递行业在实名寄递、查看验视等方面存在制度落实不到位的情况。乡镇（街道）和村（社区）治安防控效果不甚理想，网络搜索显示乡镇（街道）和村（社区）治安防控已经达到优秀水平，但是问卷调查显示群众对社区网格化管理熟悉程度较低，政府网络服务平台还没有深入社区，便民服务的功能尚未充分发挥，社区民警走访调查、信息掌握、宣传服务工作有待进一步推动和深入。机关、企事业单位内部安全防控网建设较好。北京市已经就机关、企事业单位内部安全防控制定了规范性文件，确立了标准，并且建立了工作程序，设立了安全生产负责组织，积极开展培训会议，对薄弱地区和环节展开安全检查和清理整顿活动。北京市已经建立了网络安全防范机制，制定有关信息网络安全的地方性法规，开展了网上打击违法犯罪活动。积极落实个人手机实名制，对侵害个人信息安全的违法犯罪行为进行查处打击。但是问卷调查显示，个人信息保护工作效果一般，民众对个人信息泄露担忧较多，缺乏安全感。北京市也建立了外围防控网，与环京地区建立了多元协作查控机制，充分发挥了外围过滤"防火墙"作用，有效遏制了危险物品、毒品等违禁物品的流入，维护了市内社会治安。调查也显示出进京卡口治安检查落实较为到位。

从社会治安防控效果来看，近3年北京市的刑事警情和治安警情一直呈现下降趋势，刑事案件数量和治安案件数量也呈下降趋势，破案率呈上升趋势。首都北京的社会治安状况总体上呈现安全稳定有序的良好状态。

在今后的首都社会治安防控工作中，要着重提高街道（乡镇）、社区（村）社会面巡逻防控的见警率，把基层治安防控工作纳入网格管理，将防控工作融入社区（村）、街道（镇）服务或群防群治建设。在网络信息安全防控领域要加强公共网络信息管控，完善互联网新应用、新服务安全评估制度，研究实行网络区域性、差别化管控措施，落实手机和网络用户实名制。健全信息安全等级保护制度，完善网络安全风险监测预警、通报处置机制，加强公民个人信息安全保护，对买卖公民个人信息的违法犯罪行为进行源头打击和治理。

（三）北京市安全生产总体状况良好，部分行业领域安全生产形势依然严峻

北京市安全生产评估得分为 79.89 分，处于"良好"等级。北京市安全生产责任体系已基本建成。各级党委、政府的安全生产领导责任明确，党政同责、一岗双责、约谈、警示、通报等制度健全。安全监管部门与行业管理部门职责划分清晰，通过专项督察考核，建立部门监管安全生产问责机制。生产经营单位安全生产主体责任运行规范，制定实施重大生产安全事故"一票否决"制。安全生产风险防控机制较为完善。在全市开展安全风险评估试点工作，对重点行业领域安全风险进行深入辨识与评估，探索建立规范的安全风险数据库和信息管理系统。对不同行业实行事故隐患分级，指导企业依据结合生产经营活动特点和岗位实际，编制隐患排查治理标准。

安全生产应急救援能力较好。安全生产应急救援联动指挥平台升级，应急救援机构与事故现场的远程通信指挥保障系统、市级安全事故救援部门协调机制已经建立。专业化和社会化相应急救援力量稳步建设。定期开展形式多样的面向各类群体的安全警示教育培训活动。

通过评估，我们也发现，北京市安全生产指标完成情况不甚理想，得分较低，部分行业安全事故防控形势依然严峻。工矿商贸、交通运输、煤矿行业的生产安全死亡率指标仍然居于高位，上升势头明显，均未完成预定指标任务。部分企业经营主体未落实事故隐患排查治理制度，主要负责人安全生产意识不强、生产安全管理知识不足，重效益轻安全，对本企业安全生产底数不清，对本企业安全生产的重点环节、风险点掌握不充分。部分企业未细化事故隐患排查责任、内容、周期等事项，安全生产投入不足，非法违法生产行为屡禁不止。

在下一步的安全生产工作中，要重点落实企业的安全生产主体责任。建立企业常态化风险管理模式，将企业自有安全管理系统与安全监管系统对

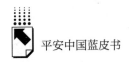

接，拓展风险辨识覆盖行业范围，建立健全企业信用等级评价制度、"黑名单"公示制度，对安全生产失信企业实施联合惩戒措施，把企业安全生产诚信状况纳入社会信用体系。强化安全生产监管力度，加大对建筑施工作业、有限空间作业、人员密集场所、交通运输行业等重点行业领域的检查力度，坚决防范和遏制群死群伤事故。

（四）高度重视积极开展矛盾纠纷化解，群众利益表达和社会稳定风险评估有待完善

通过评估，我们发现北京市矛盾纠纷化解工作得分78.60分，处于"良好"等级。北京市在推进国家治理体系和治理能力现代化的进程中，将社会矛盾源头预防和排查化解作为社会治理的重要抓手，基层政府及相关单位能够积极履职、及时报告、及时解决相关的矛盾纠纷，基本能够做到矛盾纠纷早发现、早调处、早解决。积极推动矛盾纠纷多元化解工作，促进并完善人民调解、行政调解和司法调解深度融合的多元调解体系，鼓励社会力量、专业力量参与。扩大矛盾纠纷多元化解的覆盖范围，纵向到社区（村），横向扩展至不同的行业，推动矛盾纠纷多发领域行业性、专业性调解组织的覆盖。深入开展社会稳定风险评估，不断扩大评估覆盖面，将重大决策社会稳定风险评估作为事前程序和刚性门槛来保障重大决策的有效稳妥实施。坚持"阳光信访"、"责任信访"和"法治信访"，坚持首接首办责任制，推动群众信访事项在第一时间、第一地点妥善处理。在依托信访网络综合服务平台的基础上加强网上信访工作，始终坚持诉访分离，加强律师参与信访工作，落实信访责任制，深化信访法治宣传工作。

通过评估，我们也发现北京市在矛盾纠纷化解领域还存在一些亟待完善的问题：群众利益表达渠道在基层相对较窄，不够畅通；矛盾纠纷多元调解组织联调联动机制衔接有待加强；矛盾纠纷调解队伍存在软硬件设施不均衡、人员不固定、年龄层次不合理、专业知识缺乏的问题；重大决策社会稳定风险评估社会参与不足，网络信访信息公开不够，信访法治化地方性立法缺失。

在下一步的工作中，要重点强化矛盾纠纷排查化解责任落实考核，构建行业性、专业性矛盾纠纷排查化解分级制度。建立基层矛盾纠纷信息收集机制，加强信息研判。拓展基层群众利益表达渠道。完善矛盾纠纷多元调解联调联动机制。扩大重大决策社会稳定风险评估的社会参与，以听证会、座谈会、网络意见建议等多种形式开展评估，鼓励引入第三方评估。加快首都信访地方性立法进程，重点解决立法滞后、信访程序不规范、群众信访不信法等问题。同时，加强网络信访工作的公开透明度。

（五）人口服务管理稳中有进，流动人口和出租房屋管理有待加强

"人口服务管理"一级指标的得分为82.71分，处于"良好"等级。北京市人口服务管理工作成效显著，政策制度不断完善，科学缜密的人口服务管理体系已经建立，常住人口调控稳步进行，常住人口数量和增速调节均达到预期效果。建立了科学、长效的流动人口动态监测机制，流动人口的规模和增速均呈下降趋势。居住证办理方式多样、程序设置较为人性化，居民反映良好，居住证持有者可享受的公共服务范围逐渐扩大，如持证的老年流动人口可以免费逛公园、乘坐公交车等。特殊人群管理服务的工作全面扎实推进，重点人员日常管控力度大，重点青少年服务领域已经形成民政部门牵头，多部门和群团组织信息共享、协调联动的工作机制。监狱和社区服刑人员分类组织帮扶，实施个人化、人性化帮扶计划，特别注重对服刑人员未成年子女的心理健康辅导和帮扶教育。

通过评估，我们发现北京市人口服务管理工作也存在一些短板，主要表现在：一是流动人口信息登记共享不足。流动人口信息的登记分散在不同的管理部门，各部门各自为政，尚未形成合力，人口信息共享和联通不到位，产生人口信息"孤岛"，导致流动人口信息重复登记核查，降低了流动人口信息的使用效率。二是出租房屋管理"短板效应"明显。出租房屋安全隐患排查不到位，存在电器线路不规范，消防设施配备不达标，应急反应能力较差等问题，容易导致出租屋安全事故的发生。出租房屋管理缺乏明确法律

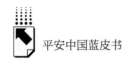

依据，群租房、违法出租认定难。三是特殊人群管理未形成合力。特殊人群管理部门之间配合不佳，社会帮扶组织发展缓慢，缺乏管理合力，导致管理瓶颈，管理成本增加却不能取得相应的效果，容易出现重点人口漏管等问题。

今后的流动人口服务管理要重点加强流动人口信息登记的多部门共享。由北京市政府牵头，协调政府各部门、企事业单位探讨流动人口信息共享的内容、方式和范围，尽快建立流动人口信息的协作共享机制。搭起连接各部门的流动人口信息"孤岛"的桥梁，避免人力、物力、财力的浪费，使碎片化的流动人口信息整合成一个整体，提高流动人口信息对政府决策的利用参考价值。弥补出租房屋管理"短板"。多部门联合行动，将入户排查安全隐患落到实处，实现入户排查全覆盖，避免安全死角的情况。加强对出租房屋租住人员的安全教育，提高用电用火安全意识和应急处置能力。建立健全出租屋管理领域的地方性法规规章，明确界定群租房、违法出租的形式、处罚主体和标准。要细化特殊人群的管理网络，加强社区（村）一级的特殊人群管理工作，构建层次分明、职权统一、协作一致的管理体系。调动和吸引社会力量参与到特殊人群管理中，增强特殊人群对城市的认同感和归属感，为特殊人群重新融入社会营造宽缓柔性的社会环境。利用大数据共享平台，做好重点人口的动向监测和实时监控。

（六）平安北京建设各项保障充分有力，宣传教育和品牌意识需要加强

人财物方面的保障是平安北京建设顺利推进的依靠。本次评估，平安北京建设保障部分得分最高，达到98分，处于"优秀"等级。北京市高度重视在法治轨道上推进平安北京建设，不断提高平安北京建设法治化水平。统计发现涉及平安建设的地方性立法有161项，占全部地方性立法数量的7.3%，高于同期其他城市。[1] 在平安建设警力配备、专业队伍建设、社会力量参与领域均已建立了保障机制，全市实名注册的治安志愿者已超过85

---

[1] 同期上海市平安建设地方性立法占比为4.9%。

万人，各类群防群治力量动员总量近 140 万人。[①] 北京市公共安全财政预算充足，并且随着公共安全形势的变化和需求不断调整。北京市公安局 2018 年财政预算中的公共安全支出达到 574157.8 万元。主要用于行政运行、治安管理、刑事侦查、经济犯罪侦查、出入境管理、居民身份证管理等支出。在平安建设科技支撑领域，北京市在公共安全视频监控系统建设、大数据深度应用、信息资源共享融合、信息安全防护建设方面投入很大，以"雪亮工程"为代表的公共视频监控系统成效显著。全市范围内多次开展与平安建设有关的应急演练，积极推动安全教育深入领导干部培训和中小学教育内容。

就平安北京建设保障体系而言，成绩是主要的，法治保障、人员保障、财务装备、科技支撑工作等方面都十分坚实，为平安北京建设提供了有力的支撑。不足之处也是显而易见的，平安建设的宣传教育还不够充分，影响平安北京建设的社会认知度和参与度。

下一步的平安北京建设要树立品牌意识，把平安北京建设品牌思维和品牌理念贯穿于平安北京建设的全过程，树立平安北京思维推进平安北京建设。加强宣传教育，推进树立平安北京建设先进典型。领导干部要带头学习平安建设，做平安北京的表率。推动落实"平安北京谁建设谁宣传"的宣传责任制，加强对以青少年为重点的平安北京建设宣传教育，广泛开展群众性平安北京文化建设，在全社会形成宣传和推进平安北京建设的良好环境。

（七）市民总体安全感良好，不同区域、不同行业、不同主体之间差异较大

"安全感"一级指标的得分为 83.19 分，[②] 处于"良好"等级，市民群

---

① 《北京多举措推进群防群治工作成效显著》，中国长安网，http：//www.chinapeace.gov.cn/ 2015 - 11/23/content_ 11284149. htm，2018 年 9 月 25 日访问。

② 国家统计局公布的 2017 年北京市群众安全感调查指数为 97%。我们评估获得的安全感与此有一定的出入，主要原因是调查评估方法不同。我们进行安全感评估的主要数据来源是问卷调查，全部采用入户调查方式，在北京市 16 个区随机抽取 6 个区 60 个社区进行调查，共发放 1200 份调查问卷，收回 1199 份，回收率 99.9%。问卷调查内容包括总体安全感、公共场所安全感、单位安全感、社区安全感和校园安全感。

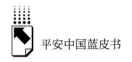
众对北京市平安建设的认可度较高。从"总体安全感"来看，北京城区、郊区或城乡接合部的整体安全感状况要低于远离郊区的乡镇和农村地区，其中安全感最差的为"郊区或城乡接合部"。居住在不同类型社区的居民整体安全感也存在一定的差异，"机关事业单位社区""商品房社区"居民安全感较好，"城中村或棚户区社区"居民安全感较差。通过列联关系分析和卡方检验，我们发现社区安全感、单位安全感和公共空间安全感越好，则居民的整体安全感就越好。

"公共空间安全感"整体较好，但评估也反映出医院、公交站、汽车站等场域的安全感指数较低。"单位安全感"得分最低，严重影响了"安全感"的总体评价，反映出在平安北京建设中，单位安全工作存在一定问题，特别是在定期安全检查、应急队伍建设、安全教育、食品监控体系等安全防范工作方面仍有较大的提升空间。社区警务工作、社区居委会工作、社区人防、社区物防、社区居民熟悉程度越好，社区居民的整体安全感越好，说明社区安全工作对于平安建设意义重大。"校园安全感"的得分最高，表明北京市校园安全工作要明显好于公共场所、社区和单位的安全防范工作。

通过安全感评估，我们认为未来的平安北京建设要重点加强基层社区安全治理，加大社区工作力度，提升社区工作者与社区居民的接触频度。加大城乡接合部、城中村、棚户区、老旧小区的安全防范力度，加强医院、公交站、汽车站等公共区域的巡逻防控，加强单位安全生产工作，完善安全生产管理制度。继续做好校园安全教育，尤其是要从幼儿阶段开展安全教育。

分 报 告

Sub-Reports

B.2
北京市社会治理调查报告

房 欣　姚舒文*

摘　要：　社会治理状况可通过党委和政府主导，人民团体、社会组织、
　　　　　企事业单位参与，以及首都群防群治等4个二级指标和下设
　　　　　的12个三级指标进行测量。报告根据各主体对于社会治理的
　　　　　意义确定侧重点，运用网络检索、文件搜集、问卷调查等方
　　　　　法进行评估。评估结果确认了在北京市社会治理中，在党委
　　　　　领导下，政府发挥有力的主导作用，人民团体、社会组织以
　　　　　及企事业单位都从不同程度上参与社会治理，群防群治也取
　　　　　得一定成效，北京市社会治理体制初步形成。但同时也存在
　　　　　责任认定、考核细化、监督制约、信息反馈等方面的问题，
　　　　　社会力量参与水平有待提高，社会治理体系尚待从制度机制

---

* 房欣，中国人民公安大学治安学院教师；姚舒文，中国人民公安大学博士研究生。

上进行调整和完善。

关键词： 社会治理体制　党委领导　政府主导　社会参与　群防群治

一　指标设置及评估标准

（一）指标设置

本次平安北京建设评估"社会治理"一级指标之下设置四项二级指标，分别为"党委领导治理""政府主导治理""人民团体、社会组织、企事业单位参与社会治理""首都群防群治"（见表1）。四项指标分别对应社会治理四类主体，根据不同的定位和责任划分，通过十二项三级指标来考量每一类主体在社会治理中的作用是否充分发挥，从而判断社会治理在平安北京建设中的效能。

表1　首都"社会治理"及其下设指标及权重

一级指标（权重）	二级指标（权重）	三级指标（权重）
社会治理 （15%）	党委领导治理 （30%）	是否建立党委领导责任制（60%）
		市委常委会会议是否讨论平安建设议题（40%）
	政府主导治理 （20%）	市政府在平安北京建设中的定位是否明确（25%）
		是否定期召开全市平安建设相关会议（25%）
		政府相关部门是否公开平安建设相关信息（25%）
		是否将平安建设纳入年度考核（25%）
	人民团体、社会组织、企事业单位参与社会治理（20%）	人民团体参与社会治理情况（30%）
		社会组织参与社会治理情况（40%）
		企事业单位参与社会治理情况（30%）
	首都群防群治 （30%）	群防群治力量参与情况（40%）
		群防群治品牌建设情况（30%）
		群防群治成果（30%）

十二项三级指标主要考察是否建立党委领导责任制，市委常委会会议是否讨论平安建设议题，市政府在平安北京建设中的定位是否明确，是否定期召开全市平安建设相关会议，政府相关部门是否公开平安建设相关信息，是否将平安建设纳入年度考核，人民团体参与社会治理情况，社会组织参与社会治理情况，企事业单位参与社会治理情况，群防群治力量参与情况，群防群治品牌建设情况，群防群治成果。社会治理部分的三级指标从不同的侧面反映党委、政府、人民团体、社会组织、企事业单位、社会公众参与社会治理的情况是否满足平安北京建设的要求。

（二）设置依据及评估标准

1. 二级指标设置依据

"社会治理"一级指标下的四项二级指标设置的主要依据是党的十九大报告关于社会治理创新的要求、《北京市国民经济和社会发展第十三个五年规划纲要》、《北京市"十三五"时期社会治理规划》、《关于全面深化平安北京建设的意见》中关于社会治理创新的要求。

党的十九大报告指出要加强社会治理制度建设，完善党委领导、政府负责、社会协同、公众参与、法治保障的社会治理体制，提高社会治理社会化、法治化、智能化、专业化水平。《北京市"十三五"时期社会治理规划》中指出要始终把坚持党的领导、发挥政府主导作用作为社会治理的首要原则，始终把各方协同参与、全民共建共享作为社会治理的着力点。《北京市国民经济和社会发展第十三个五年规划纲要》提出要优化社会治理格局，发挥政府主导作用，积极培育社会组织，鼓励公众参与社会治理。依据上述规定和要求，课题组将社会治理的内容分为四类主体的工作。根据四类主体在共建共治共享社会治理新格局中的不同定位和功能，设置不同的权重，其中"党委领导治理"指标权重设定为30%，"政府主导治理"指标权重设定为20%，"人民团体、社会组织、企事业单位参与社会治理"指标权重设定为20%，"首都群防群治"指标权重设定为30%。

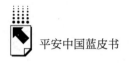
2. 三级指标及评分标准

（1）是否建立党委领导责任制

①设置依据

党委领导责任制是考量党委领导社会治理的重要标准。中国共产党作为执政党，是社会主义建设各项事业的领导者，社会治理作为社会主义建设的重要内容，自然需要在党的领导下开展。十九大报告以及党的"十三五"规划也多次强调要"完善党委领导、政府负责、社会协同、公众参与、法治保障的社会治理体制"。党委领导责任制是贯彻党委领导的重要方式之一。2016年中共中央办公厅、国务院办公厅印发了《健全落实社会治安综合治理领导责任制规定》，专门强调社会治理中社会治安综合治理的责任制问题。

②评测方法

本指标满分100分，指标权重设定为60%，主要通过网络检索、党政官方网站搜索（首都之窗、首都政法综治网等）、官方文件搜集、电话咨询等方式，检索北京市是否建立社会治理党委领导责任制。

③评分标准

通过检索，如果找到北京市已经建立党委领导社会治理责任制的依据，得100分；如果没有检索到相关信息，此项指标得0分。

（2）市委常委会会议是否讨论平安建设议题

①设置依据

市委常委会会议是否讨论平安建设议题是考量党委领导社会治理的重要标准。市委是党的地方领导机构，北京市委常委会是全市的决策中枢，保障北京市的发展稳定。议题通常是结合当地实际情况，经过筛选进入常委会，是关系全市发展稳定的全局性、政策性、方向性的重大问题。市委常委会会议是否将平安建设作为议题，从中可窥探党委是否重视平安建设议题，若对该议题由市委常委集体研究决策，更是党委推进平安建设工作的具体步骤，是进一步推进平安建设的具体体现。

②评测方法

本指标满分100分，指标权重设定为40%，主要通过网络检索、党政官方网站搜索（首都之窗、首都政法综治网等）、官方文件搜集、电话咨询等方式，检索北京市委常委会会议是否以平安建设为议题。

③评分标准

通过检索，如果找到北京市委常委会会议以平安建设为议题的依据，得100分；如果没有检索到相关信息，此项指标得0分。

（3）市政府在平安北京建设中的定位是否明确

①设置依据

市政府在平安北京建设中的定位是否明确是考量政府主导治理的重要标准。政府作为国家统治和社会管理的机关，行使国家权力，提供公共产品。安全是群众的基本需求，也是政府必须提供的公共产品之一。平安建设是在政府的主导和行动下，集合社会力量，维持社会稳定，提升群众安全感，达到有秩序不紊乱的社会状态。为推进首都平安建设，北京市委、市政府在下发的《关于全面深化平安北京建设的意见》中指出，创新社会治理体制，需要不断加强和完善党委领导、政府负责、社会协同、公众参与、法治保障的社会治理格局。政府是平安建设的主导者、组织者、实践者，政府在平安建设中的定位明确，关系职责划分的明确性，关系社会力量的协调合作，关系平安建设的统筹规划。因此，市政府在平安北京建设中的定位是否明确是考量政府主导治理的重要标准。

②评测方法

本指标满分100分，指标权重设定为25%，主要通过网络检索、党政官方网站搜索（首都之窗、首都政法综治网等）、官方文件搜集、电话咨询等方式，检索市政府在平安北京建设中的定位是否明确。

③评分标准

通过检索，如果找到北京市政府在平安北京建设中定位明确的依据，得100分；如果没有检索到相关信息，此项指标得0分。

（4）是否定期召开全市平安建设相关会议

①设置依据

是否定期召开全市平安建设相关会议是考量政府主导治理的重要标准。

针对平安建设议题召开定期会议，即指对该项议题常抓不懈，将其作为规划性、系统性、长期性的常态工程。定期召开平安建设相关会议，可起到解决工作问题、总结经验教训、部署下期工作等指导规划和统筹协调的作用，是政府主导平安建设，稳步推进综合治理的工作模式和方法之一。因此以是否定期召开全市平安建设相关会议为标准，可窥探北京市政府是否将平安建设作为常态化议题稳步推进，起到政府主导统筹的作用。

②评测方法

本指标满分 100 分，指标权重设定为 25%，主要通过网络检索、党政官方网站搜索（首都之窗、首都政法综治网等）、官方文件搜集、电话咨询等方式，检索是否定期召开全市平安建设相关会议。

③评分标准

通过检索，如果找到北京市已经定期召开平安建设相关会议的依据，得100 分；如果没有检索到相关信息，此项指标得 0 分。

（5）政府相关部门是否公开平安建设相关信息

①设置依据

只有政府信息的公开透明，才能真正保证公众的知情权、参与权与监督权。《2018 年政务公开工作要点》明确指出要"结合政府机构改革和职能优化，做好政府部门权责清单调整和公开工作，强化对行政权力的制约和监督，推动政府部门依法全面规范履职"。只有政府相关部门公开平安建设相关信息，公众才能增加对平安建设的了解，从而激发公众参与平安建设的动力，公众参与的广度和深度也会随获取信息的增多而扩大和加深，同时为公众监督平安建设进程提供信息保障。

②评测方法

本指标满分 100 分，指标权重设定为 25%，主要通过网络检索、党政官方网站搜索（首都之窗、首都政法综治网等）、官方文件搜集、电话咨询等方式，检索政府相关部门是否公开平安建设相关信息。

③评分标准

通过检索，如果找到政府相关部门公开平安建设相关信息的依据，得

100 分；如果没有检索到相关信息，此项指标得 0 分。

（6）是否将平安建设纳入年度考核

①设置依据

政府相关部门是否将平安建设纳入年度考核是考量政府主导治理的重要标准。通过将平安建设纳入考核，使平安建设工作可控制、可预期、可评价，是政府治理的重要方法。平安建设纳入年度考核为各部门提供了工作导向，有利于检验其工作效果，查缺补漏，改善工作，督促各项具体任务的完成，同时，考核的奖惩功能也可激励各部门改进工作方法，增强工作效果，进一步推动平安建设进程。

②评测方法

本指标满分 100 分，指标权重设定为 25%，主要通过网络检索、党政官方网站搜索（首都之窗、首都政法综治网等）、官方文件搜集、电话咨询等方式，检索是否将平安建设纳入年度考核。

③评分标准

通过检索，如果找到将平安建设纳入年度考核的依据，得 100 分；如果没有检索到相关信息，此项指标得 0 分。

（7）人民团体参与社会治理情况

①设置依据

人民团体是在中国共产党的领导下联系工人、农民、知识分子、青年、妇女以及科学、文艺、工商、宗教、侨胞等的各类组织团体，不属于政府部门与企事业单位，但广泛深入社会各界，是中国共产党了解社情民意、开展社会动员、进行社会治理的重要纽带。因此，人民团体的参与是对在党的领导下政府开展社会治理的自然延伸。通过对人民团体参与社会治理的情况进行考察，可以进一步丰富和补充对党委领导和政府主导下社会治理状况的调查。

②评测方法

本指标满分 100 分，指标权重设定为 30%，主要通过网络文本抓取的方式评价人民团体参与社会治理的情况。

③评分标准

综合网络文本抓取的结果进行评分，将结果分为"好"（85～100分）、"中"（60～85分）、"差"（0～60分）三级。社会治理是一项长期化的过程，故其成效相较于零散的治理活动，更有赖于长效的制度机制。人民团体的突出特点在于其介于政府与社会之间，可以作为二者联系的重要纽带。因此，在评价人民团体参与社会治理的情况时，可设立如下标准。

"好"（85～100分）：人民团体构建了系统的长期制度机制以联系政府与社会各界参与社会治理。

"中"（60～85分）：人民团体并未构建长期制度机制，但通过一些措施、活动以实现对社会治理的参与。

"差"（0～60分）：人民团体既没有构建长期制度机制，也缺乏相关措施、活动参与社会治理。

（8）社会组织参与社会治理情况

①设置依据

十九大报告指出，我国在今后要"打造共建共治共享的社会治理格局"，将社会协同和公众参与作为完善社会治理体制的内容之一，"推动社会治理重心向基层下移，发挥社会组织作用"。社会自身所具有的自发性和能动性对社会治理而言则意味着潜在的资源和动力，考察社会组织参与社会治理的情况，有助于评价当前社会治理对社会力量和社会资源的引导、运用情况。

②评测方法

本指标满分100分，指标权重设定为40%，主要通过网络文本抓取的方式评价参与社会治理的情况。

③评分标准

综合网络文本抓取的结果进行评分，将结果分为"好"（85～100分）、"中"（60～85分）、"差"（0～60分）三级。评价社会组织参与社会治理的情况，同样需要关注是否存在系统的长期制度机制，形成相应的"制度窗口"引导社会力量和社会资源进入社会治理领域。评分标准如下。

"好"（85～100分）：社会组织构建了系统的长期制度机制以引导社会力量和社会资源参与社会治理。

"中"（60～85分）：社会组织并未构建长期制度机制，但通过一些措施、活动以实现对社会治理的参与。

"差"（0～60分）：社会组织既没有构建长期制度机制，也缺乏相关措施、活动参与社会治理。

（9）企事业单位参与社会治理情况

①设置依据

企事业单位不仅是社会治理中被管理的对象，同时也是社会治理的共同参与者。因此，一方面，社会治理的具体措施和手段会在企事业单位的生产和工作中得以体现；另一方面，企事业单位因其所具有的自我管理能力，并且在多项事务中贴近基层，可以在一定的范围内较为灵活地协同政府主导的社会治理，充分发挥企事业单位的协同作用，有助于提高社会治理的效能。考察企事业单位参与社会治理的情况可以在具体层面了解社会治理各项措施的有效性，并评价其作为社会治理参与者所发挥的作用。

②评测方法

本指标满分100分，指标权重设定为30%，主要通过网络文本抓取的方式评价企事业单位参与社会治理的情况。

③评分标准

综合网络文本抓取的结果进行评分，将结果分为"好"（85～100分）、"中"（60～85分）、"差"（0～60分）三级。由于企事业单位作为灵活参与社会治理的协同力量，故对其情况进行评分应关注两方面：一方面，是否形成社会治理所需的长效机制；另一方面，企事业单位参与社会治理的渠道是否充足多样。评分标准如下。

"好"（85～100分）：企事业单位参与社会治理形成长效机制并且渠道充足多样。

"中"（60～85分）：企事业单位参与社会治理未建立长效机制或渠道单一。

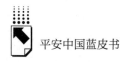
"差"（0～60分）：企事业单位既没有构建长效机制，也缺乏相关渠道参与社会治理。

（10）群防群治力量参与情况

①设置依据

群防群治是各地社会治理实践中经常采用的一类方式，是社会治理和治安防控的重要协同力量。该指标的设置旨在从客观属性上了解当前社会治理中的群防群治力量。例如其人员数量、人员构成、组织管理等。

②评测方法

本指标满分100分，指标权重设定为40%，通过综治部门的相关数据、网络文本抓取以及问卷调查综合评测。

③评分标准

综合网络抓取的文本与数据（权重40%）、问卷调查（权重60%），考察群防群治力量人员数量、人员构成、组织管理等几项内容。

基于网络抓取的文本与数据的评价分为"好"（85～100分），"中"（60～85分），"差"（0～60分）三级。可评为"好"的群防群治力量应在各方面表现为：群防群治人员数量充沛；人员构成年龄、文化素质等方面结构合理，人员所从事的职业、面向的社会领域多元化；在组织管理上，管理手段科学高效，为群防群治力量提供丰富多样的渠道发挥职能。此外，由于当前群防群治力量仍在发展过程中，对其成长规划也应予以关注。"中"和"差"的评价在该基础上根据实际情况进行减分得出。

问卷调查对相关问题的回答赋予不同分值（经常见到为1分，偶尔见到为0.8分，见不到为0.5分），根据回答比例乘以分值，最终与网络抓取部分的得分根据各自权重计算出最终得分："好"（85～100分），"中"（60～85分），"差"（0～60分）。

（11）群防群治品牌建设情况

①设置依据

该指标倾向于了解民众对于现有各类群防群治力量的认知以及对其工作的主观评价和感受，借此从侧面考察群防群治力量在社会治理中的辨识度、组织管理水平以及工作效能等情况。

②评测方法

本指标满分100分，指标权重设定为30%，通过综治部门的相关数据、网络文本抓取以及问卷调查综合评测。

③评分标准

综合网络抓取内容（权重40%）、问卷调查（权重60%），总体评分分为"好"（85～100分）、"中"（60～85分）、"差"（0～60分）三级。

网络抓取内容部分，注重评价群防群治品牌的知名程度、差异性以及成长规划。知名度高、差异性突出、成长规划完善可行的则为"好"（85～100分），"中"（60～85分）、"差"（0～60分）根据实际情况减分得出。

问卷调查部分分别对各群防群治品牌评价赋予分值（认可为1分，一般为0.8分，不认可为0.5分，不知道为0分），随后计算其平均分。

（12）群防群治成果

①设置依据

该指标旨在从结果上评价群防群治力量在社区街道巡逻防控、提供破案线索、化解矛盾纠纷等各方面的工作成效，从而结合前述的两项三级指标完成对"首都群防群治"二级指标的整体考察。

②评测方法

本指标满分100分，指标权重设定为30%，通过综治部门的相关数据、网络文本抓取以及问卷调查综合评测。

③评分标准

综合网络抓取文本和数据（权重40%）、问卷调查（权重60%），结果分"好"（85～100分）、"中"（60～85分）、"差"（0～60分）三级。

群防群治力量在社会治理过程中一般起协同、辅助的作用，有效的群防群治成果是建立在群防群治力量在政府主导下，与政府及其他主体充分协同的基础上。同时，群防群治力量的参与也在于对民众安全氛围和安全意识的培养。因此，评价网络抓取文本数据部分的得分应当分以下情形。

"好"（85～100分）：群防群治力量与政府形成有效的协同机制，民众

因为群防群治力量对社会治理的参与而切实提升了安全感并受到了动员。

"中"（60～85分）：群防群治力量与政府协同作用有限，或民众并未充分体会到群防群治力量参与的作用。

"差"（0～60分）：群防群治力量与政府没有形成协同机制，民众对群防群治力量作用感受轻微或表示否定。

对于问卷调查中每个问题的回答选项赋予分值（好为1分，一般为0.8分，不好为0.5分，不知道为0分），随后计算其平均分。

二　总体评估结果分析

通过网络检索、问卷调查等方式，对党委领导治理，政府主导治理，人民团体、社会组织、企事业单位参与社会治理，首都群防群治等四个二级指标，十二个三级指标进行了系统评估。其中，党委领导治理指标得分100，政府主导治理得分100，人民团体、社会组织、企事业单位参与社会治理得分67，首都群防群治得分76.74，根据加权算法，得出社会治理部分得分为86.42（见表2）。

表2

一级指标(得分)	二级指标(得分)	三级指标(得分)
社会治理 (86.42)	党委领导治理(100)	是否建立党委领导责任制(100)
		市委常委会会议是否讨论平安建设议题(100)
	政府主导治理(100)	市政府在平安北京建设中的定位是否明确(100)
		是否定期召开全市平安建设相关会议(100)
		政府相关部门是否公开平安建设相关信息(100)
		是否将平安建设纳入年度考核(100)
	人民团体、社会组织、企事业单位参与社会治理(67)	人民团体参与社会治理情况(70)
		社会组织参与社会治理情况(70)
		企事业单位参与社会治理情况(60)
	首都群防群治(76.74)	群防群治力量参与情况(82.37)
		群防群治品牌建设情况(62.59)
		群防群治成果(82.17)

对二级指标"党委领导治理"的评估，通过网络检索方法，对"是否建立党委领导责任制"和"市委常委会会议是否讨论平安建设议题"两项三级指标进行检索。建立党委领导责任制是平安建设的制度保障，市委常委会会议讨论平安建设议题是平安建设的具体工作指导，从制度保障和工作指导两个方面来评估党委对平安建设的领导治理。经检索两项指标，均可检索到相关确切信息，因此该指标为 100 分。党委通过出台相关文件明确平安建设中党委的领导地位，并通过相关制度明确党委责任，建立党委领导责任制。平安建设离不开党的领导，党委领导责任制为确保平安建设在党的领导下朝着正确的方向前进提供了保障。市委常委会会议讨论平安建设议题，则凸显了市委对于平安建设的重视，是党领导平安建设的具体表现，为平安建设提供了行动指南。

对二级指标"政府主导治理"的评估中，通过网络检索方法，对"市政府在平安北京建设中的定位是否明确""是否定期召开全市平安建设相关会议""政府相关部门是否公开平安建设相关信息""是否将平安建设纳入年度考核"等四个三级指标进行检索。经检索，均可获取确切相关信息支撑该四个指标。因此，该二级指标得分为 100 分。市政府在平安北京建设中明确定位为主导地位，既起到统筹规划和融合社会力量的作用，又起到平安建设的主力和基础作用，明确政府定位是政府主导治理平安建设的工作基础。定期召开全市平安建设相关会议，则是将平安建设列为长期性、系统性、计划性工程，政府通过定期会议持续稳步推进平安建设，是政府推进平安建设的具体行动指南。政府公开平安建设相关信息，既符合国家出台的信息公开相关规定，又有利于调动公众对于平安建设的关注和参与，号召社会力量共建平安北京，是政府主导治理的附加力量。将平安建设纳入考核机制，是政府主导治理的考核激励机制。因此，政府主导治理从平安建设的工作基础、行动指南、附加力量和激励机制等四个方面来考评，且均有相关数据信息支撑。在对这部分进行检索时发现了还存在责任认定不明、考核不够细化、缺乏完备的监督制约机制、信息反馈渠道不够畅通等问题，还需进一步改善。

对二级指标"人民团体、社会组织、企事业单位参与社会治理"的评

估，首先根据其在当前社会治理中的定位和特点，预先构建相应的评价标准，随后，针对评价标准的指向，进行网络数据和文本的检索，结合检索内容比对评价标准，进行评分。人民团体、社会组织、企事业单位作为组织性较强的社会力量，是联系社会资源进入社会治理的重要渠道，应关注其联系社会资源的方式和途径。经检索，发现人民团体、社会组织、企事业单位主要同政府相关部门进行协作，通过组织各类活动引导动员社会力量参与社会治理，但是缺乏系统的长期机制构建以确保社会治理成效的常态化、稳定性以及可预测性。因此，在评分时对各三级指标的评分集中于"中"一级，根据具体情形增减分数，该二级指标得分为67。

对二级指标"首都群防群治"的评估，其三级指标侧重从客观属性、民众主观感受以及结果的不同角度体现社会治理中群防群治的情况。主要通过网络检索到的数据文本以及问卷调查的相关数据进行评分：一方面通过建立社会治理对当前群防群治的需要设立合理预期，以此为根据比对网络检索内容进行评分；另一方面，对问卷情况设定选项得分权重，计算得分情况。结合网络检索内容和问卷调查情况来看，当前政府已对群防群治力量进行了相当程度的动员，创立了多个具有一定影响力的群防群治品牌，并在提供情报线索等方面充分发挥了群防群治的作用，但对比预期来看，对群防群治力量的组织管理有进一步完善的空间，群防群治品牌的经营策略也应由短期、粗放的模式进行转变，形成长期、整体的群防群治发展规划。基于此，群防群治成果才可能突破对个别功能的过分偏重和依赖，全面发挥群防群治的潜力。该二级指标得分为76.74。

三 指标评估结果分析

（一）是否建立党委领导责任制

本指标得分为100分。

1. 通过检索，在"北京社会建设网站"中搜索到官方文件《中共北京市委北京市人民政府关于深化北京市社会治理体制改革的意见》。其中，第七部分"加强和改进党对社会治理体制改革的领导"要求要加强组织领导。深化社会治理体制改革，是推进社会治理现代化的基础性、长远性、根本性任务。各级党委和政府要高度重视，把深化社会治理体制改革纳入重要议事日程。在市委领导下，按照市委全面深化改革领导小组总体部署，社会事业与社会治理体制改革专项小组及其办公室要加强综合协调，各区县、各部门、各单位要各负其责，认真抓好落实。要不断提高部门联动的能力和水平，建立健全市级社会建设、市政市容、社会治安综合治理、精神文明建设、信访、互联网信息管理等部门参加的联席会议机制，协调推动解决社会治理中的重点难点问题。

2. 通过检索，在"首都政法综治网"上搜寻到《北京市贯彻中央五部委〈关于实行社会治安综合治理领导责任制的若干规定〉的实施细则（试行)》。其中第四条规定："各级党委、政府和各机关、团体、部队、企业事业单位和其他组织的正职领导干部为社会治安综合治理的第一责任人，负全面领导责任；分管领导为第二责任人，负直接领导责任。"

第六条规定："各级党委、政府要把抓好社会治安综合治理，确保一方平安作为党政领导干部的任期目标之一，每年都要根据社会治安综合治理的形势任务，向所辖地区下达社会治安综合治理工作管理目标，并逐步签订责任书。""中央和北京市各级党政部门、团体、单位和组织，要在落实本系统所属单位社会治安综合领导责任制的同时，积极支持配合地方各级政府，督促所属单位按照驻在地区的统一要求签订社会治安综合治理领导责任书。"

第七条规定："实行社会治安综合治理领导责任制，由市委、市政府统一领导，首都社会治安综合治理委员会及其办事机构负责，按照下管一级的方法协调组织实施。"

3. 通过检索，北京市委、市政府2014年下发了《关于全面深化平安北京建设的意见》，明确指出：坚持党政领导。各级党委、政府要进一步提高思想认识，牢固树立发展是第一要务、稳定是第一责任的理念，把全面深化

平安北京建设纳入经济社会发展规划，列入党委、政府重要议事日程，纳入党委、政府工作督查范围，切实担负起维护一方稳定、确保一方平安的重大政治责任。

从以上检索信息可以看出，北京市在社会治安综合治理、社会治理、平安建设领域均已建立了党委领导责任制，明确了社会治理责任的第一责任主体就是各级党委，并且提出了责任制的具体要求。因此，本指标得满分。

（二）市委常委会会议是否讨论平安建设议题

本指标得分为 100 分。

1. 通过检索，在人民网上搜索到《郭金龙主持市委常委会会议研究全面深化平安北京建设》的报道。北京市委常委会于 2014 年 7 月 8 日召开会议，讨论通过了《关于全面深化平安北京建设的意见》。该会议明确以平安北京建设为议题，讨论了深化平安建设的六大工程及建设目标。

会议强调，要认真贯彻落实习近平总书记系列重要讲话精神，紧紧围绕推进国家治理体系和治理能力现代化的总目标，牢牢抓住影响社会和谐稳定的源头性问题和影响群众安全感的突出问题，以群众需求为导向，以改革创新为动力，以科技信息为支撑，以法治手段为保障，坚持源头治理、系统治理、综合治理、依法治理，深入推进政治稳定维护、社会治安防控、矛盾预防化解、人口服务管理、社会治理创新、基层基础建设六大工程，在更高的起点上全面深化平安北京建设。全面落实综合治理各项措施，到"十二五"时期末，努力实现严重刑事案件、重大公共安全事故、重大群体性事件等影响首都平安稳定的主要指标得到有效控制，群众安全感稳中有升，确保平安北京建设各项工作取得明显进步，首都安全稳定总体状况进入良性循环轨道。到 2020 年，努力实现"三升三降三个不发生"，即社会治理能力、治安防控水平、群众安全感满意度明显提升，严重刑事案件、重大公共安全事故、重大群体性事件明显下降，坚决防止发生危害国家安全和政治稳定的重大暴力恐怖事件、重大政治事件、重大个人极端事件，确保首都政治大局更加稳定、社会治安更加良好、矛盾化解更加高效、人口管理更加有序、社会治理更加有力、基层基础更加牢固，平安北京建设各项工作位于全国前列，首都成为全国最安全、最稳定的地区之一。

2. 通过检索，在首都之窗网站上搜索到《市委常委会召开会议研究推进社会治理创新维护首都社会安全等事项》的报道。2017 年 5 月 3 日市委常委会召开会议，市委书记郭金龙主持会议。会议研究了《关于推进社会治理创新维护首都社会安全的意见》，意见强调深入贯彻习近平总书记系列重要讲话特别是关于社会治理的重要指示精神，牢牢把握推进国家治理体系和治理能力现代化的总要求，以总体国家安全观为指引，坚持首都意识、首善标准，持续推进社会治理体制机制、方法手段创新，不断夯实社会安全根基，为建设国际一流和谐宜居之都创造安全稳定的社会环境。同时，会议听取了进一步加强北京市反恐怖工作汇报，切实落实"管行业必须管安全、管业务必须管安全、管生产经营必须管安全"的要求，同时强化公共交通等公共服务系统安全，确保"一带一路"国际合作高峰论坛绝对安全，维护首都安全和谐稳定。

从以上检索信息可以看出，北京市委常委会已经针对平安建设议题召开专门会议，并提出深化平安北京建设的六大工程及具体措施，努力使影响首都平安稳定的主要指标得到有效控制，实现首都安全稳定总体状况进入良性循环轨道。因此该指标得满分。

（三）市政府在平安北京建设中的定位是否明确

1. 经检索，2014 年北京市委、市政府下发了《关于全面深化平安北京建设的意见》，对在更高起点上全面深化平安北京建设进行了总体部署。其中在"推动社会治理创新工程"部分中对市政府做出明确定位：创新社会治理体制，需要不断加强和完善党委领导、政府负责、社会协同、公众参与、法治保障的社会治理格局。政府在党委领导下对社会治理工作负责。

2. 经检索，《北京市国民经济和社会发展第十三个五年规划纲要》提出

要优化社会治理格局，发挥政府主导作用，积极培育社会组织，鼓励公众参与社会治理。

3. 通过检索，在"北京社会建设网站"中搜索到官方文件《中共北京市委北京市人民政府关于深化北京市社会治理体制改革的意见》。各级党委、政府要把抓好社会治安综合治理，确保一方平安作为党政领导干部的任期目标之一，每年都要根据社会治安综合治理的形势任务，向所辖地区下达社会治安综合治理工作管理目标，并逐步签订责任书。

从以上检索信息可以看出，市政府在多次会议及不同政府文件中已明确其在平安北京建设中的政府主导与责任定位。因此该指标为满分。

（四）是否定期召开全市平安建设相关会议

1. 2018 年 2 月 5 日，首都综治委召开 2018 年第一次全体（扩大）会议。会上，市委政法委副书记、首都综治委副主任、首都综治办主任张玉鲲就 2017 年度首都社会治安综合治理工作考核情况和《2018 年首都社会治安综合治理工作要点（审议稿）》进行了说明；市公安局、国家统计局北京调查总队分别就 2017 年北京市社会治安形势和群众安全感调查情况进行了通报；会上还签订了《2018 年首都社会治安综合治理（平安建设）责任书》。2017 年，首都综治系统以习近平新时代中国特色社会主义思想为指引，深入学习贯彻党的十九大精神，紧紧围绕市委、市政府中心工作，一手抓突出问题治理，一手抓体制机制创新，圆满完成了重大活动安保任务，重点行业领域安全风险防控水平显著提升，社会矛盾源头防范化解不断深化，基层基础建设进一步夯实，首都社会治安综合治理和平安北京建设各项工作取得明显成效。

2. 2017 年 2 月 10 日，首都综治委召开 2017 年第一次全体（扩大）会议。会上，市公安局通报了 2016 年北京市社会治安形势，国家统计局北京调查总队通报了 2016 年北京市群众安全感调查情况。同时，审议了《2017 年首都社会治安综合治理工作要点（审议稿）》，并签订《2017 年首都社会治安综合治理责任书》。张延昆在讲话中指出，要深刻认识首都综治工作面临的新形势、新任务，找准工作中存在的问题和短板：从社会治安形势看，案件总量高位运行，群众安全感仍需提升；从综治工作自身看，体制机制优势没有充分发挥，基础工作还不到位。面对这些情况，要强化忧患意识、责任意识、担当意识，紧紧抓住薄弱环节，全力把短板补齐，不断提高平安建设、社会治理的水平。

3. 2016 年 2 月 3 日，首都综治委召开 2016 年第一次全体（扩大）会议。会议就 2015 年度首都社会治安综合治理工作考核情况和《2016 年首都社会治安综合治理工作要点（审议稿）》进行说明。市公安局、国家统计局北京调查总队分别就 2015 年北京市社会治安形势和群众安全感调查情况进行通报。会议还签订了《2016 年首都社会治安综合治理责任书》。张延昆要求有关部门要紧紧围绕首都安全稳定面临的各类风险，围绕首都综治工作面临的问题和短板，不断提升综治工作的整体水平，在体制机制的综合上下功夫、在工作力量的综合上下功夫、在信息技术的综合上下功夫、在源头治理与末端管理的综合上下功夫、在行业监管的综合上下功夫。

4. 2015 年 2 月 9 日，首都综治委召开 2015 年第一次全体（扩大）会议。会上，北京市公安局、国家统计局北京调查总队分别就 2014 年北京市社会治安形势和群众安全感调查进行通报。会议还就 2014 年本市综治考核情况和《2015 年首都社会治安综合治理工作要点（审议稿）》进行了说明。与会单位对相关工作进行了审议、评议，并签订了《2015 年首都社会治安综合治理责任书》。中央纪律检查委员会副书记、秘书长，国家监察委员会副主任杨晓超指出，要紧紧围绕首都社会治安的突出问题和薄弱环节，进一步聚焦工作重点，努力提升首都综治工作的现代化水平；要以健全落实综治领导责任制为龙头，确保首都综治工作取得新成效；要按照网络化、信息化、社会化要求，创新完善立体化社会治安防控体系；要不断深化社会矛盾问题源头治理，加强矛盾纠纷排查调处制度建设；要在首都人口规模调控上积极作为，健全完善流动人口服务管理体制机制，推进首都综治信息化建设。

经检索发现，首都综治委于 2010 年起，每年于 1 月或 2 月召开全体会

议，通报上一年北京市社会治安形势，并签订每年度首都社会治安综合治理责任书，同时明确本年度综合治理的突出问题和主攻方向。由此可见，北京市定期召开平安建设相关会议，该指标满分。

（五）政府相关部门是否公开平安建设相关信息

1. 经检索，于首都政法综治网站上查阅到《首都综治委 2018 年第一次全体（扩大）会议召开》的报道。在该次会议上，市委政法委副书记、首都综治委副主任、首都综治办主任张玉鲲就 2017 年度首都社会治安综合治理工作考核情况和《2018 年首都社会治安综合治理工作要点（审议稿）》进行了说明；市公安局、国家统计局北京调查总队分别就 2017 年北京市社会治安形势和群众安全感调查情况进行了通报；会上还签订了《2018 年首都社会治安综合治理（平安建设）责任书》。该会议表明，政府相关部门通过正式会议的方式定期进行综治工作的考核、回报及信息公开。按惯例，首都综治委每年召开的全体会议上，均会对上一年北京市社会治安形势和群众安全感调查情况进行通报。

2. 经检索，首都政法综治网作为官方网站，也是社会综合治理信息公开的平台。首都政法综治网于创新板块设置了《平安建设》栏目，在"平安建设"页面中，各区政府将平安建设的具体行动推送于此。例如，朝阳区开展三轮车违法行为"净化行动"；关注国企惠民工程，牢记施工安全生产；通州区组织青少年开展反邪教警示教育活动等。时时更新各区各单位平安建设的最新行动，做到信息公开。同时，首都政法综治网也提供各类动态快讯等，将综治动态、专项工作、法治建设等通过网络方式公开信息。

3. 经检索，公众号"平安北京"开辟了三个板块：第一板块为"圈重点"，该板块一部分与"平安北京"微信平台相连接，即时发布当地发生的社会安全方面的新闻及安全防范知识，另一部分为"一点变化"的子栏目，该栏目发布相关的平安行动及安全知识课等信息；第二板块为"便民服务"，包括车辆违法查询、驾驶人违法查询、火灾隐患举报以及便民电话；第三板块为业务指南，包括人口管理、交通管理及出入境管理，主要介绍各类业务办理的具体流程及详细要求。平安北京公众号和平安北京的微博作为信息发布平台，起到了传达政策规定以及便民服务等作用，是政府与民众在社会治理过程中的沟通平台。

4. 经检索，平安北京网隶属于新华网。该网站上也设置了重要动态、政策法规、综合治理、区县要闻、群防群治等信息，也是信息公开的平台之一。

从以上检索信息中可看出，政府相关部门通过召开会议及官方网络传播等多种途径公开平安建设的相关信息，所以该指标为满分。

（六）是否将平安建设纳入年度考核

1. 通过检索，在"首都政法综治网"搜寻到《北京市贯彻中央五部委〈关于实行社会治安综合治理领导责任制的若干规定〉的实施细则（试行)》。第八条规定："社会治安综合治理领导责任制，由责任人单位所在地的社会治安综合治理领导机构、纪检、监察部门、组织、人事部门或上一级相应的机构和部门按职责进行检查、督促、考核。"由此可见，已将社会治安综合治理纳入考核范畴。

第九条规定："各级党委、政府和各领导机关要把社会治安综合治理领导责任制纳入干部工作目标进行考核，在研究决定各地区、各部门、各单位社会治安综合治理第一责任人和主要责任人的晋职晋级和奖惩等问题时，要把干部本人在社会治安综合治理工作中的能力和实绩作为一个重要条件。"

第十条规定："各地区、各单位社会治安综合治理的第一责任人和主要责任人要把社会治安综合治理工作作为年度工作计划和述职报告的一项重要内容，并向有关社会治安综合治理领导机构备案和报告。"

第十一条规定："各级社会治安综合治理领导机构，对辖区内或隶属单位社会治安综合治理责任人，依据年度社会治安综合治理目标任务有关规定要求，每年进行一次工作考察。"

2. 经检索，北京市委、市政府下发的《关于全面深化平安北京建设的意见》要求综治统筹协调。各级综治组织在全面深化平安北京建设中承担

着统筹协调的职能，要充分运用综治体制机制优势，推动平安北京建设各项工作落实。要把平安北京建设作为综治考评主要内容，用足用好综治领导责任制各项政策，加强考核结果在党政领导班子、领导干部综合考核和年度考核中的运用，进一步加大领导责任查究力度。

由此可见，北京市政府已将社会治安综合治理纳入年度考核范畴，并以规章制度加以规定，将责任落实到人。通过社会治安综合治理的途径建设平安北京，以社会治安综合治理的年度考核机制为标准，可表明北京市为推动平安建设形成了相关考核规定，因此该指标满分。

（七）人民团体参与社会治理情况

本指标得分为 70 分。

经检索发现，北京市总工会、共青团北京市委员会、北京市妇联等人民团体组织参与了与社会治理相关的一系列活动。例如，北京市总工会将社会治理与文化生活、人才建设、民生保障共同作为工会工作发展建设的着力点，在生产上与政府安监部门合作，开展安全生产隐患排查、职工安全素质提升等安全生产专业服务活动，构建和完善"企业负责、职工参与、工会监督、社会支持、政府监管"的首都安全生产社会共治工作格局；在职工权益保障上，关注维权机制的完善，与劳动、社保等部门协作，维护职工权益；在基层建设上，推进社区工会服务站和基层企业职工之家的建设，使基层问题"早发现、早报告、早解决"，帮助化解基层矛盾。

共青团北京市委员会在总结 2016 年工作时提到了其通过组织动员青年参与首都城市建设和治理的情况。共青团北京市委员会围绕"首都副中心建设"、城市治理人才培养、生态文明建设、学雷锋志愿服务、"阳光助残"、"平安地铁"等主题活动组织青年志愿者，除了实现主题的相关事务外，还促进了志愿者人才培养，帮助志愿者组织进一步发展，管理制度不断完善。同时，也对志愿服务文化进行了推广。在推进社会治理体系和社会治理能力现代化的目标下，共青团北京市委员会联系政府、基金会、公益组织、企业和高校等多方面资源，合力培养与扶持青年社会组织的成长。

北京市妇联与公安、司法部门在妇女儿童权益保障、禁毒等事务上进行协作。例如，同法院征集发布妇女儿童维权典型案例，开展"巾帼维权、送法到家"法制宣传活动，举办普法讲座，提供咨询；根据政府禁毒委员会办公室的要求，开展毒品预防教育工作。

综合来看，以总工会所倡导构建的"企业负责、职工参与、工会监督、社会支持、政府监管"的首都安全生产社会共治工作格局为代表，可视为长期制度机制在一定程度的体现。然而，根据网络检索的情况，一方面缺乏关于该项格局更为细致具体的制度设计，难以作为一种系统的制度机制；另一方面，如共青团北京市委员会、北京市妇联等人民团体主要以各类活动为主参与社会治理相关工作，并不具有长期的制度机制，且其他人民团体缺乏突出的社会治理参与情况。因此，人民团体参与社会治理的情况可评定为"中"，分数为70分。

（八）社会组织参与社会治理情况

本指标得分为70分。

经检索，北京市律师协会、北京市协作者协会以及部分区的人民调解协会、商会等参与了社会治理的相关活动。例如，2016年，北京市律师协会发起并参与组建了"北京市公益法律服务促进会"和"北京市公益法律服务与研究中心"，组织律师队伍投入工作，息诉止访、化解矛盾、维护稳定。同时，与北京市公安局组建联席会议，形成联络沟通机制。北京市昌平区人民调解协会联合区妇联等围绕婚姻家庭纠纷开展宣传活动，通过发放宣传品及提供咨询，对《婚姻法》《妇女儿童权益保护法》《老年人权益保障法》《反家庭暴力法》《继承法》等进行普及。朝阳门街道成立二级商会，除了服务企业外，商会还引导会员企业自律自管，参与地区环境秩序治理，参与公益事业等。北京市协作者协会作为民办社会工作机构，通过联系社区街道与社会工作者为困境儿童及其家庭、农民工和社区孤寡老人等提供服务与帮助。

综合上述网络检索情况，部分社会组织已形成了以长期制度机制参与社

会治理的雏形，如北京市律师协会与北京市公安局所组建的联席会议、商会引导企业自律自管等，但不够系统、完备。而诸如人民调解委员会、商会、北京市协作者协会等依然是以活动的形式为主动员社会力量参与，系统长期的制度机制尚未形成。故社会组织参与社会治理的情况可评定为"中"，分数为 70 分。

（九）企事业单位参与社会治理情况

本指标得分为 60 分。

经检索，得到部分企业参与社会治理相关活动的信息。例如，北城苑社区通过社区党委搭桥，在社区内建立"企业—残困家庭"帮扶对子的机制，帮助残困家庭解决问题。

结合前述情况来看，企业可通过地方党委以及商会等途径参与社会治理，虽然具有相应的制度机制，但其效用类似于活动动员且渠道十分缺乏单一，对其他力量依赖性强，不利于发挥企事业单位的灵活性。因此，企事业单位参与社会治理的情况可评定为"中"，分数为 60 分。

（十）群防群治力量参与情况

本指标得分为 83.27 分。

经检索得知，首都群防群治队伍主要由三类人员组成：一是由居民群众实名注册的社区治安志愿者和企事业员工实名注册的行业治安志愿者；二是以保安员、巡防队员为主的职业力量；三是以停车管理员、环卫员、交通引导员为主的协助力量。三者承担收集社情民意、社会治安巡逻、调解矛盾纠纷、服务特殊人群、劝导城市秩序等多项职能。根据北京市公安局网站信息，截至 2017 年 10 月，北京全市累计动员组织群防群治力量超过 125 万人，参与破获各类刑事治安案件 5158 件，抓获犯罪嫌疑人 9174 人，参与"两会"安保等多项大型活动。其中，北京全市实名注册的治安志愿者已超过 85 万人，以"朝阳群众"为例，其注册数量已超 13 万人，在朝阳区407.8 平方公里的辖区内，相当于每平方公里约有 300 名"朝阳群众"。治安志愿者队伍中，50 岁以下的中青年志愿者达到 68 万人，占总数的 84.5%；高中以上学历达 60.6 万人，占总数的 75%。首都群防群治队伍的年龄结构和整体素质在不断提升和优化。除 110 报警平台等传统的渠道外，一些政法机关还通过制作发布手机应用软件的方式引导治安志愿者实名注册并接收来自治安志愿者的各类举报。

据此可知，群防群治力量人员数量众多，人员年龄、文化素质结构较为合理，其在参与处置各类违法犯罪以及安保等活动中的成效也体现了群防群治力量职能的有效性。然而，首都各政法机关主要依赖治安志愿者提供情报的功能，对其他潜在的能力和价值缺乏进一步的探索和培养，使得群防群治力量的发展较为单一。同时，面对数量庞大的群防群治人员，尤其是通过网络注册的治安志愿者，政府缺乏有效的管理手段，除被动地接收各类举报外，主动的动员、介入机制尚未建立或不完善，缺少途径对其开展行动动员和相关素质能力的培养。就此意义而言，对群防群治力量的管理仍然是较为初级的。因此，从网络抓取的文本和数据来看，对群防群治力量参与社会治理情况可评分为 75 分，评定为"中"。

在问卷调查中，针对该项指标的两项问题调查结果如表 3 所示。

表 3　群防群治力量参与调查结果

单位：%

相关变量	类别	比例
所居住的社区会经常看到带有红袖标的治安志愿者	经常见到	62.31
	偶尔见到	30.15
	见不到	7.54
所居住社区之外的乡镇或街道中会经常看到带有红袖标的治安志愿者	经常看到	51.30
	偶尔看到	39.08
	见不到	9.62

根据评分标准计算问卷数据，第一项问题得分为 90.2 分，第二项问题得分为 87.3 分。计算平均分，问卷部分得分为 88.79 分。

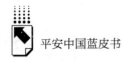
综合网络检索和问卷调查情况来看，群防群治力量参与的得分为 83.27 分，评定为"中"。

（十一）群防群治品牌建设情况

本指标得分为 62.59 分。

根据检索内容，北京市群防群治力量中形成了"朝阳群众""西城大妈""海淀网友""东城守望岗""丰台劝导队""石景山老街坊"等多个群防群治品牌。其中，部分治安志愿者穿戴统一的标志性服装，如"西城大妈"的红袖标或红马甲等。由于上述群防群治品牌的参与，公安机关破获了一些引起舆论瞩目的案件，使得一些群防群治力量获得了来自公众，尤其是来自互联网方面的关注，"朝阳群众""西城大妈"等一度成为互联网流行词汇。

从网络检索内容看，部分群防群治品牌获得了一定的知名度，然而就差异性来说，北京市多个城区推出了自己的群防群治品牌，但互相之间相似程度高，淡化了各品牌间的差异性，影响了民众对不同群防群治队伍的辨识。此外，各群防群治品牌缺乏完善的发展规划。例如，对于该品牌今后应突出何种特色等规划有待完善，时间一长可能会导致公众对该群防群治品牌的遗忘。因此，网络检索部分得分为 80 分，评定为"中"。

在问卷调查中，回答问卷者对上述群防群治品牌的评价情况如表 4 所示。

表 4　群防群治品牌评价情况

单位：%

相关变量	类别	比例
是否认可治安志愿者组织的工作效果——"西城大妈"	认可	45.35
	一般	17.23
	不认可	1.69
	不知道	35.73
是否认可治安志愿者组织的工作效果——"东城守望者"	认可	33.73
	一般	17.71
	不认可	1.35
	不知道	47.22

续表

相关变量	类别	比例
是否认可治安志愿者组织的工作效果——"丰台劝导队"	认可	31.81
	一般	15.78
	不认可	1.69
	不知道	50.72
是否认可治安志愿者组织的工作效果——"海淀网友"	认可	32.80
	一般	15.89
	不认可	1.94
	不知道	49.37
是否认可治安志愿者组织的工作效果——"朝阳群众"	认可	48.19
	一般	15.39
	不认可	1.43
	不知道	34.99
是否认可治安志愿者组织的工作效果——"石景山老街坊防消队"	认可	31.55
	一般	14.93
	不认可	1.70
	不知道	51.82

根据上述问卷调查情况，各群防群治品牌建设得分情况分别为："西城大妈"为 59.98 分，"东城守望者"为 48.57 分，"丰台劝导队"为 45.28 分，"海淀网友"为 46.48 分，"朝阳群众"为 61.22 分，"石景山老街坊"为 44.34 分，平均分为 50.98 分。综合网络检索内容与问卷调查得分，群防群治品牌得分为 62.59 分，评定为"中"。

（十二）群防群治成果

本指标得分为 82.17 分。

经检索可知，各群防群治力量职能主要体现在提供情报线索、社区巡逻防控以及矛盾纠纷化解等方面。例如"朝阳群众"平均每月向朝阳警方提供线索近 2 万条，主要集中在盗窃电动自行车、街头扒窃及涉毒类线索等方面。2017 年，朝阳警方接到"朝阳群众"举报的有价值线索 8300 余条。根据这些线索，共破获案件 370 余起，拘留 250 余人，消除各类安全隐患 390 余起。

根据网络检索的情况，明确了群防群治力量与政府之间存在有效的协同机制，尤其是情报线索的提供机制，但是也过于偏重该机制，对于其他机制有待进一步加强。根据前一项三级指标"群防群治品牌的建设情况"来看，民众对于群防群治力量具有较为普遍的认知和感受。根据上述，网络检索部分的得分为 85 分，评定为"好"。

在问卷调查中，针对群防群治力量的三项主要职能，受访者所做评价情况如表 5 所示。

表 5　群防群治力量调查情况

单位：%

相关变量	类别	比例
治安志愿者力量开展维护社会治安工作的效果——巡逻防控	好	53. 45
	一般	40. 02
	不好	4. 26
	没有	2. 27
治安志愿者力量开展维护社会治安工作的效果——提供破案线索	好	34. 22
	一般	47. 45
	不好	6. 11
	没有	12. 23
治安志愿者力量开展维护社会治安工作的效果——矛盾纠纷化解	好	40. 36
	一般	43. 18
	不好	6. 18
	没有	10. 27

根据评分标准，对问卷所得评分为：巡逻防控为 87.6 分，提供破案线索为 75.24 分，矛盾纠纷化解为 77.99 分，平均分为 80.28 分。综合上述两方面，群防群治力量成果得分为 82.17 分，评定为"中"。

四　评估结论

（一）存在的主要问题

第一，责任认定不明，缺乏有效协同机制。社会治理是一项系统工程，各部门、各组织、各团体都要在系统协同中发挥自身作用。在政府出台的有关社会治理及平安建设的文件、规定中，对于上下级政府、政府部门之间的责任认定未有明确划分和规定。责任认定不明导致上下级政府及政府部门之间存在无人管理、多头管理的情况。且对于协同机制缺乏重视，没有具体的协作流程。各部门各行其是，互不联动，在政策制定和执行中往往不能有效协同。

第二，考核不够细化。关于平安建设的相关责任及考核机制规定在《关于北京市贯彻中央五部委〈关于实行社会治安综合治理领导责任制的若干规定〉的实施细则（试行）》中，北京市委、市政府下发的《关于全面深化平安北京建设的意见》中也指出把平安北京建设作为综治考评主要内容，用足用好综治领导责任制各项政策，加强考核结果在党政领导班子、领导干部综合考核和年度考核中的运用，进一步加大领导责任查究力度。但其责任的认定过于抽象，仅规定第一责任人与主要责任人的考核任务和办法，且缺乏统一的考核内容和考核标准，考核制度亟待完善。

第三，缺乏完备的监督制约机制。为维护首都平安，顺利开展社会治理，仅建立考核机制，缺乏完备的监督考察，则必然导致责任无法落实到位，影响社会综合治理工作的实际效果。《关于北京市贯彻中央五部委〈关于实行社会治安综合治理领导责任制的若干规定〉的实施细则（试行）》中规定，"社会治安综合治理领导责任制，由责任人单位所在地的社会治安综合治理领导机构、纪检、监察部门、组织、人事部门或上一级相应的机构和部门按职责进行检查、督促、考核"。该规定中的监督体制都为内部监督，缺乏社会和群众监督等外部监督的机制和渠道，同时仅笼统规定监督主体，

缺乏详细的监督程序和监督责任。

第四，信息反馈渠道不畅，与信息公开未形成呼应。有关平安建设的信息已由相应部门进行公开，且首都综治网、北京平安网、平安北京微博及微信都对相关文件政策和突发事件进行了推送，但是在上述网络平台中，均未发现较为畅通的反馈渠道，群众多作为被动接收方，与政府互动较少。

第五，社会力量参与社会治理的水平有待进一步提高。以党委领导、政府主导、社会协同、公众参与的社会治理格局为蓝图，人民团体、社会组织、企事业单位以及群防群治力量的参与仍待进一步加强。一方面，人民团体、社会组织以及企事业单位在参与社会治理的过程中，往往采取多种"主题活动"的形式开展，缺乏长效机制与整体规划。例如，一些企业的公益捐助、人民团体开展的街面宣传等，活动或在短期内呈现效果，但其开展不具有整体规划，各活动零碎、分散，因而难以系统、长期地发挥效能。另一方面，群防群治力量的参与、发展不均衡。在实践中，公安机关更倚重于利用群防群治力量在提供违法犯罪情报信息方面的能力。完善制度机制，提高人员素质，多元化地运用群防群治力量将给予其丰富的发展空间，这将有助于各类群防群治组织的健康成长。

第六，群防群治尚未形成完善的整体规划布局。首都群防群治的动员是充分有力的，形成了相当规模的群防群治队伍；然而，由于整体规划布局的不完善，使得群防群治存在一定问题。首先，对群防群治力量的管理尚处在较为初级的阶段，进行动员的成本高、效果参差不齐，与有些群防群治力量的互动往往是单方的、被动的，难以进行主动管理和引导。这种管理机制有待升级。其次，对群防群治力量的发展和成长缺乏整体的、长期的规划。虽然有规模较大的群防群治队伍被动员和组织起来，形成多个群防群治品牌，但这些品牌一方面重复性强，淡化了群防群治品牌的辨识度，另一方面，群防群治力量由于其专业素质所限，不可能适合全部的社会治理领域，群防群治品牌的影响力也不会一直持续，存在被公众遗忘的可能，但目前对群防群治力量缺少针对其特点的培养和发展规划，较为重视其当下发挥的职能，而对长远的群防群治品牌发展前景缺少规划。不解决上述问题，群防群治的成效将始终受到限制。

（二）完善建议

1. 职责划分清晰

一方面，上下级职责划分要明晰。在平安北京建设中，各级政府的纵向责任分配合理，上级政府要发挥好统筹指导作用，下级政府要提高履职积极性，将平安建设的实际工作落到实处，达到各司其职、责权明晰。其中，基层政府作用的发挥对于平安北京建设起基础性作用，绝大多数任务的实践要依靠基层政府的作为。因此，职责划分明晰为基层工作的开展提供了明确的工作范畴和工作内容，只有分清哪些工作是基层必须做的、应该做的、可以做的，才能使基层能够抓住工作重点，分清轻重缓急。另一方面，政府各部门之间的职责划分要清楚。平安建设是一项系统工程，需要集全社会之力，而政府间各部门的责任划分和协调机制关系着政府整体力量的发挥。为了避免多头管理、无人管理以及互不联通的状况，政府间各部门的责任要理顺分清，构建统一的责任认定系统，从整体上协调分配，使责任分解科学具体，避免职能交叉或者无人管理的情况，各部门积极认领履行自己部门的任务职责。同时，为了避免各扫门前雪，使平安建设成为一盘散沙，各部门之间的协调机制要进一步完善，尤其是信息沟通联络机制，许多平安建设具体任务需要跨部门合作。因此，政府各部门应分系统、分领域、分行业，在做好自身工作的基础上，加强部门间的协作沟通机制。

2. 畅通群众反馈渠道

关于平安建设的信息公开制度，现已日趋完善，但反馈渠道并未畅通，容易导致政府无法及时回应群众的实际诉求，使工作开展偏离群众需要的方向。因此，拓宽信息反馈渠道，对于平安建设朝着群众满意的方向开展具有重要意义。拓宽信息反馈渠道，打造政府回应平台，要抓住当前网络发展的便利条件，结合传统民意反馈渠道，通过建立多媒体、多平台的方式来实现。传统的信息反馈，有专门的反馈热线以及信访部门等来接纳群众意见。

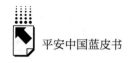
网络的发展使线上即时互动成为可能。要打通网络信息反馈渠道，相关网站都设有互动栏目，但形同虚设，留言和回复功能并不具有实际意义。因此，要重视互动工作，接纳群众意见，提高部门和工作人员的回应意识，开通网站留言等反馈渠道。同时，要具备及时回复的能力，将此项工作作为与信息发布相联系、结合的工作做好做实。

3. 打造全面监督环境

监督有利于提高政府履职的效能、规范和公信力。目前平安建设的监督多限于内部监督，且监督程序和内容不甚清晰具体，因此应从以下几方面完善监督机制。首先，政府自身进一步完善监督检查机制，在将责任划分到领域、单位、个人的基础上，对照责任内容监督履职情况。监督机关要明确具体，监督内容和监督流程要清晰公开，运用合法监督手段使监督全方位、全时段地落实。其次，引入外部监督，随着政府信息公开程度的加深，现代媒体和信息传播手段的发展，公众、媒体、网络等开始掌握话语权，成为政府监督的有力补充，有助于构建立体监督体系。平安建设事关百姓的生命安全和生活稳定，因此平安建设的任何举动都会成为媒体关注的焦点，媒体对平安建设的跟踪报道也是对政府工作的一种监督，任何履职不力及平安建设过程中出现的事件都会被放大。因此，应充分利用媒体的监督作用，改善工作。网络平台给予了公众越来越多的发言权，其监督作用不得小觑，信息传播迅速且广泛，网民可将意见发布到网络上，通过网络舆论形成对行政行为的监督。政府工作人员要提高新媒体意识及素质，吸取意见及建议，并根据网民反馈进行相应的纠正及追责。

4. 完善工作考核体制

平安建设纳入政府考核内容，充分体现党委和政府对于平安建设的重视，以考核为准绳鞭策各部门任务的完成。因此，将平安建设纳入考核体系，能够起到监督工作、推进落实、总结经验、科学奖惩等作用。但由于目前针对平安建设的考核机制不够完善，影响了考核的实际功效。对于考核机制的完善，应把握以下几个方面。第一，考核指标要科学合理。平安建设涉及的工作内容和部门领域多，因此考核指标要兼顾以下几点：分区域，不同区域面临的社会状况和社会问题不同，"一刀切"的考核指标，易造成区域间考核对比的不公平现象，针对区域存在差别的情况，考核指标要根据区域差别进行调整和考评。分专业，政府各部门所管理的领域和专业不同，平安建设中的任务职责也相应存在不同，因此要分专业分领域地设置考核指标，使之能评测出任务完成情况；分阶段，平安建设的不同阶段面临不同的社会情势，投入的人、财、物等资源也处于动态变化中，因此，要根据平安建设的不同阶段对考核指标进行调整。第二，考核程序要严谨全面。要按规定操作考核进程，考核既要注重文审也要实地考察实践情况及成果。目前，考核多为内部考核，多未涉及公众对于政府各部门平安建设工作的考核参与。公众才是检验平安建设成效的标准，因此，考核程序中可加入公众参与考核的相关指标设置，进一步优化考核程序。第三，考核要细化到个人。目前，北京市出台的文件关于考核部分的规定多限于单位和第一负责人，考核与个人关系不大，导致考核如同虚设，容易形成工作人员事不关己高高挂起的懈怠态度，从而使考核的作用无法发挥充分。因此，要将平安建设的考核与每个工作人员的切身利益相关联，纳入个人考核范畴，使考核的奖惩作用能够激发个人的工作积极性和责任心。第四，考核的作用发挥要深入。考核的作用之一是通过检查工作成效，总结问题和经验，以完善后续工作。因此，考核并非阶段工作的结束，而是起到工作小结的作用。同时，考核之后的奖励惩罚机制要与考核形成配合机制，能够将考核的激励作用发挥出来。

5. 加强政府问责机制

在责任划分明确的基础上，通过完备规范的内外监督和指标设置合理的考核机制，对成效卓越的予以嘉奖，对于不履行法定行政义务、未承担相应责任或履职过程中出现错误的情况要进行事后的责任追究，要求其承担相应的法律责任、行政责任等，并承担不良后果。政府问责机制对于纠正不良后果、促使行政人员正确行使权力，约束行政人员个人行为，从而提高各项工作的落实和执政能力有推动作用。针对平安建设该项工程，在北京市现已出台的文件中，问责机制一笔带过，未进行详细探讨和规定。因此，为推进平安建设的稳步进行，应建立完善的行政问责机制。首先，在责任划分明确的基础上，完善问责法制和程序，要将行政主体的法律责任、行政责任及道德责任规定清楚，问责启动情况、问责具体流程、问责执行主体都应规定具体，完善问责的法律依据，保证问责的依法进行。问责流程规定应包括问责启动机制、问责调查机制、问责回应机制，问责落实机制等环节，使问责在法制和程序上都具有操作性。其次，机制要落实到位，对不作为、不履职或者乱作为的行政人员，要通过批评处罚使其承担责任，只有使失责的人承担责任，问责机制才有作用。问责制度的关键并非"问"，而在于"责"。最后，除了在制度上完善问责机制，从文化入手，打造责任文化，从而配合问责机制，达到约束行政人员行政行为，提高政府履职，推动平安建设的目的。对行政人员开展相关职业道德、思想道德等培训或思想学习交流，从内化角度来推动责任意识的形成，自发履职履责。

6. 完善社会力量的参与机制

在社会治理领域，各类社会力量仍有丰富的潜力有待挖掘。人民团体、社会组织以及企事业单位凭借其组织性、涉及领域的广泛性以及介于国家与社会之间地位的特殊性，便于广泛引导和动员各类社会力量参与社会治理。对此，应从整体规划建立长期的制度机制，在人民团体、社会组织、企事业单位内部的纵向形成多层级机制以引导对应的社会资源参与社会治理。同时，在三者间的横向上对不同类型的社会力量进行划分，使得各类社会力量得到充分吸纳、精准引导，形成针对性、多层次联系动员社会力量参与社会治理的模式，提高社会资源的利用水平。这一机制将有利于"党委领导，政府主导，社会参与，公众协同"主体多元化的社会治理。

7. 对群防群治发展做出规划

群防群治具有悠久的渊源，但其内涵是随时代发展而不断丰富的。近年来，首都群防群治品牌树立众多，其中不少借力于互联网背景，可见群防群治是发展的。在当前我国社会迅速发展的背景下，群防群治仍有广泛的发展空间，故应当基于当前实际和发展趋势，对其做出规划，鼓励群防群治力量健康发展。在群防群治力量方面，应当对其未来的规模、人员结构、素质水平以及组织管理的方式和制度等做出相应规划并逐步调整，使得群防群治力量规模适当，人员结构多层次，面向范围更广，职责分工精细化，组织管理集约高效，并完善其相关权益保障等问题。在群防群治品牌的建设上，应形成首都整体的群防群治品牌成长规划，调整现有资源，打造多元的、面向不同层次和不同领域的群防群治品牌体系，防止品牌重复化，借此探索群防群治在社会治理过程中除巡逻防控、提供线索、矛盾纠纷调解等以外的新职能，使民众对群防群治品牌的认知得到维持。

B.3
北京市社会治安防控
调查报告

戴 锐*

摘 要: "社会治安防控"一级指标之下设置 2 项二级指标,分别为 "社会治安防控网建设情况""社会治安防控效果"。2 项二 级指标又分为 10 个三级指标。三级指标下设 18 个四级指 标。评估数据来源包括网络抓取、数据统计和调查问卷 3 项。网络抓取主要通过网络检索、党政官方网站搜索、官 方文件搜集、电话咨询等方式进行。数据统计主要通过统 计年鉴查询、网络检索的方式进行,调查问卷主要通过实地 发放问卷进行。"社会治安防控"一级指标得分为 85.22 分。 其中,得分最低的两个四级指标为"乡镇(街道)和村(社 区)治安防控"(得分 52.83)、"信息网络防控"(得分 85.82)。该两项指标拉低了"社会治安防控网建设情况"指 标的总体分值。

关键词: 社会治安防控 社会治安防控网建设情况 社会治安防控 效果

---

* 戴锐,法学博士,中国人民公安大学治安学院副教授。

一 指标设置及评估标准

（一）指标设置

主要介绍治安防控部分二、三、四级指标设置情况。

本次平安北京建设评估"社会治安防控"一级指标之下设置两项二级指标，分别为"社会治安防控网建设情况"、"社会治安防控效果"（见表1）。两项指标分别对应治安防控的实际情况和实施效果，根据不同防控网的种类，将"社会治安防控网建设情况"分为"社会面治安防控""重点行业治安防控""乡镇（街道）和村（社区）治安防控""机关、企事业单位内部安全防控""信息网络防控""首都外围防控"六个三级指标，从不同防控网的角度来考量治安防控网的建设情况。"社会治安防控效果"根据不同的警情类型，从"刑事警情数量""治安警情数量""刑事案件数量""治安案件数量"等四个警情类型来观察社会治安防控效果。

10项三级指标主要考察社会面治安防控建设情况，重点行业治安防控建设情况，乡镇（街道）和村（社区）治安防控建设情况，机关、企事业单位内部安全防控建设情况，信息网络防控情况，首都外围防控情况，刑事警情数量多少、治安警情数量多少、刑事案件数量多少、治安案件数量多少等。

"社会治安防控网建设情况"下的6项三级指标根据每个指标具体内容的不同，又细分为18项四级指标。包括"街面巡逻防控情况""公共交通巡逻情况""学校、单位、银行、医院防控情况""旅馆业等特种行业治安管理""物流寄递业安全管理""枪支、管制刀具、危爆物品管理""网格化管理情况""综合管理服务平台建设情况""社区警务实施情况""单位负责人制度、巡逻检查、守卫防护、要害保卫、治安隐患和问题排查处理等制度建设情况""单位内部视频监控系统普及应用情况""供水、供电、供气、供热、供油、交通、信息通信网络基础设施安全防范情况""信息网络

管理制度体系建设情况""手机网络实名制是否落实""个人信息安全保护情况""多元勤务查控机制建设情况""环京外围公安检查站覆盖情况""外围防控效果"。

表1 社会治安防控及下设的二、三、四级指标权重

一级指标 （权重）	二级指标 （权重）	三级指标 （权重）	四级指标 （权重）
社会治安防控 （15%）	社会治安防控网建设情况 （60%）	社会面治安防控（35%）	街面巡逻防控情况（40%）
			公共交通巡逻情况（30%）
			学校、单位、银行、医院防控情况（30%）
		重点行业治安防控 （20%）	旅馆业等特种行业治安管理（40%）
			物流寄递业安全管理（30%）
			枪支、管制刀具、危爆物品管理（30%）
		乡镇（街道）和村（社区）治安防控（15%）	网格化管理情况（40%）
			综合管理服务平台建设情况（30%）
			社区警务实施情况（30%）
		机关、企事业单位内部安全防控（10%）	单位负责人制度、巡逻检查、守卫防护、要害保卫、治安隐患和问题排查处理等制度建设情况（40%）
			单位内部视频监控系统普及应用情况（30%）
			供水、供电、供气、供热、供油、交通、信息通信网络基础设施安全防范情况（30%）
		信息网络防控（10%）	信息网络管理制度体系建设情况（40%）
			手机网络实名制是否落实（30%）
			个人信息安全保护情况（30%）
		首都外围防控（10%）	多元勤务查控机制建设情况（40%）
			环京外围公安检查站覆盖情况（30%）
			外围防控效果（30%）
	社会治安防控效果（40%）	刑事警情数量（25%）	
		治安警情数量（25%）	
		刑事案件数量（25%）	
		治安案件数量（25%）	

（二）设置依据及评估标准

1. 二级指标设置依据

"社会治安防控"一级指标下设的二级指标设置的主要依据是《中共中央关于全面深化改革若干重大问题的决定》《关于加强社会治安防控体系建设的意见》《北京市国民经济和社会发展第十三个五年规划纲要》《关于全面深化平安北京建设的意见》中关于治安防控的要求。

《中共中央关于全面深化改革若干重大问题的决定》中提出"加强社会治安综合治理，创新立体化社会治安防控体系，依法严密防范和惩治各类违法犯罪活动"。《关于加强社会治安防控体系建设的意见》中提出，要形成党委领导、政府主导、综治协调、各部门齐抓共管、社会力量积极参与的社会治安防控体系建设工作格局，健全社会治安防控运行机制，编织社会治安防控网，提升社会治安防控体系建设法治化、社会化、信息化水平，增强社会治安整体防控能力，努力使影响公共安全的暴力恐怖犯罪、个人极端暴力犯罪等得到有效遏制，使影响群众安全感的多发性案件和公共安全事故得到有效防范，人民群众安全感和满意度明显提升，社会更加和谐有序。《北京市国民经济和社会发展第十三个五年规划纲要》中提出深化平安北京建设。健全立体化社会治安防控体系，重点实施公共交通安全技术防范、基层综治服务管理平台、社区警务基础、网络安全管控、社会信用体系、公安安全视频监控建设联网应用、公共安全管理智能技术应用、首都外围治安查控防线等建设工程，着力提升驾驭首都社会治安局势和维护公共安全的能力水平。《关于全面深化平安北京建设的意见》中提出要深化打防管控一体化建设，健全专群结合、点线面结合、网上网下结合、人防物防技防结合的立体化治安防控体系，提高动态化条件下驾驭社会治安局势的能力。

依据上述规定和要求，课题组根据治安防控网的不同，将治安防控建设情况分为6个子网，根据6个子网在立体化治安防控体系中的不同定位和功能，设置不同的权重。其中，"社会面治安防控"指标权重设定为35%，"重点行业治安防控"指标权重设定为20%，"乡镇（街道）和村（社区）

治安防控"指标权重设定为 15%，"机关、企事业单位内部安全防控"指标权重设定为 10%，"信息网络防控"指标权重设定为 10%，"首都外围防控"指标权重设定为 10%。

2. 三级指标及评分标准

（1）社会面治安防控

①设置依据

《关于加强社会治安防控体系建设的意见》中提出，要加强社会面治安防控网建设。根据人口密度、治安状况和地理位置等因素，科学划分巡逻区域，优化防控力量布局，加强公安与武警联勤武装巡逻，建立健全指挥和保障机制，完善早晚高峰等节点人员密集场所重点勤务工作机制，减少死角和盲区，提升社会面动态控制能力。加强公共交通安保工作，强化人防、物防、技防建设和日常管理，完善和落实安检制度，加强对公交车站、地铁站、机场、火车站、码头、口岸、高铁沿线等重点部位的安全保卫，严防针对公共交通工具的暴力恐怖袭击和个人极端案（事）件。完善幼儿园、学校、金融机构、商业场所、医院等重点场所安全防范机制，强化重点场所及周边治安综合治理，确保秩序良好。加强对偏远农村、城乡接合部、城中村等社会治安重点地区、重点部位以及各类社会治安突出问题的排查整治。总结推广零命案县（市、区、旗）和刑事案件零发案社区的经验，加强规律性研究，及时发现和处置引发命案和极端事件的苗头性问题，预防和减少重特大案（事）件特别是命案的发生。

②评测方法

评估数据来源包括网络抓取、数据统计和调查问卷 3 项。网络抓取主要通过网络检索、党政官方网站搜索（首都之窗、首都政法综治网等）、官方文件搜集、电话咨询等方式进行。数据统计主要通过统计年鉴查询、网络检索的方式进行，调查问卷主要通过实地发放问卷的方式进行。

③评分标准

网络抓取部分得分权重为 30%，数据统计权重为 30%，调查问卷权重为 40%，三者的得分之和即该三级指标的最终得分。"是否类"的网络抓取指标，结果为"是"得 100 分，"否"得 0 分。"程度类"的网络抓取指标，结果分为三档"好"（85～100 分），"中"（60～85 分），"差"（0～60 分）。根据纵向年度统计比较，结果分为三档："好"（85～100 分），"中"（60～85 分），"差"（0～60 分）。每一个调查问卷的得分由分析数据得出，具体评分标准由分析员确定。

（2）重点行业治安防控

①设置依据

《关于加强社会治安防控体系建设的意见》中提出，要加强重点行业治安防控网建设。切实加强旅馆业、旧货业、公章刻制业、机动车改装业、废品收购业、娱乐服务业等重点行业的治安管理工作，落实法人责任，推动实名制登记，推进治安管理信息系统建设。加强邮件、快件寄递和物流运输安全管理工作，完善禁寄物品名录，建立健全安全管理制度，有效预防利用寄递、物流渠道实施违法犯罪。持续开展治爆缉枪、管制刀具治理等整治行动，对危爆物品采取源头控制、定点销售、流向管控、实名登记等全过程管理措施，严防危爆物品非法流散社会。加强社区服刑人员、扬言报复社会人员、易肇事肇祸等严重精神障碍患者、刑满释放人员、吸毒人员、易感染艾滋病毒危险行为人群等特殊人群的服务管理工作，健全政府、社会、家庭三位一体的关怀帮扶体系，加大政府经费支持力度，加强相关专业社会组织、社会工作人才队伍等建设，落实教育、矫治、管理以及综合干预措施。

②评测方法

评估数据来源包括网络抓取、数据统计和调查问卷 3 项。网络抓取主要通过网络检索、党政官方网站搜索（首都之窗、首都政法综治网等）、官方文件搜集、电话咨询等方式进行。数据统计主要通过统计年鉴查询、网络检索的方式进行。调查问卷主要通过实地发放问卷的方式进行。

③评分标准

网络抓取部分得分权重为 30%，数据统计权重为 30%，调查问卷权重为 40%，三者的得分之和即该三级指标的最终得分。"是否类"的网络抓取指标，结果为"是"得 100 分，"否"得 0 分。"程度类"的网络抓取指标，

结果分为三档："好"（85～100 分），"中"（60～85 分），"差"（0～60 分）。根据纵向年度统计比较，结果分为三档："好"（85～100 分），"中"（60～85 分），"差"（0～60 分）。每一个调查问卷的得分由分析数据得出，具体评分标准由分析员确定。

（3）乡镇（街道）和村（社区）治安防控

①设置依据

《关于加强社会治安防控体系建设的意见》中提出，要加强乡镇（街道）和村（社区）治安防控网建设。以网格化管理、社会化服务为方向，健全基层综合服务管理平台，推动社会治安防控力量下沉。把网格化管理列入城乡规划，将人、地、物、事、组织等基本治安要素纳入网格管理范畴，做到信息掌握到位、矛盾化解到位、治安防控到位、便民服务到位。因地制宜确定网格管理职责，将网格管理纳入社区服务工作或群防群治管理，通过政府购买服务等方式，加强社会治安防控网建设。到 2020 年，实现全国各县（市、区、旗）的中心城区网格化管理全覆盖。整合各种资源力量，加强基层综合服务管理平台建设，逐步在乡镇（街道）推进建设综治中心，村（社区）以基层综合服务管理平台为依托建立实体化运行机制，强化实战功能，做到矛盾纠纷联调、社会治安联防、重点工作联动、治安突出问题联治、服务管理联抓、基层平安联创。到 2020 年实现县（市、区、旗）、乡镇（街道）、村（社区）三级综合服务管理平台全覆盖，鼓励有条件的地方提前完成。深化社区警务战略，加强社区（驻村）警务室建设。将治安联防矛盾化解和纠纷调解纳入农村社区建设试点任务。

②评测方法

评估数据来源包括网络抓取、数据统计和调查问卷 3 项。网络抓取主要通过网络检索、党政官方网站搜索（首都之窗、首都政法综治网等）、官方文件搜集、电话咨询等方式进行。数据统计主要通过统计年鉴查询、网络检索的方式进行，调查问卷主要通过实地发放问卷的方式进行。

③评分标准

网络抓取部分得分权重为 30%，数据统计权重为 30%，调查问卷权重为40%，三者的得分之和即该三级指标的最终得分。"是否类"的网络抓取指标，结果为"是"得100分，"否"得0分。"程度类"的网络抓取指标，结果分为三档："好"（85～100分），"中"（60～85分），"差"（0～60分）。根据纵向年度统计比较，结果分为三档："好"（85～100分），"中"（60～85分），"差"（0～60分）。每一个调查问卷的得分由分析数据得出，具体评分标准由分析员确定。

（4）机关、企事业单位内部安全防控

①设置依据

《关于加强社会治安防控体系建设的意见》中提出，要加强机关、企事业单位内部安全防控网建设。按照预防为主、突出重点、单位负责、政府监管的原则，进一步加强机关、企事业单位内部治安保卫工作，严格落实单位主要负责人治安保卫责任制，完善巡逻检查、守卫防护、要害保卫、治安隐患和问题排查处理等各项治安保卫制度。加强单位内部技防设施建设，普及视频监控系统应用，实行重要部位、易发案部位全覆盖。加强供水、供电、供气、供热、供油、交通、信息通信网络等关系国计民生基础设施的安全防范工作，全面完善和落实各项安全保卫措施，确保安全稳定。

②评测方法

评估数据来源包括网络抓取、数据统计和调查问卷3项。网络抓取主要通过网络检索、党政官方网站搜索（首都之窗、首都政法综治网等）、官方文件搜集、电话咨询等方式进行。数据统计主要通过统计年鉴查询、网络检索的方式进行，调查问卷主要通过实地发放问卷的方式进行。

③评分标准

网络抓取部分得分权重为30%，数据统计权重为30%，调查问卷权重为40%，三者的得分之和即该三级指标的最终得分。"是否类"的网络抓取指标，结果为"是"得100分，"否"得0分。"程度类"的网络抓取指标，结果分为三档为"好"（85～100分），"中"（60～85分），"差"（0～60分）。根据纵向年度统计比较，结果分为三档："好"（85～100分），"中"（60～85分），"差"（0～60分）。每一个调查问卷的得分由分析数据得出，

具体评分标准由分析员确定。

（5）信息网络防控

①设置依据

《关于加强社会治安防控体系建设的意见》中提出，加强信息网络防控网建设。建设法律规范、行政监管、行业自律、技术保障、公众监督、社会教育相结合的信息网络管理体系。加强网络安全保护，落实相关主体的法律责任。落实手机和网络用户实名制。健全信息安全等级保护制度，加强公民个人信息安全保护。深入开展专项整治行动，坚决整治利用互联网和手机媒体传播暴力色情等违法信息及低俗信息。

②评测方法

评估数据来源包括网络抓取、数据统计和调查问卷3项。网络抓取主要通过网络检索、党政官方网站搜索（首都之窗、首都政法综治网等）、官方文件搜集、电话咨询等方式进行。数据统计主要通过统计年鉴查询、网络检索的方式进行，调查问卷主要通过实地发放问卷的方式进行。

③评分标准

网络抓取部分得分权重为30%，数据统计权重为30%，调查问卷权重为40%，三者的得分之和即该三级指标的最终得分。"是否类"的网络抓取指标，结果为"是"得100分，"否"得0分。"程度类"的网络抓取指标，结果分为三档："好"（85～100分），"中"（60～85分），"差"（0～60分）。根据纵向年度统计比较，结果分为三档："好"（85～100分），"中"（60～85分），"差"（0～60分）。每一个调查问卷的得分由分析数据得出，具体评分标准由分析员确定。

（6）首都外围防控

①设置依据

"护城河工程"也即北京、天津、河北、内蒙古、辽宁、山西、山东七省区市启动的保卫首都的安保工程。它是1996年以来北京市与周边各省区市围绕维护首都安全稳定建立的地区间联防、联控、联调、联打的工作模式和工作机制，在维护首都地区稳定工作中发挥了多方面的综合效益和重要作用。2009 年 9 月初，在七省区市"护城河工程"工作会议上，有关领导同志共同签署了《新中国成立 60 周年国庆安保工作"护城河工程"工作协议》。共同协商决定：七省区市共同开辟联络沟通渠道，设立 24 小时联络热线，及时通报情况；实施进出京道口安全检查，坚决将各类不安定因素挡在京门之外；启动矛盾纠纷联动处置机制，将矛盾纠纷解决在当地；建立省区市间警务协作，有效遏制跨区域犯罪；落实流动人口服务管理措施，实现对可能危及国庆安全的人员的有效掌控；加大危险物品监管检查和涉危案件的查处力度，严防危险物品流入北京；加大公共安全管理力度，确保公共危机事件得到迅速处置。

环京护城河工程有三道防线。其中，第一道防线以环京区域为重点，以"环京护城河工程"为中心，以社会治安综合治理工作为支撑，设置 20 余个检查站、近 40 个临时卡、140 余个乡村道路卡点。严格按照"交警拦车疏导、巡警检查核录、武警武装震慑、辅警密切配合"的模式落实 24 小时勤务查控机制，全面加强对进京路口、重要设施、重点部位的安全保卫，加强对人、事、物、地四个方面的依法管理，加强对违法犯罪行为的严厉打击，加强对矛盾纠纷、稳定隐患的源头控制。同时，充分依托"7 + 7"区域警务合作机制，强化与周边省区市的信息互通和协调联动。

首都外围检查站发挥着"防火墙"过滤筛查的重要作用，全体执勤人员不畏辛苦、不舍昼夜，认真开展检查核录、防范处置等各项工作，将各类危险因素发现、控制、阻拦在京门之外。各级领导在视察时也提出要严密检查措施，围绕人、车、物等关键要素，创新完善检查站各项工作机制，并采取加大搜毒搜爆警犬投入力度等举措，织严织密防控网络。要加强协同配合，依托属地党委政府，充分整合综治、交通、治安志愿者等力量，并加强同相邻津冀公安检查站的协作，坚持统一标准、一体运行、细化分工、落实责任，确保形成最大合力。要注重方式方法，坚持严格规范公正文明执法，同步加快科技手段建设应用，最大限度地减少对群众出行的影响，实现保安全、保秩序、保畅通的有机统一。要强化队伍教育管理，做深做细战时思想政治工作，在科学安排勤务等方面，多想办法、多出实招，确保队伍始终保持旺盛战斗力。

②评测方法

评估数据来源包括网络抓取、数据统计和调查问卷 3 项。网络抓取主要通过网络检索、党政官方网站搜索（首都之窗、首都政法综治网等）、官方文件搜集、电话咨询等方式进行。数据统计主要通过统计年鉴查询、网络检索的方式进行，调查问卷主要通过实地发放问卷的方式进行。

③评分标准

网络抓取部分得分权重为 30%，数据统计权重为 30%，调查问卷权重为 40%，三者的得分之和即该三级指标的最终得分。"是否类"的网络抓取指标，结果为"是"得 100 分，"否"得 0 分。"程度类"的网络抓取指标，结果分为三档："好"（85 ~ 100 分），"中"（60 ~ 85 分），"差"（0 ~ 60 分）。根据纵向年度统计比较，结果分为三档："好"（85 ~ 100 分），"中"（60 ~ 85 分），"差"（0 ~ 60 分）。每一个调查问卷的得分由分析数据得出，具体评分标准由分析员确定。

（7）刑事警情数量

①设置依据

警情数量是对危害个人或公共安全事件的客观统计，体现了社会违法犯罪的数量和类别。警情数量的统计数据，是衡量一个地区治安以及社会稳定的重要标准之一，是体现社会治安状况的重要指标。2002 年公安部下发的《关于改革和加强公安派出所工作的决定》中要求努力实现"发案少、秩序好、社会稳定、群众满意"的工作目标。发案数量是公安工作的直接目标之一；此外，社会秩序是否有序、正常，发案率是否持续下降，社会环境是否稳定、和谐，人民群众是否满意，安全感和幸福感是否上升，更重要的直接相关因素是有关违法犯罪的指标，而警情数量就是衡量违法犯罪的重要标准。刑事警情数量是警情数量的重要组成部分。

②评测方法

评估数据来源于网络抓取。网络抓取主要通过网络检索、党政官方网站搜索（首都之窗、首都政法综治网、北京市公安局网站等）、官方文件搜集、电话咨询等方式进行。

③评分标准

评估来源只有网络抓取的三级指标，网络抓取的得分即三级指标的最终得分。"是否类"的网络抓取指标，结果为"是"得100分，"否"得0分。"程度类"的网络抓取指标，结果分为三档："好"（85～100分），"中"（60～85分），"差"（0～60分）。

（8）治安警情数量

①设置依据

警情数量是对危害个人或公共安全事件的客观统计，体现了社会违法犯罪的数量和类别。警情数量的统计数据，是衡量一个地区治安以及社会稳定的重要标准之一，是体现社会治安状况的重要指标。2002年公安部下发的《关于改革和加强公安派出所工作的决定》中要求努力实现"发案少、秩序好、社会稳定、群众满意"的工作目标。发案数量是公安工作的直接目标之一；此外，社会秩序是否有序、正常，发案率是否持续下降，社会环境是否稳定、和谐，人民群众是否满意，安全感和幸福感是否上升，更重要的直接相关因素是有关违法犯罪的指标，而警情数量就是衡量违法犯罪的重要标准。治安警情数量是警情数量的重要组成部分。

②评测方法

评估数据来源于网络抓取。网络抓取主要通过网络检索、党政官方网站搜索（首都之窗、首都政法综治网、北京市公安局网站等）、官方文件搜集、电话咨询等方式进行。

③评分标准

评估来源只有网络抓取的三级指标，网络抓取的得分即三级指标的最终得分。"是否类"的网络抓取指标，结果为"是"得100分，"否"得0分。"程度类"的网络抓取指标，结果分为三档："好"（85～100分），"中"（60～85分），"差"（0～60分）。

（9）刑事案件数量

①设置依据

案件数量是对危害个人或公共安全事件的客观统计，体现了社会违法犯

罪的数量和类别，是警情中构成刑事案件的部分。案件数量的统计数据，是衡量一个地区治安以及社会稳定的重要标准之一，是体现社会治安状况的重要指标。2002 年公安部下发的《关于改革和加强公安派出所工作的决定》中要求努力实现"发案少、秩序好、社会稳定、群众满意"的工作目标。发案数量是公安工作的直接目标之一。此外，社会秩序是否有序、正常，发案率是否持续下降，社会环境是否稳定、和谐，人民群众是否满意，安全感和幸福感是否上升，更重要的直接相关因素是有关违法犯罪的指标，而案件数量就是衡量违法犯罪的重要标准。刑事案件数量是案件数量的重要组成部分。

②评测方法

评估数据来源于网络抓取。网络抓取主要通过网络检索、党政官方网站搜索（首都之窗、首都政法综治网、北京市公安局网站等）、官方文件搜集、电话咨询等方式进行。

③评分标准

评估来源只有网络抓取的三级指标，网络抓取的得分即三级指标的最终得分。"是否类"的网络抓取指标，结果为"是"得 100 分，"否"得 0 分。"程度类"的网络抓取指标，结果分为三档："好"（85 ~ 100 分），"中"（60 ~ 85 分），"差"（0 ~ 60 分）。

（10）治安案件数量

①设置依据

案件数量是对危害个人或公共安全事件的客观统计，体现了社会违法犯罪的数量和类别，是警情中构成治安案件的部分。案件数量的统计数据，是衡量一个地区治安以及社会稳定的重要标准之一，是体现社会治安状况的重要指标。2002 年公安部下发的《关于改革和加强公安派出所工作的决定》中要求努力实现"发案少、秩序好、社会稳定、群众满意"的工作目标。发案数量是公安工作的直接目标之一。此外，社会秩序是否有序、正常，发案率是否持续下降，社会环境是否稳定、和谐，人民群众是否满意，安全感和幸福感是否上升，更重要的直接相关因素是有关违法犯罪的指标，而案件数量就是衡量违法犯罪的重要标准。治安案件数量是案件数量的重要组成部分。

②评测方法

评估数据来源于网络抓取。网络抓取主要通过网络检索、党政官方网站搜索（首都之窗、首都政法综治网、北京市公安局网站等）、官方文件搜集、电话咨询等方式进行。

③评分标准

评估来源只有网络抓取的三级指标，网络抓取的得分即三级指标的最终得分。"是否类"的网络抓取指标，结果为"是"得100分，"否"得0分。"程度类"的网络抓取指标，结果分为三档："好"（85～100分），"中"（60～85分），"差"（0～60分）。

二 总体评估结果分析

从表2中可以看出社会治安防控及其下设指标的得分情况。

表2 社会治安防控及下设指标得分

一级指标(得分)	二级指标(得分)	三级指标(得分)
社会治安防控 (85.22)	社会治安防控网 建设情况(82.03)	社会面治安防控(84.54)
		重点行业治安防控(89.30)
		乡镇(街道)和村(社区)治安防控(52.83)
		机关、企事业单位内部安全防控(89.11)
		信息网络防控(85.82)
		首都外围防控(91.71)
	社会治安防控效果(90)	刑事警情数量(90)
		治安警情数量(90)
		刑事案件数量(90)
		治安案件数量(90)

（一）二级指标得分

每项三级指标总分均为100分，根据三级指标所占二级指标的权重将二级指标包含的三级指标得分累加即该二级指标的得分。

"社会治安防控"一级指标之下设置两项二级指标，分别为"社会治安防控网建设情况""社会治安防控效果"。根据不同的防控网的种类，将"社会治安防控网建设情况"分为"社会面治安防控""重点行业治安防控""乡镇（街道）和村（社区）治安防控""机关、企事业单位内部安全防控""信息网络防控""首都外围防控"6个三级指标。其中，"社会面治安防控"的权重为35%、"重点行业治安防控"的权重为20%，"乡镇（街道）和村（社区）治安防控"的权重为15%，"机关、企事业单位内部安全防控"的权重为10%，"信息网络防控"的权重为10%，"首都外围防控"的权重为10%。上述指标得分为："社会面治安防控"84.54分，"重点行业治安防控"89.30分，"乡镇（街道）和村（社区）治安防控"52.83分，"机关、企事业单位内部安全防控"89.11分，"信息网络防控"85.82分，"首都外围防控"91.71分。因此，"社会治安防控网建设情况"二级指标得分为84.54×35%＋89.30×20%＋52.83×15%＋89.11×10%＋85.82×10%＋91.71×10%＝82.03分。

根据不同的警情类型，将"社会治安防控效果"分为"刑事警情数量""治安警情数量""刑事案件数量""治安案件数量"等4个三级指标。每个指标的权重都是25%。"刑事警情数量"指标得分为90分，"治安警情数量"指标得分为90分，"刑事案件数量"指标得分为90分，"治安案件数量"指标得分为90分。因此社会治安防控效果二级指标得分为90×25%＋90×25%＋90×25%＋90×25%＝90分。

（二）一级指标得分

每项二级指标总分均为100分。根据二级指标所占一级指标的权重将一级指标包含的二级指标得分累加即该一级指标的得分。

"社会治安防控"一级指标之下设置两项二级指标，分别为"社会治安防控网建设情况""社会治安防控效果"。"社会治安防控网建设情况"的权重为60%，"社会治安防控效果"的权重为40%。"社会治安防控网建设情况"的得分为82.03分，"社会治安防控效果"的得分为90分。因此"社会治安防控"一级指标得分为82.03×60%＋90×40%＝85.22分。

三　指标评估结果分析

（一）社会面治安防控

本指标有 3 个四级指标，分别为"街面巡逻防控情况""公共交通巡逻情况""学校、单位、银行、医院防控情况"，本指标得分为 100 分。

1. 街面巡逻防控情况

（1）网络抓取评估结果

本指标网络抓取的标准是北京市公安局发布的有关工作报告、相关新闻报道、发布会以及召开的平安建设会议中涉及北京市街面巡逻防控情况的内容，特别考察北京市公安街面巡逻防控的机制及取得的成效。

通过检索，在设立巡逻警务站方面有如下报道：北京市公安局于 2017 年 9 月 12 日发表《北京 "2.0 版" 巡逻警务站加强街面防控》一文，称 2015 年 5 月，北京警方全面开展站巡制软硬件升级改造工作，自此，"2.0 版" 巡逻警务站 "由内而外" 全面加强。

在设立巡逻装备方面有如下报道。《天安门巡警佩戴 "天眼" 全景记录 720°无死角》。报道称天安门巡警首次佩戴警用全景 VR 执法记录仪执勤。《北京警辅巡逻队：站出 "安全感" 巡出低警情》一文中称 2014 年 1 月，通州区公安分局在全市率先组建了由 50 名民警、200 名辅警组成的警辅专职巡逻队。《六里桥派出所立体巡控大队：巡逻 "小警车" GPS 随时查》一文称六里桥派出所特别成立了立体巡控大队日常管理领导小组，通过这个系统，所有立体巡控车辆的状态都能通过手机看到。《北京巡警："天网与地网"配合打击效果显著》中称视频天网的体系框架基本形成。市局、分局、派出所三级视频巡控平台建设基本完成，网上巡逻、网上指挥、网上管理、双网联动四大功能初步实现；巡警总队、巡警支队、派出所三级视频巡控队伍基本组建完成并日益壮大，实现了从无到有的突破。

在巡逻工作机制及巡逻队伍方面有如下报道。《探访京南 "巡防哥" 的

炼成》一文称北京市公安局大兴分局反恐怖和特巡警支队开发区巡防大队围绕"压发案、抓现行"两项核心工作，着力打造全时空巡逻防控体系，将巡防力量最大限度地摆在街面上，有效压低社会面发案率。《通州千人警辅24小时巡逻》一文称通州分局巡警支队下设六个巡逻警务站，分布于北苑西门、梨园贵友等繁华商业街区及轻轨站点周边，按照每个警务站不低于4名民警8名辅警的标准配备力量。《点、线、面都有！平谷区如何构建立体化防控格局?》一文称平谷区在卫星城形成以指挥中心为龙头，整合武警、特警、武装巡警三支骨干力量，分成6个巡逻车组，形成"屯警街面、动中备勤、武装处突"的防控模式。《持续强化街头见警率 打击犯罪与服务群众并举北京警方巡逻防控能力创近十年来最好水平》一文称北京以站巡制、武装处突车为切入点，通过内抓中心区，外抓检查站，多种手段牵动社会面整体巡控工作落实，全面强化了街面反恐防恐和维稳防控力度。《通州千人警辅24小时巡逻》一文称通州公安分局专职警辅巡逻队已由最初的200余人增至千余人，24小时驻守街头，在民警带领下守卫市民日常安全。《全市实名治安志愿者超85万"朝阳群众"月供线索2万多》一文称全市实名注册的治安志愿者已超过85万人，各类群防群治力量动员总量近140万人。《远亲不如近邻，向您介绍我们的这些"神秘组织"》一文称北京已经有"东城守望岗"、"西城大妈"、"朝阳群众"、"丰台劝导队"、"通州志愿者"、"昌平志愿者"、开发区"巡防哥"等群众组织。

在重要节点巡逻方面有如下报道。《您的安全，我们守护!》一文称国庆节、中秋节两节到来，北京市公安局提前部署，会同旅游等相关职能部门，强化景区治安秩序维护和人流疏导，严打旅游领域各类违法犯罪。《大悦城行凶案后，北京20万人连夜巡逻防控》一文称自案发当日21时起，北京市启动社会面一级超常防控等级，夜晚20万人上街巡逻防控。《新的一年 我们继续守护平安》一文称针对节日期间商场、火车站、景点等大车流、大人流交织叠加的情况，北京市公安局启动社会面等级防控方案，全面强化社会面防范控制。

在重要节点巡逻方面有如下报道。《中意警方首次在中国开展警务联合巡逻》一文称从 4 月 24 日到 5 月 7 日，来自意大利的 4 名警员将与中国民警一起在北京和上海开展为期 2 周的联合巡逻。

在巡逻成效方面有如下报道。《全市开展巡逻警务实战演练 2.0 版警务站设在繁华地带》一文称，自 2015 年 5 月以来，北京市巡逻警务站共接报各类街头刑事警情 700 余件，环比上一时段下降 65.6%，治安警情 2700 余件，环比上一时段下降 83.0%，并且呈逐年下降趋势。《通州千人警辅 24 小时巡逻》一文称，2016 年以来，辖区街头发案量和社区可防性案件量同比分别下降 11.6% 和 3.8%，特别是街头两抢、涉车、故意伤害案件同比分别下降 15.8%、27.2% 和 22.5%，群众安全感达到历史最好水平。《六里桥派出所立体巡控大队：巡逻"小警车"GPS 随时查》中称六里桥派出所立体巡控大队成立至今 5 个多月的时间里，刑事手段类警情与上年同期相比下降了 21.1%，治安类警情下降 18.7%，刑事立案下降 26.1%。《探访京南"巡防哥"的炼成》中称 2018 年巡防队更是创造了辖区社会面月均刑事发案降至两起以下的出色成绩，群众的安全感、满意度不断提升。《大兴的"街坊"了不得!》中称 2017 年"大兴老街坊"为公安机关提供各类违法犯罪线索 5800 余条，破获刑事案件 1200 余起，抓获各类违法犯罪嫌疑人 3000 余人；参与整治或举报火灾、交通等违法线索，消除整改公共安全隐患 830 余件。

从以上检索信息可以看出，北京市已经构建了全方位、全时段的街面巡逻机制，综合了人巡、物巡、技术巡的手段，达到了良好的社会面控制效果。因此，本指标得 95 分。

（2）问卷调查评估结果

针对该指标设计了两个问题。

问题一："所居住社区之外的乡镇或街道中会经常看到带有红袖标的治安志愿者吗?"对该问题的回答"经常看到"的占 51.3%，回答"偶尔看到"的占 39.08%，回答"见不到"的占 9.62%。"经常看到"赋值 100 分，"偶尔看到"赋值 50 分，"见不到"赋值 0 分，因此该问题总分为 70.84。

问题二："所居住的街道或乡镇中会经常见到警察或警车吗?"对该问

题的回答"经常看到"的占 44.71%，回答"偶尔看到"的占 45.88%，回答"见不到"的占 9.41%。"经常看到"赋值 100 分，"偶尔看到"赋值 50 分，"见不到"赋值 0 分，因此该问题总分为 67.65。

上述两项分数取平均值，调查问卷项得分为 69.25。

（3）该四级指标评估得分

该四级指标评估来源包括网络抓取和调查问卷两项，网络抓取部分得分权重为 40%，调查问卷得分权重为 60%，两者的得分之和即最终得分。因此该四级指标得分为 95×40% + 69.25×60% = 79.55 分。

2. 公共交通巡逻情况

（1）网络抓取评估结果

本指标主要考察北京市公共交通的巡防现状和治安状况。本指标网络抓取的标准是北京市公安局、北京市城市管理委员会、北京市交通委发布的有关工作报告、相关新闻报道、发布会以及召开的平安建设会议中涉及公共交通巡逻防控情况的内容，特别考察北京公共交通巡逻防控的措施及治安现状。

针对该指标，有如下报道。《北京："电子巡逻交警"在首都机场高速路"上岗"》中称，北京市交管部门将继续推进此次移动式护栏巡逻预警机器人的应用测试，并将于近期在其他高速公路上推广使用，依托科技手段加大对各类高速公路违法停车行为的打击力度。《北京"2.0 版"巡逻警务站加强街面防控》报道称各分局结合辖区地铁站实际分布情况，将辖区新建的"2.0 版"巡逻警务站最大限度地向地铁站倾斜，通过合理布局，切实发挥巡逻警务站的辐射管控作用。《公交总队特警大队中队长孔希希：把牢安检关　不放过任何隐患》中称，公交地铁安防措施不断严密，员工区域防控职能更加明确，地铁长途安检防线战果丰硕，年均查获 30 万件违规违禁品，集中销毁 40 余吨。《公交总队猎狼行动小组成立两个月战果丰硕》中称，自 2017 年 6 月 16 日成立以来，不满两个月，猎狼行动小组已抓获地铁色狼 40 人，其中拘留 28 人。《保障群众安全出行　地铁安保视频监控不留死角》中称，2016 年，北京市公共交通系统共安检人员 19.54 亿人次，同比上升 2.63%，安检物品 16.38 亿件次，同比上升 1.05%，查获禁带物品

303153 万余件，同比上升 30.11%，依法拘留携带违禁品人员、拒检人员
692 人。《北京地铁安检将研究人脸识别　禁止携带物品目录有望修订》中
称，为了提升地铁进站安检速度，减少乘客等候时间，北京市研究通过提升
安检技术手段，做相关试点，包括人脸识别等高科技手段在安检中的体现，
在智能检物方面，将提升 X 光机，对乘客包内物品进行图像比对，随着图
像库的不断积累，通过比对可以断定包内物品是不是禁带物品。《首批搜油
犬进地铁实战演练》中称，自 2013 年底以来，公交总队警犬工作大队 30 只
警犬陆续接受专项训练，成为首批搜油犬。

从以上检索信息可以看出，北京市已经构建了全方位、全时段的公共交
通巡逻机制，覆盖了地铁、出租车、公共汽车等公共出行方式，达到了良好
的公交控制效果。因此，本指标得 95 分。

（2）问卷调查评估结果

针对该指标设计了三个问题。

问题一："晚上独自行走在社区外面的街道、广场等地方会觉得害怕
吗?"对该问题的回答"非常害怕"的占 1.25%，回答"比较害怕"的占
5.75%，回答"一般"的占 12.84%，回答"不太害怕"的占 9.42%，回
答"不害怕"的占 70.73%。回答"非常害怕"的赋值 0 分，回答"比较
害怕"的赋值 25 分，回答"一般"的赋值 50 分，回答"不太害怕"的赋
值 75 分，回答"不害怕"的赋值 100 分。因此该问题总分为 85.65。

问题二："所居住的街道或乡镇中会经常见到警察或警车吗?"对该问
题的回答"经常看到"的占 44.71%，回答"偶尔看到"的占 45.88%，回
答"见不到"的占 9.41%。"经常看到"赋值 100 分，"偶尔看到"赋值 50
分，"见不到"赋值 0 分，因此该问题总分为 67.65。

问题三："您认为北京市下列交通场站的安防力量是否充足?"回答为
"地铁站力量充足"的占 94.14%，回答为"公交站力量充足"的占
71.84%，回答为"火车站力量充足"的占 93.51%，回答为"汽车站力量
充足"的占 83.17%，回答为"飞机场力量充足"的占 96.38%。回答"地
铁站力量充足"的得分为 94.14，回答为"公交站力量充足"的得分为

75.40，回答为"火车站力量充足"的得分为93.51，回答为"汽车站力量充足"的得分为83.17，回答为"飞机场力量充足"的得分为96.38。上述各项平均值为88.52分，即为该问题总分。

上述三项分数取平均值，调查问卷项得分为80.61。

（3）该四级指标评估得分

该四级指标评估来源包括网络抓取和调查问卷两项，网络抓取部分得分权重为40%，调查问卷得分权重为60%，两者的得分之和即最终得分。因此该四级指标得分为95×40% +80.61×60% =86.36分。

3. 学校、单位、银行、医院防控情况

（1）网络抓取评估结果

本指标主要考察北京市学校、银行、医院等重要单位的安全防范工作。本指标网络抓取的标准是北京市委、北京市公安局、北京市城市管理委员会、北京市安全监管局等部门发布的有关平安建设的规范性文件、媒体报道、会议等材料以及北京市"十三五"规划等，考察北京市学校、银行、医院等重要单位目前所采取的防控措施以及安全防范工作机制。

针对银行安全防范，有如下文件和报道。《北京市公安局 中国银行业监督管理委员会北京监管局关于进一步规范在京银行单位社区支行小微支行安全防范管理工作的通知》要求两类支行的安全防范设施应满足《银行营业场所风险等级和防护级别的规定》（GA38 - 2004）和《银行自助设备、自助银行安全防范的规定》（GA745 - 2008）中对银行营业场所和自助银行的相关要求。《扎实推进制度和安防建设 北京银行积极创建"最安全银行"》中称北京银行以制度建设作为管理基础，全面落实监管要求，根据国家法律法规和行业标准，在深入开展安全评估的基础上，制定了关于"安保职责""设施设备管理""消防安全管理""保管箱库安全管理""案件风险排查""案件管理""安全生产事故隐患排查""应急事件处置"等近30项规章制度，全面覆盖了人防、消防、技防、物防、案防、应急管理等方面，形成了较为完备的规章制度体系。北京银行率先在业内实现了全国分支机构视频监控联网，监控联网和综合管理系统不仅完成了行业安防标准等外部监管要求，更是强化内部管理和服务业务的内在需求。北京银行在努力抓好经营发展的同时，积极践行社会责任，助力社会平安发展，利用银行特有的资源、渠道、信息等优势，积极配合监管机构打击各类犯罪行为，取得了良好成效。

针对校园安全防范，有如下文件和报道。《北京警方6000警力保障百万学生返校"开学第一课"》中称2017年2月20日，北京千余所中小学统一开学，百余万学生集中返校，为做好北京开学第一天安保工作，北京警方启动一级"高峰勤务"等级，6000余名民警、近2000辆巡逻车和20000余名校园内外部群防群治力量成为保障校园周边安全的立体力量。《东城消防支队大力开展"校园安全月"宣传进学校活动》中称为切实做好"校园安全宣传月"工作，提高辖区中小学生消防安全工作水平，2017年9月15日下午，东城消防支队辖区一六五中学400余名师生开展消防安全培训宣传活动，让学校师生零距离了解消防、学习消防、关注消防。《625处校园秩序维护岗启动》中称早高峰期间，交管部门在全市设置的625处校园秩序维护岗加强了警力部署，做好校园周边秩序维护、停车引导和快清快处。《本市5区新增643处"电子眼"主要集中在学校、大型居民社区周围》中称，北京市石景山区、大兴区、昌平区、通州区、海淀区将新增643处固定式交通技术监控设备。其中海淀区占比最大，约有558处。

针对医院安全防范，有如下文件和报道。《北京举行医院安防演练 保障就医环境安全》中称，2017年7月23日，北京市医院管理局在北京地坛医院举行了反恐防暴演练和培训暨安防器材配发活动，活动中配发的安全防护装备包括840套勤务头盔、防刺服、防割手套、防护腰带等个人防护器材，84套防爆毯、防暴钢叉、防暴脚叉、辣椒水喷罐等防暴装备，以及能够现场采集声音和图像数据的执法记录仪等技术装备。《市医管局组织召开安全隐患清查整治工作部署会》中称，边宝生副局长结合市属医院安全隐患大排查、大清理、大整治专项行动推进情况，就进一步落实医院安全生产主体责任，层层压实责任，强化隐患整改落实到岗到人等方面提出了具体的工作要求。北京市医管局局长于鲁明对各市属医院进一步加强安全生产管

理，做好安全隐患清查整治工作提出要求。

从以上检索信息可以看出，北京市已经构建了比较完善的银行、校园、医院安全防范机制，领导对该领域的工作也非常重视，在重要时间节点投入人力、物力、技术力量提升安防水平，达到了良好的安全防范效果。因此，本指标得 95 分。

（2）问卷调查评估结果

针对该指标设计了四个问题。

问题一："去银行办理汇款业务时银行工作人员会跟您进行收款人确认么？"对该问题回答"都会的"占 77.46%，回答"大多数会"的占 13.89%，回答"一般"的占 4.17%，回答"偶尔会"的占 2.03%，回答"不会"的占 2.46%。回答"都会"的赋值 100 分，回答"大多数会"的赋值 75 分，回答"一般"的赋值 50 分，回答"偶尔会"的赋值 25 分，回答"不会"的赋值 0 分。因此该问题的总分为 90.47 分。

问题二："您认为北京市医院的整体安全防范能力如何？"对该问题回答"强"的占 42.13%，回答"一般"的占 53.43%，回答"弱"的占 4.44%。回答"强"的赋值 100 分，回答"一般"的赋值 50 分，回答"弱"的赋值 0 分。因此该问题的总分为 68.85 分。

问题三："据您了解，您或您亲属的孩子在校园当中是否存在下列安全问题？"该问题根据孩子所处的校园类型，如幼儿园、中小学、大学，另外还有一个适用于所有学校的问题。

对于孩子在幼儿园的情况。

问题之一："教师等工作人员是否有虐待学生的行为"。回答"否"的占 96.91%，回答"是"的占 3.09%。问题之二："是否有猥亵儿童的行为"。回答"否"的占 98.97%，回答"是"的占 1.03%。问题之三："校园食品是否安全"。回答"否"的占 88.21%，回答"是"的占 11.79%。问题之四："校园基础设施是否安全"。回答"否"的占 93.85%，回答"是"的占 6.15%。问题之五："在上学期间是否走失"。回答"否"的占 97.95%，回答"是"的占 2.05%。上述问题回答"是"的赋值 100 分，回

答"否"的赋值 0 分。因此，对于孩子在幼儿园的问题的回答总分为
$(96.91 + 98.97 + 88.21 + 93.85 + 97.95) \div 5 = 95.18$。

对于孩子在中小学的情况。

问题之一："是否有校园斗殴、欺凌行为"。回答"否"的占 87.25%，回答"是"的占 12.75%。问题之二："是否有教师体罚学生的行为"。回答"否"的占 93.98%，回答"是"的占 6.02%。问题之三："是否有性侵或者性骚扰行为"。回答"否"的占 98.33%，回答"是"的占 1.67%。问题之四："是否有校园周边文化娱乐场所引起的不安全问题"。回答"否"的占 87.63%，回答"是"的占 12.37%。问题之五："是否有校园盗窃行为"。回答"否"的占 89.76%，回答"是"的占 10.24%。问题之六："是否有校园欺诈行为"。回答"否"的占 97.27%，回答"是"的占 2.73%。问题之七："是否有心理健康危机"。回答"否"的占 86.35%，回答"是"的占 13.65%。问题之八："是否有食品安全风险"。回答"否"的占 89.35%，回答"是"的占 10.65%。问题之九："是否存在校园基础设施安全"。回答"否"的占 93.17%，回答"是"的占 6.83%。问题之十："在上学期间是否走失"。回答"否"的占 98.59%，回答"是"的占 1.41%。上述问题回答"是"的赋值 100 分，回答"否"的赋值 0 分。因此，对于孩子在中小学的问题的回答总分为 $(87.25 + 93.98 + 98.33 + 87.63 + 89.76 + 97.27 + 86.35 + 89.35 + 93.17 + 98.59) \div 10 = 92.17$。

对于孩子在大学的情况。

问题之一："是否有校园斗殴、欺凌行为"。回答"否"的占 87.27%，回答"是"的占 12.73%。问题之二："是否有性侵或性骚扰问题"。回答"否"的占 93.64%，回答"是"的占 6.36%。问题之三："是否有校外文化娱乐场所引起的不安全问题"。回答"否"的占 79.09%，回答"是"的占 20.91%。问题之四："是否有校园盗窃行为"。回答"否"的占 65.45%，回答"是"的占 34.55%。问题之五："是否有校园欺诈行为"。回答"否"的占 82.73%，回答"是"的占 17.27%。问题之六："是否有人际关系危机"。回答"否"的占 70.91%，回答"是"的占 29.09%。问

题之七："是否有心理健康危机"。回答"否"的占 76.36%，回答"是"的占 23.64%。问题之八："是否有国外敌对势力渗透"。回答"否"的占 92.73%，回答"是"的占 7.27%。问题之九："是否涉及邪教问题"。回答"否"的占 94.55%，回答"是"的占 5.45%。问题之十："是否有传销"。回答"否"的占 88.18%，回答"是"的占 11.82%。问题之十一："是否涉黄"。回答"否"的占 90.91%，回答"是"的占 9.09%。问题之十二："是否涉赌"。回答"否"的占 92.73%，回答"是"的占 7.27%。问题之十三："是否涉毒"。回答"否"的占 94.50%，回答"是"的占 5.50%。问题之十四："是否有校园食品安全问题"。回答"否"的占 85.32%，回答"是"的占 14.68%。问题之十四："是否有校园食品安全问题"。回答"否"的占 85.32%，回答"是"的占 14.68%。问题之十五："是否有校园基础设施安全问题"。回答"否"的占 86.24%，回答"是"的占 13.76%。上述问题回答"是"的赋值 100 分，回答"否"的赋值 0 分。因此，对于孩子大学情况的问题的回答总分为（87.27 + 93.64 + 79.09 + 64.45 + 82.73 + 70.91 + 76.36 + 92.73 + 94.55 + 88.18 + 90.91 + 92.73 + 94.50 + 85.32 + 86.24）÷15 = 85.31。

上述三项分数取平均值，"您或您亲属的孩子在校园当中是否存在下列安全问题"得分为（95.18 + 92.17 + 85.31）÷3 = 90.89。

适用于所有学校的问题是"孩子所在的学校是否开展过安全教育?"回答"否"的占 92.19%，回答"是"的占 7.81%。回答"是"的赋值 100 分，回答"否"的赋值 0 分。因此，该问题的总分为 92.19。

上述四项分数取平均值，调查问卷项得分为 85.60。

（3）该四级指标评估得分

该四级指标评估来源包括网络抓取和调查问卷两项，网络抓取部分得分权重为 40%，调查问卷得分权重为 60%，两者的得分之和即最终得分。因此该四级指标得分为 95×40% + 85.60×60% = 89.36 分。

4. 该三级指标的得分

"街面巡逻防控情况"四级指标所占权重为 40%，"公共交通巡逻情

况"四级指标所占权重为30%，"学校、单位、银行、医院安保情况"四级
指标所占权重为30%。因此，该三级指标得分为79.55 × 40% + 86.36 ×
30% + 89.36 × 30% = 84.54 分。

（二）重点行业治安防控情况

本指标有3个四级指标，分别为"旅馆业等特种行业治安管理""物流
寄递业安全管理""枪支、管制刀具、危爆物品管理"。本指标主要考察北
京市旅馆业、印章业、典当业等特种行业治安管理工作。本指标网络抓取的
标准是北京市委发布的有关平安建设的规范性文件、北京市公安局关于特种
行业管理的文件等，特别是考察北京市旅馆业、印章业、典当业等特种行业
治安管理工作的现状。北京市公安局关于物流寄递业管理的文件、举措等，
特别是考察北京市物流寄递业的治安管理工作的现状。北京市公安局、北京
市安监局等关于枪支、管制刀具、危爆物品管理的文件、举措等，特别是考
察北京市公安机关对枪支、管制刀具、危爆物品的管理规范及安全治理工
作。

1. 旅馆业等特种行业治安管理

（1）网络抓取评估结果

北京市政府、市公安局对各个特种行业制定了管理规范：印章业有
《北京市刻字业管理暂行办法》，旧货业制定了《旧货流通管理办法》，机动
车修理、报废行业制定了《机动车修理业报废机动车回收业治安管理办
法》。对典当业管理制定了具体的工作流程。

针对旅馆业等特种行业治安管理指标，有如下文件和报道。《警方集
中查处黑开旅馆》称，为进一步提高黑开旅馆的发现能力和查处取缔力
度，北京市公安局治安管理总队会同网安总队及各分局治安警力，2017
年5月1～5日开展了为期5天的集中查处黑开旅馆"铁拳"专项行动。
《东城区公安、消防等部门联合排查胡同旅馆》称，2017年11月22日上
午，东城区公安、消防、城管、工商、食药等部门对位于北京站东的毛家
湾、抽屉、盔甲厂胡同内安全隐患问题开展地毯式排查。对发现的违法建

设、无照经营和黑旅馆、群租房等安全隐患责令整改。《顺义警方成功打掉一售假证印章的窝点》称，2017年4月，顺义警方成功打掉一个隐藏在出租房内制、售假证印章的窝点，抓获两名犯罪嫌疑人。

从以上检索信息可以看出，北京市已经对重点行业场所建章立制，不仅按照国家规定进行管理，而且还有本市的工作规范，对重点行业场所的管理也有条不紊，日趋完善。因此，本指标得95分。

（2）问卷调查评估结果

针对该指标设计了一个问题，即"旅店执行登记旅客信息情况如何？"回答"所有入住人员均严格登记"的占57.47%，回答"同行人员1人或少数人登记"的占3.27%，回答"无须登记"的占0.17%，回答"没住过"的占39.09%。回答"所有入住人员均严格登记"的赋值100分，回答"同行人员1人或少数人登记"的赋值50分，回答"无须登记"的占赋值0分，回答"没住过"的不算有效回答。因此，对该问题回答的分数为97.04分。

（3）该四级指标评估得分

该四级指标评估来源包括网络抓取和调查问卷两项，网络抓取部分得分权重为40%，调查问卷得分权重为60%，两者的得分之和即最终得分。因此该四级指标得分为95×40%+97.04×60%=96.22分。

2. 物流寄递业安全管理

（1）网络抓取评估结果

北京市政府、市公安局对物流寄递业制定了管理规范和相关标准：北京市政府制定了《北京市快递暂行条例》，北京市安全生产监督管理局制定了《安全生产等级评定技术规范》第75部分涉及快递及邮政服务企业。

针对物流寄递业安全管理指标，有如下文件和报道。《快递实名将全覆盖》称，国家邮政局长马军胜在十三届全国人大一次会议"部长通道"上表示，2018年将实现快递实名制的全覆盖。

从以上检索信息可以看出，北京市已经对寄递物品建章立制，不仅按照国家规定进行管理，而且还有本市的工作规范，日常管理也有条不紊，日趋完善。因此，本指标得 95 分。

（2）问卷调查评估结果

针对该指标设计了两个问题。

问题一："在北京邮寄快递时是否现场检查邮寄物品？"回答"全部会检查"的占 28.64%，回答"大多数会检查"的占 22.28%，回答"检查与否比例相当"的占 2.09%，回答"偶尔检查"的占 10.05%，回答"不检查"的占 14.49%，回答"未邮寄"的占 22.45%。回答"全部会检查"的赋值 100 分，回答"大多数会检查"的赋值 75 分，回答"检查与否比例相当"的赋值 50 分，回答"偶尔检查"的赋值 25 分，回答"不检查"的赋值 0 分，回答"未邮寄"的不算有效回答。因此，对该问题回答的分数为 63.07 分。

问题二："在北京邮寄快递时是否要求提供身份证件？"回答"全部会要求"的占 27.47%，回答"大多数会要求"的占 13.99%，回答"要求与否比例相当"的占 2.76%，回答"偶尔要求"的占 9.97%，回答"不要求"的占 23.87%，回答"未邮寄"的占 21.94%。回答"全部会要求"的赋值 100 分，回答"大多数会要求"的赋值 75 分，回答"要求与否比例相当"的赋值 50 分，回答"偶尔要求"的赋值 25 分，回答"不要求"的赋值 0 分，回答"未邮寄"的不算有效回答。因此，对该问题回答的分数为 53.59 分。

上述两项分数取平均值，调查问卷项得分为 58.33。

（3）该四级指标评估得分

该四级指标评估来源包括网络抓取和调查问卷两项，网络抓取部分得分权重为 40%，调查问卷得分权重为 60%，两者的得分之和即最终得分。因此该四级指标得分为 95×40% +58.33×60% =73.00 分。

3. 枪支、管制刀具、危爆物品管理

（1）网络抓取评估结果

北京市政府、市公安局对枪支、管制刀具、危爆物品制定了管理规范：强调公安机关依据《中华人民共和国枪支管理法》，对本市射击运动枪支进行管理，制定了北京市公安局管制刀具认定工作规定、民用爆炸物品安全管

理的具体规定、烟花爆竹安全管理规定。

针对枪支、管制刀具、危险物品安全管理指标，有如下文件和报道。根据《2015 年安全生产工作情况的通报》，制定《北京市危险化学品集中管理体系信息化建设总体方案》，明确了体系信息化建设方向、内容、进度安排、资金预算等事项。目前，已初步完成剧毒化学品、易爆危险品、工业气体和成品油三个品种的纳入对接工作，完成危险货物道路运输行业服务管理系统试运营工作，建立"人车货"绑定系统，并实现了各成品油试点单位共 124 辆运输车辆的远程卫星定位（GPS）数据的接入。《多举措全力应对春节返京高峰》称，通州区公安分局现有 11 个检查站，春节期间全部启动二级勤务，站领导坚持一线带班，随时根据车流量变化科学调整警力部署，实现了对进京人员、车辆、物品的最大限度检查。据统计，自 2016 年 2 月7 ~ 12 日，通州区分局各检查站查获各类违法犯罪嫌疑人 18 人，烟花爆竹51 箱。

从以上检索信息可以看出，北京市已经对危险物品建章立制，不仅按照国家规定进行管理，而且还有本市的工作规范，日常管理也有条不紊，日趋完善。因此，本指标得 95 分。

（2）问卷调查评估结果

针对该指标设计了三个问题。

问题一："有没有在北京见到过有人携带下列危险物品——枪支？"回答"没有"的占 99.16%，回答"有"的占 0.84%。回答"没有"的赋值100 分，回答"有"的赋值 0 分。因此，对该问题回答的分数为 99.16 分。

问题二："有没有在北京见到过有人携带下列危险物品——管制刀具？"回答"没有"的占 95.20%，回答"有"的占 4.80%。回答"没有"的赋值 100 分，回答"有"的赋值 0 分。因此，对该问题回答的分数为 95.20分。

问题三："有没有在北京见到过有人携带下列危险物品——危险物品？"回答"没有"的占 97.47%，回答"有"的占 2.53%。回答"没有"的赋值 100 分，回答"有"的赋值 0 分。因此，对该问题回答的分数为 97.47 分。

上述三项分数取平均值，调查问卷项得分为 97.28。

（3）该四级指标评估得分

该四级指标评估来源包括网络抓取和调查问卷两项，网络抓取部分得分权重为 40%，调查问卷得分权重为 60%，两者的得分之和即最终得分。因此该四级指标得分为 95×40%＋97.28×60%＝96.37 分。

4. 该三级指标的得分

"旅馆业等特种行业治安管理"四级指标所占权重为 40%，"物流寄递业安全管理"四级指标所占权重为 30%，"枪支、管制刀具、危爆物品管理"四级指标所占权重为 30%。因此，该三级指标得分为 96.22×40%＋73.00×30%＋96.37×30%＝89.30 分。

（三）乡镇（街道）和村（社区）治安防控

本指标有 3 个四级指标，分别为"网格化管理情况""综合管理服务平台建设情况""社区警务实施情况"，本指标得分为 100 分。本指标主要考察北京市网格化管理制度是否落实。本指标网络抓取的标准是北京市委发布的有关平安建设的规范性文件、北京市"十三五"规划、北京市社会建设办公室、北京市公安局和北京市城市管理委员会等关于网格化管理的文件等，特别是考察北京市网格化管理工作的落实情况。关注综合管理服务平台的文件、新闻报道等，特别是考察北京市综合管理服务平台的建设情况及覆盖范围，以及基层社区管理的工作报告、新闻报道等，特别是考察北京市社区警务的建设情况及工作机制。

1. 网格化管理情况

（1）网络抓取评估结果

针对网格化管理情况指标，有如下文件和报道。《北京网格化》以视频的方式介绍了北京市网格化建设的情况。《2017 年全市网格化系统解决各类事件 520.37 万件》称，2017 年市网格化信息系统共接到各类事件 554.49 万件，解决各类事件 520.37 万件，解决率 93.85%。从网格数据看，全年城市服务管理中的市容环境、宣传广告、街面秩序等事件类问题较为集中。《2017 年全市网格化体系建设工作总结》指出，北京市网格化体系建设认真落实北京市第十二次党代会部署，以落实网格化"1＋3"文件、"十三五"网格化工作规划和《2017 年网格化体系建设工作要点》为主线，以"夯基础、强体系，增效能、促合力"为目标，加强组织领导、加大保障力度，强化融合发展、强化宣传引导，较好地完成了年度确定的各项目标任务，网格化体系在加强城市管理、完善社会服务，创新社会治理、促进和谐稳定中发挥越来越重要的作用。《2018 年全市网格化体系建设工作要点》指出，2018 年，全市网格化体系建设工作的指导思想和基本思路是以"网格划分科学化、队伍建设专业化、工作机制联动化、服务管理一体化、基础信息数据化"为基本目标，健全体制机制、创新方式方法，强化规范深化、推动全面覆盖，努力在精治、共治、法治上下功夫，在落细、落小、落实上求实效，推动形成"一平台统筹、多网络融合，全方位覆盖、多领域共享"的治理格局，不断提升城市服务管理的社会化、法治化、智能化、专业化水平。《石景山区八角街道网格员实行"四统一"》称，对协管员实行分类管理、统筹管理、制度管理的"三重管理"，将原有分散管理的 12 类协管员规范成城市管理类、社会事务管理类和公共服务类三大类，并从中选拔符合条件的担任街道社会服务管理网格"一体化"体系基础网格管理员，实行统一标准、统一着装、统一标识、统一装备"四统一"。《丰台区建立"3＋1"网格化综合服务平台》称，以一张地图为基础，整合房、地、物、组织各类数据，建立起"3＋1"综合平台，即"三个系统"（信息化城市管理系统、网格化社会服务管理系统、便民服务热线系统）和"一个平台"（政务信息资源共享平台），整合公安、城管等多部门探头，支持地区部门监控工作，系统间各类问题流转顺畅，形成闭环，共同做好全区网格化服务管理工作。《门头沟区建设"智慧网格"社会服务管理信息化支撑体系》称，门头沟建设网格主要依靠如下几种措施：一是整合信息指挥系统，建立街道（乡镇）、社区（村）统一事件报送处置流程，实现与街镇分中心系统对接；二是建立全面覆盖、采集更新、联通共享、功能齐全的网格化社会服务管理基础数据中心；三是整合视频监控系统，实现重点区域视频监控全覆盖；四是开发社会服务管理终端"社管通"，使网格员跑得快、认得准、干得顺；五是制定《门头沟区"智慧网格"社会服务管理信息化支撑体系建设方案》；六是编制网格化服务手册。《大兴区推行"七个一"工作法规范网格化工作体系》称，"七个一"是指一套网格：建立一套基于网格划分的电子图和人员结构网。一个平台。一套标准：梳理 13 大类、207 小类和 602 项工作事项标准。一套闭合流程。一套制度：建立人员聘用、业务培训、平台操作、巡查监督等制度。一套机制。一套考评体系。《大兴区建立"20 + 200 全民参与网格管理工作机制"》称，一是聘请 20 名人大代表、政协委员参与问题发现，提升城市管理问题发现的广度和深度。二是吸纳 200 名"网格"志愿者加入网格发现队伍，提升基层问题的快速发现能力和解决速度。三是对接"北京社会通""大兴区政务网留言板""大兴人大"公众微信号等平台，使得群众诉求通道更加通畅，形成多元共治、良性互动、全民参与的城市治理新格局。根据《门头沟区创新举措 实现"七大项目"进网格》，七大项目进网格是指：一是利益诉求及矛盾调处机制进网格；二是社会动员机制进网格；三是党员任岗领责、四评一创等重点工作进网格；四是代理代办服务进网格；五是一刻钟服务圈建设进网格；六是志愿者服务进网格；七是文体活动进网格。《房山区完成网格化体系三级平台建设》称，以"三级平台，四级管理"系统软件为基础，区级平台完成了机房建设和服务器等硬件配备任务，铺设了专线政务网，完成了呼叫中心建设任务；28 个街道（乡镇）级平台均成立；社区（村）级平台把现有社区服务站、村综合工作站进行有效整合，建设网格化社区（村）工作站。《全市网格化"三通"同时开通》称，北京市网格化服务管理体系市级客户端"E 通车"综合信息系统、"网格通"信息发布平台和"北京社会通"微信公众号三个平台同时开通，将进一步推动"多网"融合，方便公众参与。《西城警方组网格 五天抓获四扒手》称，西城区警方运用大数据思维，对 2016 年以来的多起案件逐一进行分析，找出案件高发区域及时段，成立刑侦支队打扒组、秘侦组，派出所打击组，区域网格编组，网格之间互相联动，形成合力。《北京海淀：以社区"小平安"保辖区"大平安"》称，海淀区分局在总结近年来重大活动安保工作经验和以往群防群治工作成败得失的基础上，组织社区民警依托三级社区网格，以治保会、治安志愿者工作站、社区物业公司、辖区企事业单位保卫部门等为基础，发动群众参与治安管理和综合治理，全面开展社区警务工作团队建设。《北京市网格化E通车正式上线运行》称，全市共划分3.65万个基础网格，配备各类网格员18.1万人，其中专业人员1.26万，已有8万余名专兼职网格员信息纳入"E通车"平台。力争2018年底前基本实现区、街道（乡镇）、社区（村）三级"多网"深度融合。深入实施"网格化＋"行动计划，进一步增强网格化体系服务中心工作的能力。《网格化探索的"北京经验"》称，从2004年在全国率先推出城市管理网格化模式，到率先向社会服务管理网格化和社会治安网格化扩展，再到率先推进城市管理网、社会服务管理网、社会治安网"三网"融合，北京始终在网格化体系建设上保持领先。

从以上检索信息可以看出，北京市已经建立了三级网格化管理平台，连接了十多个政府部门，充分推动了社会微治理，全面促进社会治安秩序。因此，本指标得95分。

（2）问卷调查评估结果

针对该指标设计了一个问题，即"与所居住社区的主要负责人员熟悉程度？"问题之一："对网格长的熟悉程度"。回答"熟悉"的占10.76%，回答"比较熟悉"的占5.59%，回答"一般"的占8.14%，回答"不太熟悉"的占13.90%，回答"不熟悉"的占61.61%。问题之二："对社区民警的熟悉程度"。回答"熟悉"的占18.68%，回答"比较熟悉"的占9.63%，回答"一般"的占16.08%，回答"不太熟悉"的占19.77%，回答"不熟悉"的占35.85%。问题之三："对居委会主任的熟悉程度"。回答"熟悉"的占31.77%，回答"比较熟悉"的占13.63%，回答"一般"的占14.38%，回答"不太熟悉"的占15.13%，回答"不熟悉"的占25.08%。问题之四："对物业管理人员的熟悉程度"。回答"熟悉"的占28.39%，回答"比较熟悉"的占14.57%，回答"一般"的占20.02%，回答"不太熟悉"的占 13.23%，回答"不熟悉"的占 23.79%。问题之五："对业主委员会的熟悉程度"。回答"熟悉"的占 13.17%，回答"比较熟悉"的占 7.73%，回答"一般"的占 13.51%，回答"不太熟悉"的占 16.31%，回答"不熟悉"的占 49.28%。

对上述问题回答"熟悉"的赋值 100 分，回答"比较熟悉"的赋值 75 分，回答"一般"的赋值 50 分，回答"不太熟悉"的赋值 25 分，回答"不熟悉"的赋值 0 分。各项问题的得分分别为：22.50、38.89、52.97、52.64、29.80。因此，上述分数平均即为对该问题回答的总分，为 39.36 分。

（3）该四级指标评估得分

该四级指标评估来源包括网络抓取和调查问卷两项，网络抓取部分得分权重为 40%，调查问卷得分权重为 60%，两者的得分之和即最终得分。因此该四级指标得分为 95×40% + 39.36×60% = 61.62 分。

2. 综合管理服务平台建设情况

（1）问卷调查评估结果

针对该指标设计了一个问题，即"是否通过政府网络服务平台办理过就业、劳动、社会保障、治安管理或医疗卫生等相关业务？"回答"办过"的占 28.05%，回答"没办过"的占 71.95%。回答"办过"的赋值 100 分，回答"没办过"的赋值 0 分。因此，对该问题回答的分数为 28.05 分。

（2）该四级指标评估得分

该四级指标评估来源只有调查问卷的数据，调查问卷问题的得分即该指标的最终得分。因此该四级指标得分为 28.05 分。

3. 社区警务实施情况

（1）网络抓取评估结果

针对社区警务实施情况指标，有如下文件和报道。《北京推行社区警务室 7×24 小时值班制度》称，悬挂有"24 小时为您服务"灯箱的社区警务室每周 7 天、每天 24 小时都有人值守，有人接待群众。《北京市公安局举行

"向首都市民报告工作"新闻发布会》称，全市社区民警从 3295 人增加到 10535 人，并在此基础上实现 706 个社区警务室"7×24 小时"开门办公。《北京市公安局推行派出所社区警务室 7×24 小时工作机制》称，市公安局周密组织各分局围绕不同区域特点、资源和治安实际，在城六区和环五、远郊区、城关地区的每个派出所、社区警务队建立一个标准化警务室，落实 24 小时办公制度。《北京派出所六成警力投入社区》称，北京调整派出所警力布局，六成警力投入社区，入驻"网格"；社区民警"三人一组""三组一队"，各司其职，同时发挥合成作战优势。《"两队一室"警务改革　大量精干警察下社区》称 2017 年首都公安机关创新推出基层派出所改革模式"两队一室"警务改革带动全市警力下沉。全市基层警力增加了 13118 人，全市社区入室盗窃发案量同比下降 41.3%，破案量同比上升 37.7%，市民身边的安全感大大提升。《2018 年全市社区夏季安全防范宣传季启动》称，全市各分局组织社区民警深入防范基础比较薄弱的社区，开展"五个一"入户宣传活动，即查一次防范隐患，做一次防盗演示，发一份防范资料，进行一次防范提示，留一张警民联系卡片，向辖区群众开展面对面宣传。《民生服务"配套"升级建设"网格化"社会　让民警发挥基层保障作用》称，2017 年北京新建 110 个"一刻钟社区服务圈"，累计建成 1452 个，2018 年还将增加 100 个，目前已经覆盖全市 2706 个社区，覆盖率达到 87.5%。公安民警充分发挥基层保障作用，"社区有格、格中有警、警尽其责"工作格局已基本形成。市级层面 12 类相关部门职能纳入网格化工作监管。《北京警方着力打造立体化社区防控体系》称，北京警方紧紧围绕平安社区建设，加大社区防范力度，坚持夯实基础和突出重点相结合、日常管理和专项工作相结合、网上控制和网下防范相结合，组织开展全市社区治安防范宣传活动，着力打造立体化社区防控体系。

从以上检索信息中可以看出，北京市已经建立了 700 余个警务工作站，充分推动了社会微治理，全面促进社会治安秩序。因此，本指标得 95 分。

（2）问卷调查评估结果

针对该指标设计了两个问题。

问题一："所居住社区的社区警务室开放的频率?"回答"经常开放"的占 59.19%，回答"偶尔开放"的占 26.19%，回答"不开放"的占 14.62%。回答"经常开放"的赋值 100 分，回答"偶尔开放"的赋值 50 分，回答"不开放"的赋值 0 分。因此，对该问题回答的分数为 72.29 分。

问题二："所居住的社区中社区民警是否曾经去家里入户调查或走访?"回答"是"的占 20.65%，回答"否"的占 79.35%。回答"是"的赋值 100 分，回答"否"的赋值 0 分。因此，对该问题回答的分数为 20.65 分。

上述两项分数取平均值，调查问卷项得分为 46.47。

（3）该四级指标评估得分

该四级指标评估来源包括网络抓取和调查问卷两项，网络抓取部分得分权重为 40%，调查问卷得分权重为 60%，两者的得分之和即最终得分。因此该四级指标得分为 $95 \times 40\% + 46.47 \times 60\% = 65.88$ 分。

4. 该三级指标的得分

"网格化管理情况"四级指标所占权重为 40%，"综合管理服务平台建设情况"四级指标所占权重为 30%，"社区警务实施情况"四级指标所占权重为 30%。因此，该三级指标得分为 $61.62 \times 40\% + 28.05 \times 30\% + 65.88 \times 30\% = 52.83$ 分。

（四）机关、企事业单位内部安全防控

本指标有 3 个四级指标，分别为"单位负责人制度、巡逻检查、守卫防护、要害保卫、治安隐患和问题排查处理等制度建设情况""单位内部视频监控系统普及应用情况""供水、供电、供气、供热、供油、交通、信息通信网络基础设施安全防范情况"，本指标得分为 100 分。

本指标主要考察北京市单位内部是否建立了负责人制度、巡逻检查、守卫防护、要害保卫、治安隐患和问题排查处理等制度。本指标网络抓取的标准是北京市委、北京市公安局、北京市城市管理委员会、北京市安全监管局等部门发布的有关平安建设的规范性文件、媒体报道、会议等材料以及北京市"十三五"规划等，考察北京市单位内部负责人制度、巡逻检查、守卫

防护、要害保卫、治安隐患和问题排查处理等制度建设情况。北京市单位内部视频监控系统的普及应用情况。考察北京市供水、供电、供气、供热、供油、交通、信息通信网络基础设施安全防范情况。

1. 单位负责人制度、巡逻检查、守卫防护、要害保卫、治安隐患和问题排查处理等制度建设情况

（1）网络抓取评估结果

北京市政府、市安监局、市公安局等部门制定了《北京市单位内部重点防范部位安全保卫规定》《北京市生产安全事故隐患排查治理办法》《北京市楼宇内生产经营单位安全生产规范（试行）》等规范性文件。

针对机关、企事业单位内部安全防控指标，有如下文件和报道。《市安全监管局与市国资委成功举办市属国有重点企业负责人安全生产专题培训班》称，2018 年 4 月 24 日，市安监局与市国资委在北京经济管理职业学院联合举办了市属国有企业负责人安全生产专题培训班。市属各集团公司及其下属子公司有关负责人 330 余人参加了培训。

从以上检索信息可以看出，北京市已经对机关、企事业单位内部安全防控制定了规范性文件，确立了标准并且建立了工作程序。因此，本指标得 85 分。

（2）该四级指标评估得分

该四级指标评估来源只有网络抓取的资料，网络抓取的得分即该指标的最终得分。因此，该四级指标得分为 85.00 分。

2. 单位内部视频监控系统普及应用情况

（1）网络抓取评估结果

2006 年 12 月，北京市政府发布第 185 号令《北京市公共图像信息系统管理办法》，并出台了 9 个技术规范，从法制和技术标准方面保障、规范工作的开展，实现覆盖全市的图像信息系统互联互通。2007 年，北京市图像办制定并下发了《2007 年北京市图像信息管理系统建设折子工程》。《折子工程》以任务书的形式进一步明确了十八个区县政府和十四个专项应急指挥部的主责单位的主要任务并规定了完成时限。

针对单位内部视频监控系统普及应用情况指标，有如下文件和报道。

《北京市视频监控联网建设情况》称，2010年北京市新安装监控系统小区有227个、自然村有181个，共安装监控探头12736个；安装楼宇对讲系统、门禁系统8676套，封闭楼房小区142个，其中新封闭老旧小区74个、新封闭农村村庄112个，老旧小区安装监控系统140个、安装监控探头2059个；平房地区安装街院门3660个，安装门禁系统2553套，推广红外线报警器等简易安防产品51464个。2014年，北京市公安局推动全市外围环京"护城河"技防系统建设任务；完成《首都科技创安三年工作规划（2014～2016年)》《首都科技创安2014年工作要点》《2014年科技创安考核标准及评价细则》《全市技术防范体系科技发展（科技创安）及图像建设发展十三五规划》等文件编写工作；完成首都综治科技创安2013年考核工作，制定《技防实战演练方案》。

从以上检索信息可以看出，北京市已经对内部视频监控制定了规范性文件，积极安装监控设备。因此，本指标得95分。

（2）问卷调查评估结果

针对该指标设计了一个问题："所在单位的视频监控体系是否有效运行?"回答"非常有效"的占48.87%，回答"比较有效"的占32.46%，回答"一般"的占13.20%，回答"不太有效"的占2.14%，回答"无效"的占3.33%。回答"非常有效"的赋值100分，回答"比较有效"的赋值75分，回答"一般"的赋值50分，回答"不太有效"的赋值25分，回答"无效"的赋值0分。因此，该问题的得分，也即调查问卷项得分为80.35。

（3）该四级指标评估得分

该四级指标评估来源包括网络抓取和调查问卷两项，网络抓取部分得分权重为40%，调查问卷得分权重为60%，两者的得分之和即最终得分。因此该四级指标得分为95×40%＋80.35×60%＝86.21分。

3.供水、供电、供气、供热、供油、交通、信息通信网络基础设施安全防范情况

（1）网络抓取评估结果

针对供水、供电、供气、供热、供油、交通、信息通信网络基础设施安

全防范情况指标，有如下文件和报道。《北京市发布"十三五"时期城市管理发展规划》中指出，未来五年的主要任务围绕市政公用、环境卫生、城市容貌、综合协调管理与安全运行、综合支撑保障五个方面来确定的。为强化落实国家重要战略部署，规划编制了专门的篇章，制定了具体的任务来落实京津冀协同发展、生态文明建设、城乡协调发展、深化改革与依法行政。《市城市管理委开展充电设施运营企业安全生产专项检查》称重点对充电设施运营企业的安全生产责任制体系、运行操作管理规范、日常安全运行管理、应急处置措施、电气设备隐患排查及故障维修管理工作制度等方面进行检查。《通州区市政市容委多举措做好市政设施巡查工作》中称，突出重点巡查。加大地下管线、户外广告、城市照明等设施的巡查力度，针对冬季特点，重点对城区供暖井盖丢失、损坏等情况进行排查，保障冬季供暖工作正常进行。《市城市管理委开展供热、燃气、环卫等领域安全隐患排查整治突击检查》称，2017年11月23日，市城市管理委孙新军主任带队对国务院侨办换热站、北京城建二公司家属院、北京华京源再生资源分拣中心等重要点位采取"四不两直"的方式，就重要点位安全生产落实情况进行检查。《市城市管理委对国网北京市电力公司开展专项安全检查》称，为做好全市电力行业安全隐患大排查、大清理、大整治专项治理工作，2017年12月19日，市城市管理委对国网北京市电力公司进行了专项安全检查。《市城市管理委检查国庆安全生产保障工作》称，9月28～29日，市城市管理委蒋志辉委员带队对北京环卫集团天安门环境服务中心、市燃气集团西沙屯门站、市热力集团永泰供热厂、市使馆清洁运输管理处等单位进行节前安全检查。《东城区开展自来水、排水管线安全检查工作》称对排水管线进行了安全检查。《平谷区开展燃气安全应急抢险演练》中称，平谷区检验燃气泄漏应急抢险响应速度，提高燃气应急救援专业队伍抢险救援技能和政府相关部门及社会相关单位的协同能力。日前，平谷区开展燃气安全应急演练。

从以上检索信息可以看出，北京市已经建立了基础设施安全运营制度，对有关薄弱地区和环节展开安全检查和清理整顿活动。因此，本指标得 95 分。

（2）数据统计评估结果

依据《市安全监管局关于 2017 年度执法计划完成情况暨 2018 年度监督检查计划编制情况的公示》，市安全监管局 2017 年列入年度执法工作计划的生产经营单位共计 518 家，实际完成了 573 家，实际执行率为 110.6%，立案处罚 68 家，处罚金额 308.86 万元。各区、北京市经济技术开发区安全监管局 2017 年度列入年度执法计划的生产经营单位共计 25187 家（部分区局经区政府批准，调整了年度执法计划），实际完成 27427 家，实际执行率为108.9%，实际处罚 3878 家，处罚金额为 5807 万元。从上述数据看，安全生产年度执法计划超指标完成，该项得分为 100 分。

（3）该四级指标评估得分

该四级指标评估来源包括网络抓取和数据统计两项的三级指标，网络抓取得分权重与数据统计得分权重各占 50%，两者的得分之和即该指标的最终得分。因此该四级指标得分为 $95 \times 50\% + 100 \times 50\% = 97.50$ 分。

4. 该三级指标的得分

"单位负责人制度、巡逻检查、守卫防护、要害保卫、治安隐患和问题排查处理等制度建设情况"四级指标所占权重为 40%，"单位内部视频监控系统普及应用情况"四级指标所占权重为 30%，"供水、供电、供气、供热、供油、交通、信息通信网络基础设施安全防范情况"四级指标所占权重为 30%。因此，该三级指标得分为 $85 \times 40\% + 86.21 \times 30\% + 97.50 \times 30\% = 89.11$ 分。

（五）信息网络防控

本指标有 3 个四级指标，分别为"信息网络管理制度体系建设情况""手机网络实名制是否落实""个人信息安全保护情况"，本指标得分为 100分。本指标网络抓取的标准是北京市委、北京市公安局网监部门等发布的有关信息网络管理制度体系建设的规范性文件、报道、相关调查报告以及百度搜索等。考察北京市信息网络管理制度体系建设情况，北京市手机网络实名

制是否落实，北京市个人信息安全保护情况。

1. 信息网络管理制度体系建设情况

（1）网络抓取评估结果

《中华人民共和国网络安全法》于 2016 年通过，对网络信息安全进行了明确的规定，要求网络运营者应当对其收集的用户信息严格保密，并建立健全用户信息保护制度。网络运营者不得泄露、篡改、毁损其收集的个人信息。未经被收集者同意，不得向他人提供个人信息。

《北京市政务信息资源管理办法（试行）》用较大篇幅规定了网络信息安全，规定网络运营者应当对其收集的用户信息严格保密，并建立健全用户信息保护制度。网络运营者应当加强对其用户发布的信息的管理，发现法律、行政法规禁止发布或者传输的信息，应当立即停止传输该信息，采取消除等处置措施，防止信息扩散，保存有关记录，并向有关主管部门报告。

针对信息网络管理制度体系建设情况，有如下文件和报道。《猎网平台 2017 年网络诈骗趋势研究报告》称，2017 年猎网平台共收到全国用户提交的有效网络诈骗举报 24260 例，举报总金额超过 3.50 亿元，人均损失 14413.4 元。与 2016 年相比，网络诈骗的举报数量增长了 17.6%，人均损失却增长了 52.2%。从各城市网络诈骗涉案总金额来看，北京以 2062.4 万元位居榜首，上海（1245.2 万元）、成都（897.5 万元）、深圳（844.1 万元）、广州（769.3 万元）和昆明（712.9 万元）的涉案总金额也在 700 万元以上。从境内受害者的 IP 地域分布来看，23.1% 来自北京，居于首位；其次分别为浙江（15.8%）、广东（11.7%）、河南（11.2%）、四川（9.2%）等。2017 年遭到漏洞攻击的十大省份，其中，北京遭到攻击的 IP 最多，高达 5.1 亿次，相比上年 1.2 亿次上涨了 325%，居于全国首位；其次是浙江（3.5 亿次）、广东（2.6 亿次）。《2017 中国网站安全形势分析报告》称，从漏洞数量来看，云监测平台扫描检测的网站中，教育培训、政府机构和事业单位是存在漏洞最多的三个行业。在补天平台中，政府机构及事业单位、教育培训和互联网是人工收录漏洞数最多的三个行业。《2017 年上半年补天平台漏洞收录分析报告》称，从城市地域分布来看，收录网站漏洞最多的十个城市占到了总量的 54.4%。其中，IP 地址在北京市的网站漏洞最多，占比为 26.3%，其次上海市为 6.3%，杭州市为 4.5%。《网上治安秩序打击整治专项暨橙色行动成果展示会在京召开》中称，北京警方与 58 集团在 2016 年联合开展的"橙色行动"中，双方共同重点打击了违法信息（通过虚假身份实现不法目的如涉枪、涉爆、涉毒、招嫖、赌博等）、网络诈骗（网购、网络招聘欺诈等）、倒卖公民个人信息 3 种常见的互联网犯罪行为。《北京侦破涉网案件 3400 余起》称，2016 年共破获涉网违法犯罪案件 3400 余起，抓获犯罪嫌疑人 7530 余名，消除网络安全隐患 5 万余个，确保了首都互联网环境安全稳定。《朝阳局队"三聚焦"加强信息系统安全》称，朝阳局队计算机中心精准对标清事项，聚焦问题补漏洞。全面自查促整改，聚焦要求明责任。健全机制明思路，聚焦制度保长效。以此加强信息系统安全。《北京警方深化网上群防群治工作　网警志愿者再添防范专业力量》称，北京网警网上群防群治工作进入新的阶段，形成了警民互动多元化、群防力量专业化、宣传活动灵活化的特点。平台从"独一家"到"多平台"，建设独具特色的网上警民互动宣传平台体系；队伍从"协助打击"到"共同防范"，打造网上群防专业力量——"网警志愿者"；活动从设立首都网络安全日，到深化网下服务民生"四大工程"。《本市启动实施公共信用信息管理办法》称，目前北京市公共信息服务平台已归集的信息数量达到 3.3 亿条。《朝阳区运用信息化助推社会治理现代化水平提升》称，信息化举措一是健全和完善社会治理基础信息库，促进跨部门、跨层级的信息互联互通。二是依托智慧物业系统构建社会治理协同平台。三是完善"三网融合、二级闭环、一格统筹"的网格化城市服务管理体系建设。四是加强网络等虚拟社会管理。五是建立社会治理决策支持系统，形成"用数据说话、用数据决策、用数据治理"的机制。《首都网络安全日　北京市网络与信息安全信息通报中心揭牌》称，市政府决定，在北京市公安局网络安全保卫总队加挂市网络与信息安全信息通报中心牌子。《北京网警加大网络安全管理力度　网络平安行动成效显著》称，截至目前，全市共

检查网站1160家次，处罚违法网站642家次，其中关停网站14家次，关停栏目版块48家次，行政处罚435家次，约谈145家次，排除安全隐患116件。《"4·29首都网络安全日"开幕　以"新时代网络安全"主论坛为引领》称，本届活动以"新时代网络安全"主论坛为引领，融合北京国际互联网科技博览会、新时代网络安全系列高峰论坛、网络安全技术大赛、"净网2018"主题宣传等系列特色活动。《警方有效保障信息网络安全》称，2017年3月以来，北京市警方充分发挥主力军作用，利用资源优势，重拳出击，破获各类"黑客"攻击破坏违法犯罪案件130余起，依法查处"黑客"类犯罪嫌疑人140余名。《警企协同打击网络犯罪　猎网平台三大举措守护网络安全》称，由北京市局网安总队、相关省市公安机关和360公司共同参与的"警企协同，打击网络犯罪——猎网平台发布2017网络诈骗数据报告暨十大案例通报"活动在京举行，来自全国200多家公安机关的代表共同出席。《市公安局网络安全保卫总队揭牌》称，2011年4月29日下午，北京市公安局举行网络安全保卫系统工作汇报展示会暨机构揭牌仪式。《"北京网络安全反诈骗联盟"在京正式启动》称，2014年由北京市公安局网络安全保卫总队与360公司联合发起的"北京网络安全反诈骗联盟"在京举行启动仪式。

从以上检索信息可以看出，北京市已经通过了有关信息网络安全的地方性法规，建立了网络安全防范机制，开展了网上打击违法犯罪活动。因此，本指标得95分。

（2）该四级指标评估得分

该四级指标评估来源只有网络抓取文本，网络抓取的得分即该指标的最终得分。因此该四级指标得分为95分。

2.手机网络实名制是否落实

（1）网络抓取评估结果

针对手机网络实名制是否落实指标，有如下文件和报道。《2017年中国手机安全状况报告》称，2017年全年数据显示，广东省用户骚扰电话拦截次数最多，在全国各地的骚扰电话拦截总次数的占比高达18.7%，其次是北京（10.7%）。2017 年识别与拦截骚扰电话次数最多的十个城市中，北京以 10.7% 的比例位居榜首。《三大运营商正式实名制！百万人停机　还没实名怎么办？》称，数据统计显示，2017 年 9 月初，北京地区仍有约 230 万个手机号码未进行实名登记，其中，北京移动 120 万个，北京联通 80 万个，北京电信 35 万个；从 10 月 15 日起，对在通知时间内未进行实名登记的用户暂停通信服务。《我国跨入电话用户全实名时代》中称，2016 年，工信部防范和打击通信信息诈骗专项行动取得阶段性成效，关停违规语音专线 2.3 万条、"400" 号码 67.5 万个，下架改号软件和产品 1700 余个，全面实现了电话用户实名登记。《三大运营商又有重磅通知，实名制再升级，给不法分子当头一棒！》称，从 2017 年 1 月 1 日起实施新的实名认证，以后办卡入网需要本人现场拍照，而目前仍有 275 万名未办理手机实名制补登的用户也将依照新的实名认证。《6 月 1 日起使用互联网服务须进行账号实名认证》称，应《中华人民共和国网络安全法》要求，从 6 月 1 日起，使用互联网服务需进行账号实名认证，此前使用邮箱注册的用户需要在 6 月 1 日前进行手机号验证，一个手机号根据情况的不同，可以验证多个账号。《北京分步推行网络实名制》称，2010 年该市将分步推行网络实名注册制，在北京具有新闻信息和电子公告服务资质的网站中全面推行版主实名注册制度，对基础较好的电子商务和社会关系型网站，全部用户要实名注册。

从以上检索信息可以看出，北京市已经基本落实了个人手机实名制。因此，本指标得 95 分。

（2）该四级指标评估得分

该四级指标评估来源只有网络抓取的数据，网络抓取的得分即该指标的最终得分。因此该四级指标得分为 95 分。

3. 个人信息安全保护情况

（1）网络抓取评估结果

针对"个人信息安全保护情况"指标，有如下文件和报道。《本市将建市级大数据管理平台》称，提出本市于 2018 年将建设统一的市级大数

据管理平台,提供政务信息资源共享服务,实现"一次汇聚,多次共享"。《北京破获特大非法获取公民信息案》称,海淀分局网安大队对线索深入摸查后,迅速组织 200 余名精干警力分成 18 个工作组,先后深入全国 15 个省 18 个地市抓捕嫌疑人。《北京警方破获多个侵害公民个人信息团伙》称,2017 年 8 月 15 日,在掌握大量证据的基础上,北京警方出动 300 余名警力,对 9 家涉嫌侵犯公民个人信息的公司实施抓捕,现场共查获嫌疑人百余人。

从以上检索信息可以看出,北京市已经对侵害个人信息安全的违法犯罪进行了查处打击。因此,本指标得 95 分。

(2)问卷调查评估结果

针对该指标设计了一个问题:"最近一年个人信息是否发生过被泄露的情况?"回答"经常被泄露"的占 40.46%,回答"偶尔有泄露"的占 30.78%,回答"未泄露"的占 28.61%。回答"经常被泄露"的赋值 0 分,回答"偶尔有泄露"的赋值 50 分,回答"未泄露"的赋值 100 分。因此,该问题的得分,也即调查问卷项得分为 44.00 分。

(3)该四级指标评估得分

该四级指标评估来源包括网络抓取和调查问卷两项,网络抓取部分得分权重为 40%,调查问卷得分权重为 60%,两者的得分之和即最终得分。因此该四级指标得分为 95 × 40% + 44.00 × 60% = 64.40 分。

4. 该三级指标的得分

"信息网络管理制度体系建设情况"四级指标所占权重为 40%,"手机网络实名制是否落实"四级指标所占权重为 30%,"个人信息安全保护情况"四级指标所占权重为 30%。因此,该三级指标得分为 95 × 40% + 95 × 30% + 64.4 × 30% = 85.82 分。

(六)首都外围防控

本指标有 3 个四级指标,分别为"多元勤务查控机制建设情况""环京外围公安检查站覆盖情况""外围防控效果",本指标得分为 100 分。

本指标网络抓取的标准是北京市委、北京市公安局、北京市公交总队等发布的有关勤务制度的文件、新闻报道以及百度搜索等，考察北京市外围多元勤务查控机制建设情况，考察环京外围公安检查站覆盖情况以及考察北京外围防控效果。

1. 多元勤务查控机制建设情况

（1）网络抓取评估结果

针对"多元勤务查控机制建设情况"指标，有如下文件和报道。《北京多部门联动 杨柳絮火灾防控攻坚战成效显著》称，2017年4月30日至5月3日，湿化行动共出动消防车1638车次，人员9621人次，洒水近32000吨，湿化面积达570万平方米。同时，北京市公安局消防局5月3日，专程走访市园林绿化局，共同推进杨柳絮火灾防范工作，坚决遏制此类火灾高发势头。《京津冀八地启动公安警务联防合作机制实现常态协作互助》称，公安部副部长、北京市副市长、北京市公安局长王小洪先后两次主持召开京津冀警务协同发展领导小组会议，对进一步完善作战指挥、信息流转、治安防控、打击犯罪等协作机制，以及一体化查控、社会面治安防控、环京护城河安保等方面，共同打好合成仗、整体仗，全力推进京津冀三地警务协同发展做出了全面部署。《市公安局外围检查站，多举措全力应对春节返京高峰》称，自2016年元旦安保以来，56个外围检查站持续启动高等级查控勤务，以"既保安全，又保畅通"为重点，统筹做好进京车辆、人员、危险物品的严格查控和返京高峰交通安全畅通保障工作。《北京"五结合"织密立体治安防控体系》称，在每一条通向北京的主要道路上，治安检查站成为拦截安全隐患、守护北京平安的第一道关口，也是北京打造立体化社会治安防控体系的重要一环。《市公安局全面提升社会面防控等级确保春节期间平稳有序》称，北京市局治安总队于1月22～31日启动了为期10天的春运安保"查隐患、整秩序"专项行动，共检查春运场站及相关单位5900余家次，发现并督促整改隐患2700余处，督促单位清理可燃杂物560余吨；抓获处理各类违法犯罪嫌疑人1700余人，其中刑事拘留11人、行政拘

留 328 人。

从以上检索信息可以看出，北京市已经建立了外围防控网，与环京地区建立了多元协作查控机制。因此，本指标得 95 分。

（2）该四级指标评估得分

该四级指标评估来源只有网络抓取的数据，网络抓取的得分即该指标的最终得分。因此，该四级指标得分为 95 分。

2. 环京外围公安检查站覆盖情况

（1）网络抓取评估结果

针对"环京外围公安检查站覆盖情况"指标，有如下文件和报道。《北京公安新增 34 个检查站 进京道路"全覆盖"》称，目前北京在 56 条进京高速、国道等主要道路上，新建的 23 个公安检查站、11 个综合检查站全部竣工，原有的 22 个公安检查站已完成改造，目前均已投入使用。对于未建检查站的 140 条进京乡村道路，以部署移动检查车或建设岗亭等方式，设置盘查卡点，由属地分（县）局牵头，专群结合，投入民警、辅警及群防群治力量开展工作。目前，已实现对进京 196 条道路的"全覆盖、常态化"查控。《北京警方 56 个进京检查站实行 24 小时常态化查控勤务》称，自 2015 年以来，全市 56 个检查站共盘查、检查各类车辆 2000 余万辆、人员 3000 余万人次，查获拘留以上处理的涉毒违法犯罪嫌疑人 1768 名，收缴毒品 6143.38 克。

从以上检索信息可以看出，北京市已经基本保障了环京检查站的覆盖率。因此，本指标得 95 分。

（2）问卷调查评估结果

针对该指标设计了一个问题："自驾或乘坐车辆进京时是否接受过交通卡口的治安检查?"回答"全部检查"的占 49.64%，回答"大部分检查"的占 28.51%，回答"检查不检查各占一半"的占 5.64%，回答"偶尔检查"的占 11.59%，回答"不检查"的占 4.62%。回答"全部检查"的赋值 100 分，回答"大部分检查"的赋值 75 分，回答"检查不检查各占一半"的赋值 50 分，回答"偶尔检查"的赋值 25 分，回答"不检查"的赋值 0 分。因此，该问题的得分，也即调查问卷项得分为 76.74 分。

（3）该四级指标评估得分

该四级指标评估来源包括网络抓取和调查问卷两项，网络抓取部分得分权重为 40%，调查问卷得分权重为 60%，两者的得分之和即最终得分。因此该四级指标得分为 95 × 40% + 76.74 × 60% = 84.04 分。

3. 外围防控效果

（1）网络抓取评估结果

针对"外围防控效果"指标，有如下文件和报道。《市公安局外围检查站，多举措全力应对春节返京高峰》称，2016 年春节期间，外围防线共检查进京车辆 48.9 万余辆、人员 75.3 万余人，查获拘留处理以上嫌疑人 69 人。《首都巡警外围检查站防线升级满周年　一年缴毒 6 公斤》称，自 2015 年以来，全市 56 个外围检查站，共盘查检查各类车辆 2000 余万辆，人员 3000 余万人次，判处拘留以上的涉毒违法犯罪嫌疑人 1700 余人，收缴毒品 6100 余克。

从以上检索信息可以看出，北京市比较充分地发挥了外围过滤"防火墙"作用，遏制了危险物品、毒品等违禁物品的流入，维护了市内社会治安。因此，本指标得 95 分。

（2）该四级指标评估得分

该四级指标评估来源只有网络抓取的数据，网络抓取的得分即该指标的最终得分。因此该四级指标得分为 95 分。

4. 该三级指标的得分

"多元勤务查控机制建设情况"四级指标所占权重为 40%，"环京外围公安检查站覆盖情况"四级指标所占权重为 30%，"外围防控效果"四级指标所占权重为 30%。因此，该三级指标得分为 95 × 40% + 84.04 × 30% + 95 × 30% = 91.71 分。

（七）刑事警情数量

本指标满分为 100 分。本指标主要考察北京市近年来刑事警情数

量。本指标网络抓取的标准是北京市委、市公安局等发布的有关工作报告以及北京市统计局的相关数据，主要考察北京市近年来刑事警情数量。

针对该指标，有如下报道和统计数据。《北京召开全市公安工作会议》称，2016 年接报违法犯罪警情、刑事案件立案总量同比分别下降 7.1% 和 13.8%，全年破获刑事案件 6.5 万起，群众安全感达到 95.6%。《北京市公安局举行"向首都市民报告工作"新闻发布会》称，2017 年，北京市接报 110 刑事类、治安秩序类警情同比分别下降 14.1%、28.3%；"122"拥堵、事故报警数量同比分别下降 4% 和 4.1%。

2016 年、2017 年的北京市统计年鉴显示，2015 年全市刑事案件立案数为 174379 件，2016 年全市刑事案件立案数为 150312 件。

从以上数据统计信息可以看出，北京市近年来，刑事警情数量一直呈下降趋势，因此该指标得分为 90 分。由于评估来源只有数据统计，数据统计的得分即该三级指标的最终得分。

（八）治安警情数量

本指标满分为 100 分。本指标主要考察北京市近年来治安警情数量。本指标网络抓取的标准是北京市委、市公安局等发布的有关工作报告以及北京市统计局的相关数据，主要考察北京市近年来治安警情数量。

针对该指标，有如下报道和统计数据。《北京市公安局举行"向首都市民报告工作"新闻发布会》称，2017 年北京市接报 110 刑事类、治安秩序类警情同比分别下降 14.1%、28.3%，"122"拥堵、事故报警数量同比分别下降 4% 和 4.1%。

2016 年、2017 年北京市统计年鉴显示，2016 年公安机关受理治安案件 11517195 起。

从以上数据统计信息可以看出，北京市近年来治安警情数量一直呈下降趋势，因此该指标得分为 90 分。由于评估来源只有数据统计，数据统计的得分即该三级指标的最终得分。

（九）刑事案件数量

本指标满分为100分。本指标主要考察北京市近年来刑事案件数量。本指标网络抓取的标准是北京市委、市公安局等发布的有关工作报告以及北京市统计局的相关数据，主要考察北京市近年来刑事案件数量。

针对该指标，有如下报道和统计数据。《北京召开全市公安工作会议》称，全年接报违法犯罪警情、刑事案件立案总量同比分别下降7.1%和13.8%，全年破获刑事案件6.5万起，群众安全感达到95.6%。《北京市公安局举行"向首都市民报告工作"新闻发布会》称，2017年北京警方共破获当年刑事案件5.2万起，依法处理违法犯罪人员9.3万名，同比分别上升24.2%和5.4%。《北京举行向市民报告工作发布会》称，2017年破获"盗抢骗"现案数量同比上升38%，新发命案连续3年100%侦破，八类危害严重刑事案件破案率创历史最高水平，全市治安秩序总体平稳有序。

2016年、2017年的北京市统计年鉴显示，2014年全市刑事案件立案量为153334件，2015年全市刑事案件立案量为174379件，2016年全市刑事案件立案量为150312件。

从以上数据统计信息可以看出，北京市近年来，刑事案件数量一直呈下降趋势，破案率一直呈升高趋势。因此该指标得分为90分。由于评估来源只有数据统计，数据统计的得分即该三级指标的最终得分。

（十）治安案件数量

本指标满分为100分。本指标主要考察北京市近年来治安案件数量。本指标网络抓取的标准是北京市委、市公安局等发布的有关工作报告以及北京市统计局的相关数据，主要考察北京市近年来治安案件数量。

针对该指标，有如下报道和统计数据。《北京市公安局举行"向首都市民报告工作"新闻发布会》称，2017年北京市接报110刑事类、治安秩序类警情同比分别下降14.1%、28.3%。2016年、2017年北京市统计年鉴显

示，2016 年公安机关受理治安案件 11517195 起。

从以上数据统计信息可以看出，北京市近年来，治安案件数一直呈下降趋势。因此该指标得分为 90 分。由于评估来源只有数据统计，数据统计的得分即该三级指标的最终得分。

四 评估结论

（一）存在的主要问题

本部分指标体系共有 2 个二级指标，10 个三级指标，18 个四级指标。其中得分最低的 3 个三级指标为"乡镇（街道）和村（社区）治安防控"（得分 52.83 分）、"社会面治安防控"（得分 84.54 分）、"信息网络防控"（得分 85.82 分）。该三项指标拉低了"社会治安防控网建设情况"指标的总体分值。

"乡镇（街道）和村（社区）治安防控"得分较低，其原因在于问卷调查评估结果分数偏低。针对问题"有与所居住社区的主要负责人员熟悉程度？"回答"熟悉网格长"的只有 10.76%，回答"熟悉业主委员会"的只有 13.17%，回答"熟悉社区民警"的只有 18.68%，回答"熟悉物业管理人员"的只有 28.39%，回答"熟悉居委会主任"的只有 31.77%。这说明社区网格化人员参与网格管理不充分，群众熟悉度不高，影响网格化管理的效果。针对问题"是否通过政府网络服务平台办理过就业、劳动、社会保障、治安管理或医疗卫生等相关业务？"回答"没办过"的占 71.95%。这说明政府网络服务平台还没有深入社区，充分发挥便民服务的功能。针对问题"所居住的社区中社区民警是否曾经去家里入户调查或走访？"回答"是"的只占 20.65%，这也说明社区民警走访调查，掌握信息，开展宣传、服务的工作还有待进一步推动和深入。

排倒数第二的三级指标是"社会面治安防控"，为 84.54 分。在该三级指标的三个四级指标中，"街面巡逻防控情况"得分最低，为 79.55 分。其原因在于，问卷调查评估结果分数偏低。对"所居住社区之外的乡镇或街道中会经常看到带有红袖标的治安志愿者吗？"问题，回答"经常看到"的只占51.3%。对"所居住的街道或乡镇中会经常见到警察或警车吗？"回答"经常看到"的只占44.71%。这说明社区见警率和群防群治力量的投入还有提升和改进的空间。

"信息网络防控"得分较低，其原因也在于问卷调查评估结果分数偏低。对"最近一年个人信息是否发生过被泄露的情况"回答"经常被泄露"的占40.46%。这充分说明个人信息保护工作尚未到位，民众对个人信息泄露有担忧，缺乏安全感。

在有计算结果的18个四级指标中，"综合管理服务平台建设情况"得分最低，为28.05分，对该指标设计的问题"是否通过政府网络服务平台办理过就业、劳动、社会保障、治安管理或医疗卫生等相关业务？"回答"办过"的占28.05%，回答"没办过"的占71.95%。这说明大部分居民并未享受到综合服务管理平台的便利。此外，"网格化管理情况"得分为61.62分，在四级指标中排名倒数第二，"社区警务实施情况"得分为65.88分，在四级指标中排名倒数第四。这几个四级指标得分偏低，拉低了乡镇（街道）和村（社区）治安防控指标的分数。以上情况都说明，首都基层社会治理体制、机制还有待完善，其效果还有待提升。

（二）完善建议

应当按照首都社会治安防控标准和要求，适应日益复杂的动态社会治安环境，以大事牵动为第一推动力，增强社会治安局势掌控能力。

应当继续加强社区警务建设，为社区警务工作室配齐配强民警。社区民警承担实有人口管理、公共安全管理、社区安全防范、出租房屋管理、治安管理、消防管理、情报信息搜集研判、群众矛盾纠纷调处、为民服务等十大任务，同时以"发案少、秩序好、社区稳定、群众满意"作为考核主要指标，建立全时运转、应急处置、督查考核、群众评议、效能监测等长效工作机制，切实保障社区民警真正下沉到社区、扎根在

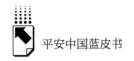
社区，达到夯实基层基础、密切党和政府与群众联系、预防和减少犯罪发生的目的。农村地区治安防控中，应当强力推进村庄社区化管理工作，通过采取建设三站两室、安装监控、设门岗、建围墙、建设五项便民服务设施，建立长效效能监测机制等工作措施，努力实现流动人口、违法建设得到有效控制，可防性案件和安全生产事故下降的"双控双降"的工作目标。

将社区（村）、街道（镇）的治安防控工作纳入网格化的管理模式，将防控工作融入社区（村）、街道（镇）服务或群防群治建设。将人、地、物、事、组织等基本治安要素纳入网格管理范畴，建立健全党政主导、综治牵头、各部门齐抓共管网格化服务管理体系。

积极转化奥运安保成果，在社会面整体实施实名防控、区域防控、等级防控、网格巡控，全市由内向外实行分区管控，梯次投入安保力量，形成防控措施由外至内层层收紧，对不安全因素层层过滤的态势。街面巡逻按照"警力跟着警情走"的要求，采取动态巡逻与定点设岗相结合、步行巡逻与车辆巡逻相结合、实兵巡逻与视频巡逻相结合等方式，最大限度地把巡防力量摆上街面，投放到治安复杂、案件多发、群众需要的重点部位和时段，着力构建打防控结合、点线面相连、全天候运作的新型动态巡防机制。建立公安与辅警的联勤治安巡逻制度，适时启动等级巡防机制，强化对中心区域、治安复杂地区，以及在重大活动、重要敏感节点期间的武装巡逻。针对不同区域、时段的防控标准、发案特点，探索推出首都政治中心区防控、高峰勤务、社区民警驻区制、巡逻民警站巡制、内部单位驻警制（院警制）和村庄社区化管理等警务创新模式。

继续加强公共网络信息和个人网络信息安全管控。完善互联网新应用、新服务安全评估制度，研究实行网络区域性、差别化管控措施，落实手机和网络用户实名制。健全信息安全等级保护制度，完善网络安全风险监测预警、通报处置机制，加强公民个人信息安全保护。要加强源头打击和治理，必须对涉案行业部门进行有效规制和惩戒。惩戒违反规定倒卖公民个人信息的个人和组织，包括信息的买方和信息的卖方，惩戒信息的卖方除了要对有关人员外，还要追究单位和部门负责人的连带责任。只有清除侵害个人信息的犯罪源头，才能斩断整个利益链条。应继续保持严打高压态势，不间断地开展集中行动，坚决遏制侵害个人信息的源头，通过对信息渠道的倒查，揪出泄露个人信息的"内鬼"，严厉打击侵害公民个人信息安全、损害群众合法权益的违法犯罪活动，为实名制信息防控体系创造良好的外部环境。

B.4
北京市安全生产调查报告

李江涛*

摘　要： 北京市安全生产总体状况良好，部分行业领域安全生产形势依然严峻。本报告认为，北京市安全生产责任体系已基本建成，安全风险评估工作正在稳步推开，应急救援能力不断增强，各类安全警示教育活动广泛开展。但是，部分安全生产指标完成情况不甚理想，一些行业领域安全事故防控形势依然较为严峻。本报告建议，在下一阶段安全生产工作中，要重点落实企业的安全生产主体责任，盘活基层安全生产监管力量，建立企业常态化风险管理模式，加强应急救援指挥平台和救援队伍建设，细化全行业风险源辨识指导清单，挖掘风险评估结果预警价值，防范和遏制群亡群伤事故。

关键词： 安全生产　应急能力　风险评估　主体责任

一　指标设置及评估标准

本次平安北京建设评估"安全生产"一级指标之下设置5项二级指标，分别为"安全生产责任体系"、"安全生产风险防控机制"、"安全生产指标完成情况"、"安全生产应急救援能力"和"安全文化建设"（见

＊ 李江涛，法学博士，中国人民公安大学治安学院讲师。

表1）。5项二级指标分别对应安全生产评价的5个方面，根据不同的定位和具体措施划分，通过19项三级指标来考量安全生产政策措施的具体落实情况，进而判断安全生产在平安北京建设中的效能。

19项三级指标主要考察党委政府领导责任是否明确，部门监管责任是否落实，企业主体责任是否落实，责任追究制度是否落实，政府是否建立实施安全风险评估与论证机制，是否制定生产安全事故隐患分级和排查治理标准，企业是否定期开展风险评估和危害辨识，是否开展重点领域隐患排查治理（矿、危险物品等），亿元地区GDP生产安全事故死亡率，工矿商贸就业人员十万人生产安全事故死亡率，煤矿百万吨死亡率，道路交通万车死亡率，火灾（消防）十万人口死亡率，是否建立安全生产应急救援指挥平台，应急救援联动机制，安全生产应急救援队伍建设，安全生产应急救援保障能力，是否定期开展安全警示教育，是否将安全生产纳入干部培训内容。安全生产部分的三级指标从不同的侧面反映安全生产责任体系的完备程度、安全生产风险防控机制的落实情况、安全生产指标的完成情况、安全生产应急救援的能力建设情况、安全文化建设的开展情况是否满足平安北京建设的要求。

表1 安全生产指标构成

一级指标(权重)	二级指标(权重)	三级指标(权重)
安全生产 (15%)	安全生产责任体系 (20%)	党委政府领导责任是否明确(25%)
		部门监管责任是否落实(25%)
		企业主体责任是否落实(25%)
		责任追究制度是否落实(25%)
	安全生产风险 防控机制 (20%)	政府是否建立实施安全风险评估与论证机制(25%)
		是否制定生产安全事故隐患分级和排查治理标准(25%)
		企业是否定期开展风险评估和危害辨识(25%)
		是否开展重点领域隐患排查治理(矿、危险物品等)(25%)

续表

一级指标（权重）	二级指标（权重）	三级指标（权重）
安全生产（15%）	安全生产指标完成情况（20%）	亿元地区 GDP 生产安全事故死亡率（20%）
		工矿商贸就业人员十万人生产安全事故死亡率（20%）
		煤矿百万吨死亡率（20%）
		道路交通万车死亡率（20%）
		火灾（消防）十万人口死亡率（20%）
	安全生产应急救援能力（20%）	是否建立安全生产应急救援指挥平台（25%）
		是否建立应急救援联动机制（25%）
		安全生产应急救援队伍建设（25%）
		安全生产应急救援保障能力（25%）
	安全文化建设（20%）	是否定期开展安全警示教育（50%）
		是否将安全生产纳入干部培训内容（50%）

1. 二级指标设置依据

"安全生产"一级指标下的 5 项二级指标设置的主要依据是党的十九大报告《中共中央、国务院关于推进安全生产领域改革发展的意见》《北京市国民经济和社会发展第十三个五年规划纲要》《北京市"十三五"时期安全生产规划》中关于安全生产的要求。

党的十九大报告指出要树立安全发展理念，弘扬生命至上、安全第一的思想，健全公共安全体系，完善安全生产责任制，坚决遏制重特大安全事故，提升防灾减灾救灾能力。《中共中央、国务院关于推进安全生产领域改革发展的意见》中指出要依靠严密的责任体系、严格的法治措施、有效的体制机制、有力的基础保障和完善的系统治理，切实增强安全防范治理能力，大力提升我国安全生产整体水平。《北京市国民经济和社会发展第十三个五年规划纲要》提出强化生产经营单位的安全生产主体责任，建立企业安全生产诚信评价制度。大力推动安全生产标准化建设，强化行业强制性标准的制定实施，实现重点行业企业全达标。完善安全生产大检查与专项整治相结合的监管执法体系。《北京市"十三五"时期安全生产规划》提出统筹推进安全生产法制化、标准化、信息化、社会化建设，着力构建安全生产责任体系、安全生产隐患排查治理体系和安全预防控制体系。

依据上述规定和要求，课题组将安全生产的评价指标分为 5 个方面，每个指标权重设定为 20%。

2. 三级指标及评分标准

（1）党委政府领导责任是否明确

①设置依据

"党委政府领导责任是否明确"是评价安全生产责任落实的重要方面。2016 年中共中央、国务院印发的《关于推进安全生产领域改革发展的意见》，首先强调地方党委和政府领导责任，要求"坚持党政同责、一岗双责、齐抓共管、失职追责，完善安全生产责任体系。地方各级党委和政府要始终把安全生产摆在重要位置，加强组织领导"。地方党政"一把手"安全生产红线意识强不强、责任清不清、落实严不严、问责到不到位，直接影响一个地区的安全生产形势是否稳定。2018 年中共中央办公厅、国务院办公厅印发《地方党政领导干部安全生产责任制规定》，这是推进安全生产领域改革发展的重要制度性安排，其中要求实行地方党政领导干部安全生产责任制，应当坚持党政同责、一岗双责、齐抓共管、失职追责，坚持管行业必须管安全、管业务必须管安全、管生产经营必须管安全。因此，本课题组将"党委政府领导责任是否明确"作为评价安全生产的一项三级指标。

②评测方法

本指标满分 100 分，指标权重设定为 25%，主要通过网络检索、党政官方网站搜索（北京市安全生产监督管理局网站、北京市人民代表大会常务委员会网站、首都之窗政务网站等）、官方文件搜集等方式获取相关文件和信息，来评测党委政府安全生产领导责任是否明确。

③评分标准

通过检索，能够找到北京市已经明确党委政府安全生产领导责任的依据，得 100 分；如果没有检索到相关信息，此项指标得 0 分。

（2）部门监管责任是否落实

①设置依据

"部门监管责任是否落实"是评价安全生产的直接依据，在整体安全生

产监督体系中居于重要地位。2016年中共中央、国务院印发《关于推进安全生产领域改革发展的意见》，要求明确部门监管责任。"按照管行业必须管安全、管业务必须管安全、管生产经营必须管安全和谁主管谁负责的原则，厘清安全生产综合监管与行业监管的关系，明确各有关部门安全生产和职业健康工作职责，并落实到部门工作职责规定中。"2018年中共中央办公厅、国务院办公厅印发《关于推进城市安全发展的意见》，再次强调不同监管部门在整体安全生产监管中的责任。因此，本课题组将"部门监管责任是否落实"作为评价安全生产的一项三级指标。

②评测方法

本指标满分100分，指标权重设定为25%，主要通过网络检索、党政官方网站搜索（北京市安全生产监督管理局网站、北京市人民代表大会常务委员会网站、首都之窗政务网站等）、官方文件搜集等方式获取相关文件和信息，来评测部门监管责任是否落实。

③评分标准

通过检索，能够找到北京市已经明确落实部门监管责任的依据，得100分；如果没有检索到相关信息，此项指标得0分。

（3）企业主体责任是否落实

①设置依据

"企业主体责任是否落实"是评价安全生产责任落实情况的重要指标。《安全生产法》第三条要求安全生产工作应当以人为本，坚持安全发展，坚持安全第一、预防为主、综合治理的方针，强化和落实生产经营单位的主体责任，建立生产经营单位负责、职工参与、政府监管、行业自律和社会监督的机制。落实生产经营单位的安全生产主体责任，是预防和减少生产安全事故的基础和关键。2016年中共中央、国务院印发《关于推进安全生产领域改革发展的意见》，其中要求"企业对本单位安全生产和职业健康工作负全面责任，要严格履行安全生产法定责任，建立健全自我约束、持续改进的内生机制"。因此，本课题组将"企业主体责任是否落实"作为评价安全生产的一项三级指标。

②评测方法

本指标满分100分，指标权重设定为25%，主要通过网络检索、党政官方网站搜索（北京市安全生产监督管理局网站、北京市人民代表大会常务委员会网站、首都之窗政务网站等）、官方文件搜集等方式获取相关文件和信息，来评测企业主体责任是否落实。

③评分标准

通过检索，能够找到北京市已经明确落实安全生产企业责任的依据，得100分；如果没有检索到相关信息，此项指标得0分。

（4）责任追究制度是否落实

①设置依据

"责任追究制度是否落实"可以反映安全生产责任的追责情况。2016年中共中央、国务院印发《关于推进安全生产领域改革发展的意见》，要求严格责任追究制度，实行党政领导干部任期安全生产责任制，依法依规制定各有关部门安全生产权力和责任清单，尽职照单免责、失职照单问责。同时要求，严格事故直报制度，对瞒报、谎报、漏报、迟报事故的单位和个人依法依规追责。因此，本课题组将"责任追究制度是否落实"作为评价安全生产的一项三级指标。

②评测方法

本指标满分100分，指标权重设定为25%。本指标评估包括网络抓取和调查问卷两部分，网络抓取部分权重为40%，调查问卷权重为60%，两者之和即为该三级指标的最终得分。网络抓取部分，主要通过网络检索、党政官方网站搜索（北京市安全生产监督管理局网站、北京市人民代表大会常务委员会网站、首都之窗政务网站等）、官方文件搜集等方式获取相关文件和信息，来评测企业主体责任是否落实。问卷调查部分，主要通过对问题"所在单位发生安全生产事故后相关责任人是否被追责"的受访答案频次分析换算得出。

③评分标准

通过检索，能够找到北京市已经落实安全生产责任追究制度的依据，则

网络抓取部分得 100 分；如果没有检索到相关信息，此项指标得 0 分。问卷调查部分，若特定问卷问题全部为肯定回答，则调查问卷部分得 100 分；若全部为否定回答，则调查问卷部分得 0 分；其余情况下，则调查问卷部分根据肯定回答频次占总回答频次比例换算得分。

（5）政府是否建立实施安全风险评估与论证机制

①设置依据

安全风险评估与论证机制是安全生产风险防控机制的重要一环。"政府是否建立实施安全风险评估与论证机制"可以作为评价安全生产防控机制的具体指标。2016 年中共中央、国务院印发《关于推进安全生产领域改革发展的意见》，其中要求地方各级政府要建立完善安全风险评估与论证机制，科学合理确定企业选址和基础设施建设、居民生活区空间布局，加强新材料、新工艺、新业态安全风险评估和管控。《北京市"十三五"时期安全生产规划》要求完善城市运行风险评估预警机制，建立城市运行安全风险评估机制，定期开展城市运行安全风险评估，加快建立对高危行业、重点工程以及重点行业（领域）风险评估指标体系、风险监测预警和跟踪制度、风险管理联动机制。因此，本课题组将"政府是否建立实施安全风险评估与论证机制"作为评价安全生产的一项三级指标。

②评测方法

本指标满分 100 分，指标权重设定为 25%，主要通过网络检索、党政官方网站搜索（北京市安全生产监督管理局网站、北京市人民代表大会常务委员会网站、首都之窗政务网站等）、官方文件搜集等方式获取相关文件和信息，来评测政府是否建立实施安全风险评估与论证机制。

③评分标准

通过检索，能够找到北京市已经建立实施安全风险评估与论证机制的依据，得 100 分；如果没有检索到相关信息，此项指标得 0 分。

（6）是否制定生产安全事故隐患分级和排查治理标准

①设置依据

事故隐患分级和排查治理是预防重特大事故的有效手段，"是否制定生产安全事故隐患分级和排查治理标准"可以作为评价安全生产防控措施的具体指标。2016 年中共中央、国务院印发《关于推进安全生产领域改革发展的意见》，其中要求地方各级政府要制定生产安全事故隐患分级和排查治理标准。同年，国务院安委办下发《实施遏制重特大事故工作指南构建双重预防机制的意见》，要求各地区、各有关部门和单位要将构建双重预防机制摆上重要议程、日程，抓住辨识管控重大风险、排查治理重大隐患两个关键，不断完善工作机制，深化安全专项整治，推动各项标准、制度和措施落实到位。因此，本课题组将"是否制定生产安全事故隐患分级和排查治理标准"作为评价安全生产的一项三级指标。

②评测方法

本指标满分 100 分，指标权重设定为 25%，主要通过网络检索、党政官方网站搜索（北京市安全生产监督管理局网站、北京市人民代表大会常务委员会网站、首都之窗政务网站等）、官方文件搜集等方式获取相关文件和信息，来评测政府是否制定生产安全事故隐患分级和排查治理标准。

③评分标准

通过检索，能够找到北京市已经制定生产安全事故隐患分级和排查治理标准的依据，得 100 分；如果没有检索到相关信息，此项指标得 0 分。

（7）企业是否定期开展风险评估和危害辨识

①设置依据

"企业是否定期开展风险评估和危害辨识"是落实生产经营企业主体责任的重要方式，可以作为评价安全生产防控机制的具体指标。2016 年中共中央、国务院印发《关于推进安全生产领域改革发展的意见》，要求企业要定期开展风险评估和危害辨识，针对高危工艺、设备、物品、场所和岗位，建立分级管控制度，制定落实安全操作规程。树立隐患就是事故的观念，建立健全隐患排查治理制度、重大隐患治理情况向负有安全生产监督管理职责的部门和企业职代会"双报告"制度，实行自查自改自报闭环管理。同时，《北京市"十三五"时期安全生产规划》要求企业要准确把握本企业生产经营的特点和规律，以风险管理为主线，健全完善企业风险辨识评估、风险预

警预控、隐患排查治理、重大危险源监控、应急管理和持续改进的企业安全生产闭环管理模式，把风险管理落实到生产经营活动全环节、全过程。因此，本课题组将"企业是否定期开展风险评估和危害辨识"作为评价安全生产的一项三级指标。

②评测方法

本指标满分100分，指标权重设定为25%。本指标评估包括网络抓取和调查问卷两部分，网络抓取部分得分权重为40%，调查问卷得分权重为60%，两者得分之和即为该三级指标的最终得分。网络抓取部分，主要通过网络检索、党政官方网站搜索（北京市安全生产监督管理局网站、北京市人民代表大会常务委员会网站、首都之窗政务网站等）、官方文件搜集等方式获取相关文件和信息，来评测企业是否定期开展风险评估和危害辨识。问卷调查部分，主要通过对问题"所在的单位是否定期对各岗位的安全状况进行检查"的受访答案频次分析换算得出。

③评分标准

通过检索，能够找到北京市内企业已经定期开展风险评估和危害辨识的相关信息，则网络抓取部分得100分；如果没有检索到相关信息，此项指标得0分。问卷调查部分，若特定问卷问题全部为肯定回答，则调查问卷部分得100分；若全部为否定回答，则调查问卷部分得0分；其余情况下，则调查问卷部分根据肯定回答频次占总回答频次比例换算得分。

（8）是否开展重点领域隐患排查治理（矿、危险物品等）

①设置依据

重点领域开展安全生产隐患排查治理专项行动是国务院为加强安全生产工作而做出的重要决策，开展重点领域隐患排查治理可以有效防范和遏制重特大安全生产事故发生，"是否开展重点领域隐患排查治理"可以作为安全生产风险防控机制的考量指标。2016年中共中央、国务院印发《关于推进安全生产领域改革发展的意见》，要求深入推进对煤矿瓦斯、水害等重大灾害以及矿山采空区、尾矿库的工程治理，加快实施人口密集区域的危险化学品和化工企业生产、仓储场所安全搬迁工程。因此，本课题组将"是否开展重点领域隐患排查治理"作为评价安全生产的一项三级指标。

②评测方法

本指标满分100分，指标权重设定为25%，主要通过网络检索、党政官方网站搜索（北京市安全生产监督管理局网站、北京市人民代表大会常务委员会网站、首都之窗政务网站等）、官方文件搜集等方式获取相关文件和信息，来评测政府是否开展重点领域隐患排查治理（矿、危险物品等）。

③评分标准

通过检索，能够找到北京市已经开展重点领域隐患排查治理（矿、危险物品等）的依据，得100分；如果没有检索到相关信息，此项指标得0分。

（9）亿元地区GDP生产安全事故死亡率、工矿商贸从业人员十万人生产安全事故死亡率、煤矿百万吨死亡率、道路交通万车死亡率、火灾（消防）十万人口死亡率

①设置依据

《北京市"十三五"时期安全生产规划》对北京市安全生产状况提出稳定可控的要求，重点行业（领域）安全生产状况持续改善，城市运行安全保障水平明显提高，重特大事故得到有效遏制，一般和较大事故总量持续下降。同时，对于亿元地区GDP生产安全事故死亡率、工矿商贸从业人员十万人生产安全事故死亡率、煤矿百万吨死亡率、道路交通万车死亡率、火灾（消防）十万人口死亡率等指标设定了"十三五"规划目标。因此，本课题组将"亿元地区GDP生产安全事故死亡率""工矿商贸从业人员十万人生产安全事故死亡率""煤矿百万吨死亡率""道路交通万车死亡率""火灾（消防）十万人口死亡率"五项指标作为评价安全生产的三级指标。

②评测方法

每项指标满分100分，每项指标权重设定为20%，主要通过网络检索、党政官方网站搜索（北京市统计局网站、北京市安全生产监督管理局网站、北京市人民代表大会常务委员会网站、首都之窗政务网站等）、官方文件搜集等方式获取相关文件和信息，来评测各项指标是否达到预期规划目标。

③评分标准

通过检索和比较数据，若指标数据满足北京"十三五"规划目标要求，得 100 分；如果不满足，此项指标得 0 分。

（10）是否建立安全生产应急救援指挥平台

①设置依据

安全生产应急救援指挥平台是安全生产的危机管理平台，"是否建立安全生产应急救援指挥平台"可以作为评价应急救援能力的考量指标。2016年中共中央、国务院印发《关于推进安全生产领域改革发展的意见》，要求健全省、市、县三级安全生产应急救援管理工作机制，建设联动互通的应急救援指挥平台。因此，本课题组将"是否建立安全生产应急救援指挥平台"作为评价安全生产的一项三级指标。

②评测方法

本指标满分 100 分，指标权重设定为 25%，主要通过网络检索、党政官方网站搜索（北京市安全生产监督管理局网站、北京市人民代表大会常务委员会网站、首都之窗政务网站等）、官方文件搜集等方式获取相关文件和信息，来评测政府是否已经建立安全生产应急救援指挥平台。

③评分标准

通过检索，能够找到北京市已经建立安全生产应急救援指挥平台的依据，得 100 分；如果没有检索到相关信息，此项指标得 0 分。

（11）是否建立应急救援联动机制

①设置依据

应急救援联动机制是全面加强生产安全应急救援与处置工作的有效手段。"是否建立应急救援联动机制"可以作为评价应急救援效能的考量指标。《北京市"十三五"时期安全生产规划》，要求完善应急救援联动机制，建设完善市、区两级联动的安全生产应急指挥平台，实现安全生产事故信息的及时上报和科学决策，提高事故处理能力。因此，本课题组将"是否建立应急救援联动机制"作为评价安全生产的一项三级指标。

②评测方法

本指标满分 100 分，指标权重设定为 25%，主要通过网络检索、党政官方网站搜索（北京市安全生产监督管理局网站、北京市人民代表大会常务委员会网站、首都之窗政务网站等）、官方文件搜集等方式获取相关文件和信息，来评测政府是否已经建立应急救援联动机制。

③评分标准

通过检索，若能够找到北京市已经建立应急救援联动机制的依据，得 100 分；没有检索到相关信息，此项指标得 0 分。

（12）安全生产应急救援队伍建设

①设置依据

"安全生产应急救援队伍建设"是安全生产应急救援能力的重要体现，可以作为评价安全生产应急救援能力的具体指标。2016 年中共中央、国务院印发《关于推进安全生产领域改革发展的意见》，要求依托公安消防、大型企业、工业园区等应急救援力量，加强矿山和危险化学品等应急救援基地和队伍建设。同时，《北京市"十三五"时期安全生产规划》要求依托重点石化企业建设专业队伍救援基地，承担和服务区域内重特大、复杂危险化学品事故灾难应急救援及实训演练任务，逐步建成国家级的危险化学品应急救援基地。因此，本课题组将"安全生产应急救援队伍建设"作为评价安全生产的一项三级指标。

②评测方法

本指标满分 100 分，指标权重设定为 25%。本指标评估包括网络抓取和调查问卷两部分，网络抓取部分得分权重为 40%，调查问卷得分权重为 60%，两者得分之和即为该三级指标的最终得分。网络抓取部分，主要通过网络检索、党政官方网站搜索（北京市安全生产监督管理局网站、北京市人民代表大会常务委员会网站、首都之窗政务网站等）、官方文件搜集等方式获取相关文件和信息，来评测北京市是否开展安全生产应急救援队伍建设。问卷调查部分，主要通过对问题"所在的单位是否有应急救援队伍"的受访答案频次分析换算得出。

③评分标准

通过检索，能够找到北京市内企业已经开展安全生产应急救援队伍建设的依据，则网络抓取部分得100分；没有检索到相关信息，此项指标得0分。问卷调查部分，若特定问卷问题全部为肯定回答，则调查问卷部分得100分；若全部为否定回答，则调查问卷部分得0分；其余情况下，则调查问卷部分根据肯定回答频次占总回答频次比例换算得分。

（13）安全生产应急救援保障能力

①设置依据

应急救援保障能力是应急救援能力的重要基础，可以作为评价安全生产应急救援能力的具体指标。《北京市"十三五"时期安全生产规划》要求争取财政支持加大安全生产事故应急救援装备投入，积极推广应用先进适用的应急救援技术和装备，健全应急救援物资保障机制，进一步提升救援队伍的硬件设施水平。因此，本课题组将"安全生产应急救援保障能力"作为评价安全生产的一项三级指标。

②评测方法

本指标满分100分，指标权重设定为25%，主要通过网络检索、党政官方网站搜索（北京市安全生产监督管理局网站、北京市人民代表大会常务委员会网站、首都之窗政务网站等）、官方文件搜集等方式获取相关文件和信息，来评测安全生产应急救援保障能力状况。

③评分标准

通过检索，能够找到北京市已经建立应急救援联动机制的依据，得100分；如果没有检索到相关信息，此项指标得0分。

（14）是否定期开展安全警示教育

①设置依据

开展安全警示教育是安全文化建设的重要途径，对于凝聚全社会安全发展共识，提升全民安全文明水平，有效防范遏制重特大事故、继续减少事故总量、增强群众安全感具有重要意义，可以作为安全文化建设的具体指标。《国民经济和社会发展第十三个五年规划纲要》明确提出，要牢固树立安全发展观念，加强全民安全意识教育，实施全民安全素质提升工程。2016 年中共中央、国务院印发《关于推进安全生产领域改革发展的意见》，要求推进安全文化建设，加强警示教育，强化全民安全意识和法治意识。2016 年国家安全监管总局、中央宣传部等 8 部门联合印发《关于加强全社会安全生产宣传教育工作的意见》，要求深入加强全社会安全生产宣传教育工作。因此，本课题组将"是否定期开展安全警示教育"作为评价安全生产的一项三级指标。

②评测方法

本指标满分为 100 分，指标权重设定为 25%。本指标评估包括网络抓取和调查问卷两部分，网络抓取部分得分权重为 40%，调查问卷得分权重为 60%，两者得分之和即该三级指标的最终得分。网络抓取部分，主要通过网络检索、党政官方网站搜索（北京市安全生产监督管理局网站、北京市人民代表大会常务委员会网站、首都之窗政务网站等）、官方文件搜集等方式获取相关文件和信息，来评测北京市是否定期开展安全警示教育。问卷调查部分，主要通过对问题"所在的工作单位是否开展过安全警示教育活动"的受访答案频次分析换算得出。

③评分标准

通过检索，能够找到北京市已经定期开展安全警示教育的依据，则网络抓取部分得 100 分；没有检索到相关信息，此项指标得 0 分。问卷调查部分，若特定问卷问题全部为肯定回答，则调查问卷部分得 100 分；若全部为否定回答，则调查问卷部分得 0 分；其余情况下，则调查问卷部分根据肯定回答频次占总回答频次比例换算得分。

（15）是否将安全生产纳入干部培训内容

①设置依据

将安全生产监督管理纳入干部培训内容，是提高安全生产管理水平的重要手段，"是否将安全生产纳入干部培训内容"可以作为评价安全管理能力的考量指标。2018 年中共中央办公厅、国务院办公厅印发的《地方党政领导干部安全生产责任制规定》中要求强化安全生产宣传教育和舆论引导，

将安全生产方针政策和法律法规纳入党委理论学习中心组学习内容和干部培训内容。《北京市"十三五"时期安全生产规划》，要求实施领导干部安全生产素质教育培训计划，将安全知识教学课程列入地方各级党政领导干部素质教育范畴，开展基层领导干部安全生产专题培训行动。因此，本课题组将"是否将安全生产纳入干部培训内容"作为评价安全生产的一项三级指标。

②评测方法

本指标满分为 100 分，指标权重设定为 25%，主要通过网络检索、党政官方网站搜索（北京市安全生产监督管理局网站、北京市人民代表大会常务委员会网站、首都之窗政务网站等）、官方文件搜集等方式获取相关文件和信息，来评测政府是否将安全生产纳入干部培训内容。

③评分标准

通过检索，能够找到北京市已经将安全生产纳入干部培训内容的依据，得 100 分；如果没有检索到相关信息，此项指标得 0 分。

二　总体评估结果分析

（1）北京市安全生产总体状况良好，此一级指标评分为 79.89 分。

（2）安全生产责任体系已基本建成，此二级指标评分为 96.89 分。

在党委政府领导责任方面，通过建立党政同责、一岗双责、约谈、警示、通报等制度体系，北京市已经形成了以党政领导干部安全生产责任为核心的责任制度体系，明确了各级党委、政府的领导责任。在部门监管责任方面，北京市厘清安全监管部门与行业主管部门的具体职责划分，通过专项督察考核，建立部门监管安全生产问责机制，目前各负有安全生产监管职责的部门已根据本行业特点制定安全监管计划，部门监管工作有序推进。在企业主体责任落实方面，北京市建立生产经营单位安全生产主体责任规范，落实"一企业一标准"和"一岗位一清单"制度，明确生产经营单位承担隐患排查治理的主体责任。在生产安全责任追究方面，北京市实行重大生产安全事故"一票否决"制，对因安全生产"一岗双责"履职不到位、工作失职渎职而发生安全事故的，进行严肃倒查追责。

（3）安全生产风险防控机制已基本完善，此二级指标评分为97.74分。在安全风险评估与论证机制实施方面，北京全市已开展安全风险评估试点工作，对重点行业领域安全风险进行深入辨识与评估，探索建立规范的安全风险数据库和信息管理系统。在生产安全事故隐患分级和排查治理标准建设方面，北京市正针对不同行业制定事故隐患分级，指导企业依据结合生产经营活动特点和岗位实际，编制隐患排查治理标准。在企业定期开展风险评估和危害辨识方面，北京市已经启动全市安全风险辨识评估管控和安全生产重大风险源普查试点工作，企业的安全风险管控主体责任得到进一步明确。在重点领域隐患排查治理方面，北京市针对重点行业领域制定专项安全监管计划，通过对隐患和危险源的系统排查，达到对重点行业隐患治理的常态化和专业化。

（4）安全生产指标完成情况仍待改进，此二级指标评分为35.00分。北京市亿元地区GDP生产安全事故死亡率、火灾（消防）十万人口死亡率已基本达到"十三五"控制目标，但是工矿商贸、交通运输、煤矿行业的生产安全死亡率指标仍然居于高位，重点行业安全生产状况还不容乐观。

（5）安全生产应急救援能力已初步具备，此二级指标评分为80.62分。在安全生产应急救援指挥平台建设方面，北京市正推进安全生产应急救援联动指挥平台升级，构建应急救援机构与事故现场的远程通信指挥保障系统，提升整体应急能力。在应急救援联动方面，北京市已建立安全事故救援部门协调机制，通过细化各救援参与部门的责任分工和工作流程，进一步明晰政企之间、部门之间救援配合方式和程序，提高应急救援整体联动水平。在安全生产应急救援队伍建设方面，北京市统筹综合应急救援队伍、专业应急救援队伍和应急志愿者队伍三级建设，坚持专业化和社会化相结合，通过签订协议、购买服务等方式，引导社会专业力量参与应急救援。在安全生产应急救援保障能力建设方面，北京市正加大安全生产事故应急救援装备财政投入，细致摸排救援装备物资底数，下一步应着力开展安全生产应急救援保障体系标准化建设工作。

（6）安全文化建设已初步形成体系，此二级指标评分为 89.15 分。在开展安全警示教育方面，北京市定期面向社会公众、生产一线开展安全警示教育活动，并明确生产经营企业的内部安全宣传主体责任，以多种形式强化公众安全生产意识，下一步应着手建立企业内部安全教育培训的考核制度。在安全生产纳入干部培训内容方面，北京市已经针对领导干部开展专门安全生产培训教育，并制定了相关大纲和考核标准，同时生产经营单位主要负责人和安全生产管理人员也被纳入安全生产培训考核体系，安全生产教育培训基本达到授课内容专业化和干部群体全覆盖。

三 指标评估结果分析

（一）党委政府领导责任是否明确

本指标得分为 100 分。

（1）通过检索，在北京市安全生产监督管理局网站中搜索到文件《北京市安全生产"党政同责"规定》。其中，对安全生产领导责任进行规定：要求各级党委主要负责人对本地区的安全生产负领导责任；各级政府主要负责人担任本级安全生产委员会主任，全面负责本地区安全生产工作。各级政府分管安全生产工作的负责人承担本地区安全生产工作综合协调和监督指导的领导责任，对分管行业（领域）的安全生产工作负直接领导责任。

（2）通过检索，在北京市安全生产监督管理局网站中搜索到文件《关于进一步推进安全生产领域改革发展的实施方案》，这是今后一个时期内指导北京市安全生产工作和安全生产领域改革发展的纲领性文件，对于推动北京市安全生产工作整体水平的提升具有重大里程碑意义。其中规定：坚持党政同责、一岗双责、齐抓共管、失职追责，不断完善安全生产责任体系。各级党委和政府要始终把安全生产摆在重要位置，加强组织领导。党政主要负责人是本地区安全生产第一责任人，班子其他成员对分管范围内的安全生产工作负领导责任。

（3）通过检索，在北京市人民代表大会常务委员会网站中搜索到文件《北京市安全生产条例》。其中第八条规定：各级人民政府的主要领导人和政府有关部门的正职负责人对本行政区域和本部门的安全生产工作负全面领导责任；各级人民政府的其他领导人和政府有关部门的其他负责人对分管范围内的安全生产工作负领导责任。

（4）通过检索，在北京市安全生产监督管理局网站中搜索到文件《北京市"十三五"时期安全生产规划》。其中要求继续完善"党政同责、一岗双责、失职追责"的安全生产责任体系，将安全生产责任体系建设纳入党委和政府绩效考核范围。

（5）通过检索，在北京市安全生产监督管理局网站中搜索到文件《北京市安全生产委员会办公室关于做好 2017 年度安全生产目标责任书任务分解落实工作的通知》。其中，要求区委每半年、区政府每季度必须召开会议，研究部署安全生产工作，有效协调解决工作中遇到的矛盾、困难。各区政府要成立专门的班子，定期召开工作协调会，统筹调度该文件设定的各项目标任务的工作进展情况，结合地区实际，及时调整、改进工作措施，确保工作质量和工作进度。

从以上检索信息可以看出，北京市在安全生产领域已经建立了党委政府领导责任，明确了各级党政主要负责人是本地区安全生产第一责任人。因此，本指标得满分。

（二）部门监管责任是否落实

本指标得分为 100 分。

（1）通过检索，在北京市安全生产监督管理局网站中搜索到文件《北京市"十三五"时期安全生产规划》。其中，要求严格落实"管行业必须管安全、管业务必须管安全、管生产经营必须管安全"，厘清安全监管部门与行业管理部门的职责，明确行政审批、行政处罚、行政强制、行政确认及其他方面安全监管（管理）责任边界。各负有安全生产监管职责的部门要根据本行业（领域）特点，在制定发展规划、日常管理等工作中，将安全生

产列为重点内容，并组织制定行业（领域）安全标准，督促企业做好安全生产工作。

制定并落实执法计划，建立双随机抽查执法制度，规范执法流程，推进执法检查信息化。深化行政审批制度改革，提高区级对行政许可事项下放的承接能力。建立市场主导型行业安全管理模式，逐步将行业自律工作移交社会性组织。坚持放、管、服相结合原则，深化安全生产专业技术服务机构改革。推动行业协会（商会）建立健全行业安全生产自律规范、自律公约和职业道德准则，增强参与安全生产工作的能力。建立安全生产督查工作机制，制定并规范督查程序和内容，采用例行督查和专项督查相结合方式，加大督查力度，跟踪落实整改情况。建立安全生产评估制度，调研邮政、铁路、海关、消防、空港等特殊行业和区域存在的安全监管难点问题，理顺监管职责，消除监管盲区。

（2）通过检索，在北京市安全生产监督管理局网站中搜索到文件《市安全监管局关于2017年度执法计划完成情况暨2018年度监督检查计划编制情况的公示》。情况显示：北京市安全监管局2017年列入年度执法工作计划生产经营单位共计518家，实际完成了573家，实际执行率为110.6%，立案处罚68家，处罚金额308.86万元。各区、北京市经济技术开发区安全监管局2017年度列入年度执法计划生产经营单位共计25187家（部分区局经区政府批准，调整了年度执法计划），实际完成27427家，实际执行率为108.9%，实际处罚3878家，处罚金额为5807万元。

2018年度共计划监督检查生产经营单位585家。其中，重点检查单位388家，在年度监督检查计划中占66.3%；一般检查197家单位，在年度监督检查计划中占33.7%。

（3）通过检索，在北京市安全生产监督管理局网站中搜索到文件《关于进一步推进安全生产领域改革发展的实施方案》。其中，要求安全生产监督管理部门依法履行安全生产综合监管责任，负责法规标准和政策规划制定修订、执法监督、事故调查处理、应急救援管理、统计分析、宣传教育培训等综合性工作，承担职责范围内行业领域安全生产和职业健康监管职责，统筹指导安全生产执法检查队伍建设。负有安全生产监督管理职责的部门依法依规履行相关行业领域安全生产和职业健康监管职责，强化监管执法，严厉查处违法违规行为。

其他行业领域主管部门负有安全生产管理责任，要将安全生产工作作为行业领域管理的重要内容，从行业规划、产业政策、法规标准、行政许可等方面加强行业领域安全生产工作，指导督促生产经营单位加强安全生产管理。

（4）通过检索，在北京市安全生产监督管理局网站中搜索到新闻稿《北京市安监局（北京煤监局）2018年绩效任务上半年落实情况》。2018年上半年北京市安监局对全市17个区开展专项督查，重点督查属地政府和相关行业部门落实监管责任情况，共检查92家单位，针对检查发现的问题，已要求各区和相关行业部门督促企业整改落实。

（5）通过检索，在北京市安全生产监督管理局网站中搜索到文件《北京市安全生产委员会办公室关于市政府有关部门建立本行业生产经营单位落实安全生产主体责任情况检查评估制度的指导意见（试行）》。其中，要求负有安全生产监督管理职责的部门要建立行业生产经营单位落实安全生产主体责任情况的检查评估制度，每年组织开展监督管理职责范围内的生产经营单位落实生产安全主体责任情况的专项检查评估。安全生产有关法律法规规章和强制性标准规定的内容必须列入检查评估，各行业有关法律法规规章和强制性标准中涉及安全生产的内容必须列入检查评估，各行业部门可以根据行业特点和监管需要列入其他内容。

从以上检索信息可以看出，北京市安全生产各监管部门责任已经明确，部门监管责任已经得到落实。因此，本指标得满分。

（三）企业主体责任是否落实

本指标得分为100分。

（1）通过检索，在北京市安全生产监督管理局网站中搜索到文件《关于进一步推进安全生产领域改革发展的实施方案》。其中，要求企业对本单位安全生产和职业健康工作负全面责任，要严格履行安全生产法定责任，建立健全自我约束、持续改进的内生机制。企业实行全员安全生产责任制度，法定代表人和实际控制人同为安全生产第一责任人，主要技术负责人负有安全生产技术决策和指挥权，强化企业内部职能部门安全生产职责，落实一岗双责。建立企业全过程安全生产和职业健康管理制度，做到安全责任、管理、投入、培训和应急救援"五到位"。加强安全教育培训，强化一线作业人员安全意识，强化安全教育培训，使其熟练掌握作业要求和操作规程，熟练掌握科学施救和自救方法，进一步提高安全防护能力。国有企业要发挥示范带头作用，自觉接受属地监管，强化安全生产主体责任的落实。完善落实混合所有制企业以及跨地区、多层级和境外中资企业投资主体的安全生产责任。

（2）通过检索，在北京市安全生产监督管理局网站中搜索到文件《北京市生产经营单位安全生产主体责任规范》。第三条要求：生产经营单位必须遵守有关安全生产的法律法规，履行安全生产法定职责和义务，加强安全生产管理，承担本单位安全生产主体责任；生产经营单位安全生产工作应当做到党政同责、一岗双责，认真落实安全生产组织机构、安全管理力量、安全生产制度，确保安全责任、安全投入、安全培训、安全管理、应急救援到位。第四条要求：生产经营单位要结合自身实际，建立健全安全生产责任制和安全生产管理制度，建立安全生产隐患排查治理和预防控制体系，全面深入持续开展安全生产标准化建设，不断提升安全生产水平。

（3）通过检索，在北京市安全生产监督管理局网站中搜索到文件《北京市2018年生产经营单位主要负责人和安全生产管理人员安全生产培训考核工作方案》。为了进一步推进生产经营单位落实安全生产主体责任，切实提高生产经营单位主要负责人和安全生产管理人员的安全生产意识和管理水平，有效防范生产安全事故发生，该方案计划2018年全年以一般法人生产经营单位（规模在10人以上）为重点，组织开展全市生产经营单位主要负责人和安全生产管理人员的安全生产培训考核，完成10万人左右的培训考核任务。

（4）通过检索，在首都之窗北京政务网站中搜索到文件《北京市生产安全事故隐患排查治理办法》。其中，规定了生产经营单位要承担隐患排查治理的主体责任，落实"一企业一标准"和"一岗位一清单"。"一企业一标准"即形成适应本企业生产经营特点、个性化的隐患自查标准，并可以根据管理需要，对事故隐患进行内部分级管理。"一岗位一清单"即将个性化隐患自查标准按照岗位或者场所分解制定车间、班组和岗位的隐患排查清单，明确排查内容、排查周期、责任部门和责任人员等内容。

从以上检索信息可以看出，北京市的安全生产企业主体责任已经明确，安全生产责任已经得到落实。因此，本指标得满分。

（四）责任追究制度是否落实

本指标得分为 87.55 分。

（1）通过检索，在北京市安全生产监督管理局网站中搜索到文件《北京市"十三五"时期安全生产规划》。其中，要求研究制定失职追责有关规定，实行重大生产安全事故"一票否决"。健全事故信息直报和责任追究机制。严肃查处事故迟报、漏报、谎报或者瞒报行为。推进建立安全生产行政执法与刑事、司法衔接机制，建立移送、受理、立案、办案等评价考核制度。强化事故技术原因调查，建立事故调查处理信息通报和整改措施落实情况评估制度。建立事故倒查追责机制，重点追查没有及时发现、制止引发区域性风险并酿成事故的党政负责人的责任。建立工伤事故统计分析机制，从工伤事故中甄别、筛选生产安全事故，将工伤事故数据纳入生产安全事故大数据分析机制。建立并实施企业和个人安全生产诚信信息系统，实现与社会征信系统对接。规范安全生产举报投诉案件办理程序，依法查处公众和媒体反映的安全生产违法问题。

（2）通过检索，在北京市安全生产监督管理局网站中搜索到文件《北京市安全生产"一岗双责"暂行规定》。提出进行安全生产事前问责，即把

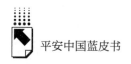

问责程序启动在事故发生之前。对各级政府及其部门领导干部不落实安全生产"一岗双责"制度、履行安全生产工作职责不认真造成不良影响的，监察部门要进行行政问责。同时，严格落实事后问责：对于安全生产"一岗双责"履职不到位，因工作失职、渎职而导致安全事故的，要严肃进行责任倒查，依法追究有关人员和领导的责任。

（3）通过检索，在北京市安全生产监督管理局网站中搜索到文件《关于进一步推进安全生产领域改革发展的实施方案》。其中，要求实施执法效能督查，将不执行年度督查检查计划、发现问题不处理、督促整改不到位等情况，报送同级党委政府和纪检监察、组织部门依法依规做出处理。严肃查处安全生产领域项目审批、行政许可、监督执法中的失职渎职和权钱交易等腐败行为。建立企业全过程安全生产责任追溯制度，发生生产安全事故，倒查生产经营建设各个环节安全生产责任。对被追究刑事责任的生产经营者依法实施相应的职业禁入，对于事故发生负有重大责任的社会服务机构和人员依法严肃追究法律责任，并依法实施相应的行业禁入。

（4）通过检索，在北京市安全生产监督管理局网站中搜索到文件《北京市安全生产约谈办法》。第二条规定如下。本办法所称安全生产约谈，是指针对以下事项，由市政府组织对市政府有关部门、区（县）人民政府、市属国有和国有控股企业的主要负责人或主管负责人实施的约见谈话：①安全检查中发现存在重大安全隐患或对重大隐患整改不到位的；②发生重大及以上生产安全事故的；③发生社会影响恶劣的较大生产安全事故的；④30日内连续发生两起较大生产安全事故的；⑤被连续3次警示性通报或经通报重大隐患整改不到位的；⑥有必要约谈的其他情形。第六条规定：因约谈事项未落实或落实不到位而引发生产安全事故的，按照相关法律法规规定的处理上限对被约谈单位进行处罚，对被约谈人从严追究党纪、政纪和法律责任，并对被约谈单位当年安全生产综合考核实行"一票否决"。

（5）通过检索，在北京市安全生产监督管理局网站中搜索到文件《北京市安全生产"党政同责"规定》。

第十七条规定如下：各区县、乡镇党委、政府，街道党工委、街道办事处 及相关工作部门未认真履行"党政同责、一岗双责"或工作不力，存在下列情形之一的，由上级党委、政府或纪检监察机关依法依纪对相关责任人严肃处理：①对本地区发生生产安全事故负有责任的；②对已经发生的各类生产安全事故瞒报、谎报、迟报或干涉事故调查的；③发生生产安全事故，未按照规定组织救援或者玩忽职守致使人员伤亡或财产损失扩大的；④未按照规定的权限、条件和程序作出行政许可决定或者因其他失职、渎职行为，造成重大生产安全事故隐患的；⑤应当追究责任的其他情形。

（6）通过问卷调查，针对"责任追究制度是否落实"问题，79.25%的受访群众肯定其所在工作单位发生安全事故后相关人员受到责任追究（肯定回答42频次，否定回答11频次）。

综上所述，从网络抓取部分来看，北京市安全责任追究制度已经建立和落实，故网络抓取部分本指标得满分。从问卷调查结果来看，根据被调查人对所在单位安全事故发生后的责任追究情况，问卷调查部分本指标得79.25分。根据本课题计分规则，网络抓取部分得分权重为40%，调查问卷得分权重为60%，因此本指标最后得分87.55分。

（五）政府是否建立实施安全风险评估与论证机制

本指标得分为100分。

（1）通过检索，在北京市安全生产监督管理局网站中搜索到文件《北京市"十三五"时期安全生产规划》。其中，要求建立企业生产安全事故隐患风险评估制度，确定重点防范的事故风险，严格执行全员、全过程、全方位的生产安全事故隐患排查制度，及时发现工艺系统、基础设施、技术装备、监控设施、场所环境等方面存在的危险状态及安全管理方面存在的缺陷和作业人员的不安全行为。

同时要求完善城市运行风险评估预警机制。建立城市运行安全风险评估机制，定期开展城市运行安全风险评估。健全和完善监测站网或监测体系，完善预警信息发布平台功能，拓宽预警信息发布渠道。建立跨地区、跨部门、跨行业的应急企业、技术、产品、物资信息共享和供应保障机制。加快建立对高危行业、重点工程以及重点行业（领域）风险评估指标体系、风险监测预警和跟踪制度、风险管理联动机制。健全安全风险信息报送、应急响应、现场指挥、协调联动、信息发布、社会动员和统筹协作等工作机制，提升应急处置能力。落实城市运行风险防控措施。各负责城市运行保障的部门联合承担责任，实施城市运行风险源普查，列明风险源名称、类别、风险简要描述、分布情况等内容。综合运用法律、经济、行政、规划、技术等措施，控制新增风险，降低和消除存量风险，实现风险动态管理和持续改进。进一步健全完善城市运行安全各类标准，加强部门联合监管执法，优先开展较高风险领域的安全专项整治。

（2）通过检索，在北京市安全生产监督管理局网站中搜索到新闻稿《北京市安监局（北京煤监局）2018年绩效任务上半年落实情况》。该新闻稿说明：①北京市行业管理部门分别制定印发了符合本行业特点的23部行业风险评估标准和风险辨识建议清单。市安全委员会研究起草了《重大安全风险源辨识建议清单（试行）》，正在征求意见。②截至2018年6月28日，全市共有6446家试点企业完成了风险评估工作。③积极推进安全风险评估地方标准制定工作。《生产经营单位安全生产风险评估规范》地方标准已经正式发布施行，《生产安全事故应急预案实施情况评估规范》《生产经营单位应急能力评估规范》《高危行业应急装备配备规范》《生产经营单位应急资源调查规范》《生产安全事故应急演练与实施细则》等安全风险评估5项地方标准已报送市质监局。④建立了安全风险数据库，开发了安全风险信息管理系统，目前系统运行平稳，使用效果良好。

（3）通过检索，在北京市安全生产监督管理局网站中搜索到北京市安全生产委员会印发的《北京市城市安全风险评估试点工作方案》和《北京市安全风险管理实施办法（试行）》。北京市已在全市开展安全风险评估试点工作，对重点行业领域安全风险进行深入辨识与评估，探索建立规范的安全风险数据库和信息管理系统。该方案主要工作内容如下：①构建配套标准规范体系，并进行培训；②开展安全风险源普查登记；③行业主管部门评估企业安全风险源；④建立安全风险数据库与信息管理系统；⑤落实分级管控措施。

从以上检索信息可以看出，北京市的行业安全风险评估活动已经开展，安全风险评估与论证机制已经建立。因此，本指标得满分。

（六）是否制定生产安全事故隐患分级和排查治理标准

本指标得分为 100 分。

（1）通过检索，在北京市安全生产监督管理局网站中搜索到文件《北京市"十三五"时期安全生产规划》。其中，要求制定完善相关行业领域隐患排查标准，力争用五年时间，使全市规模以上实体企业实现隐患排查"一企一标准、一岗一清单"的目标。建立企业生产安全事故隐患风险评估制度，确定重点防范的事故风险，严格执行全员、全过程、全方位的生产安全事故隐患排查制度，及时发现工艺系统、基础设施、技术装备、监控设施、场所环境等方面存在的危险状态及安全管理方面存在的缺陷和作业人员的不安全行为。建立健全生产安全事故隐患排查治理信息系统，全过程记录生产经营单位事故隐患排查治理情况。

（2）通过检索，在北京市安全生产监督管理局网站中搜索到新闻稿《关于进一步推进安全生产领域改革发展的实施方案的解读》。新闻稿中指出需要加快制定生产安全事故隐患分级和排查治理标准。负有安全生产监督管理职责的部门要建立与企业隐患排查治理系统联网的信息平台。强化隐患排查治理监督执法。

（3）通过检索，在北京市安全生产监督管理局网站中搜索到文件《北京市生产经营单位生产安全事故隐患排查治理信息系统应用管理办法（试行）》。其中，第五条要求安全生产监管部门应建立健全本市隐患排查治理信息系统，用于全过程记录生产经营单位事故隐患排查治理情况，

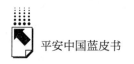

分析、预测安全生产形势，实现事故隐患排查治理和监督管理的信息化。鼓励生产经营单位自建隐患排查治理信息系统，如实记录本单位隐患排查治理情况，并实现与安全生产监管部门的事故隐患排查治理信息系统数据共享对接。

（4）通过检索，在北京市安全生产监督管理局网站中搜索到文件《北京市安全生产委员会办公室关于做好 2017 年度隐患排查治理"一企一标准一岗一清单"编制工作的通知》。其中，要求利用安全生产中介服务机构的专业技术力量，指导企业依据国家相关法律法规、标准规定，结合企业生产经营活动特点和岗位实际，编制隐患排查治理标准和岗位清单，按照要求督促、指导企业使用隐患排查治理信息系统，实现企业隐患排查治理岗位化、规范化和信息化。

（5）通过检索，在北京市安全生产监督管理局网站中搜索到文件《北京市百项安全生产等级评定技术规范（地方标准）实施方案》。为解决安全生产标准不统一、部分行业安全生产标准缺失、安全生产标准化评定方法不统一等问题，2015 年 1 月，北京市安监局、北京市质监局联合印发《北京市百项安全生产等级评定技术规范（地方标准）实施方案》，正式启动为期 3 年的安全生产百项地标编制工作。截至 2018 年 6 月，安全生产百项地标已经发布 45 项（其中京津冀协同标准 10 项），17 项标准正在进行审查报批，27 项标准已经进入预审阶段，预计年内全部发布。百项地标系列标准的编制实施，对进一步落实企业安全生产主体责任，强化政府监管提供了强有力的标准依据。

从以上检索信息可以看出，北京市的生产安全事故隐患排查治理信息系统已经生效，不同行业隐患排查治理指导标准编制正逐步展开。因此，本指标得满分。

（七）企业是否定期开展风险评估和危害辨识

本指标得分为 90.95 分。

（1）通过检索，在北京市安全生产监督管理局网站中搜索到文件《北京市生产经营单位安全生产主体责任规定（草案征求意见稿）》。其中，要求生产经营单位应当建立安全生产风险分级管控机制，针对容易发生生产安全事故的场所、工艺、设备和岗位，定期开展安全风险评估和危害辨识，评估确定风险等级，制定安全风险清单，落实相应的风险管控措施。

（2）通过检索，在北京市安全生产监督管理局网站中搜索到文件《关于进一步推进安全生产领域改革发展的实施方案》。其中，要求企业要定期开展风险评估和危害辨识，针对高危工艺、设备、物品、场所和岗位，建立分级管控制度，落实安全操作规程。建立重大隐患治理情况向负有安全生产监督管理职责的部门和企业职代会"双报告"制度，实行隐患自查自改自报闭环管理。

（3）通过检索，在北京市安全生产监督管理局网站中搜索到文件《北京市"十三五"时期安全生产规划》。其中，要求切实提升企业安全预防控制能力，企业要准确把握本企业生产经营的特点和规律，以风险管理为主线，健全完善企业风险辨识评估、风险预警预控、隐患排查治理、重大危险源监控、应急管理和持续改进的企业安全生产闭环管理模式，把风险管理落实到生产经营活动全环节、全过程，构建理念先进、适合实际、规范系统、管控有效的安全预防长效工作机制。企业要以安全文化建设示范企业的创建工作为抓手，提高企业安全生产管理水平，形成有特色、有亮点、可复制、可推广的示范企业创建经验，在不同地区、不同行业中充分发挥引领和带动辐射作用。

（4）通过检索，在北京市安全生产监督管理局网站中搜索到新闻稿《北京市安全生产监督管理局（北京煤矿安全监察局）2017年度绩效任务全年完成情况》。新闻稿中介绍，2017年启动全市安全风险辨识评估管控和安全生产重大风险源普查试点工作，以6个区、11家市属国有企业和市公园管理中心为试点展开风险辨识评估工作。

（5）通过检索，在北京市安全生产监督管理局网站中搜索到新闻稿《北京市安监局（北京煤监局）2018年绩效任务上半年落实情况》。新闻稿中介绍，北京市行业管理部门分别制定印发了符合本行业特点的23份

行业风险评估标准和风险辨识建议清单。行业安全风险辨识建议清单用于指导企业有效开展安全风险辨识管控工作，每个行业清单从企业通用共性（用电设备、特种设备、共用辅助设备、危险作业等）和行业工艺特性两个方面进行了全面梳理辨识，每项风险均明确了风险源名称、所处场所位置、风险内容描述、风险类型及可能造成的后果，便于企业对照工艺和设备设施，迅速快捷识别风险，全面评估风险危害，采取相应管控措施。北京市安委办研究起草了《重大安全风险源辨识建议清单（试行）》，正在征求意见。截至 2018 年 6 月 28 日，全市共有 6446 家试点企业完成了风险评估工作。

（6）通过问卷调查，针对"所在的单位是否定期对各岗位的安全状况进行检查"问题，84.91% 的受访群众肯定其所在工作单位定期会对各岗位的安全状况进行检查（肯定回答 720 频次，否定回答 128 频次）。

综上所述，从网络抓取部分来看，北京市企业已经开展风险评估和危害辨识，故网络抓取部分本指标得满分。从问卷调查结果来看，根据被调查人所在单位定期对各岗位安全状况进行检查情况，故问卷调查部分本指标得84.91 分。根据本课题计分规则，网络抓取部分得分权重为 40%，调查问卷得分权重为 60%，因此本指标最后得分 90.95 分。

（八）是否开展重点领域隐患排查治理（矿、危险物品等）

本指标得分为 100 分。

（1）通过检索，在北京市安全生产监督管理局网站中搜索到文件《北京市"十三五"时期安全生产规划》。其中要求，强化危险化学品、矿山、建筑施工、道路交通、轨道交通、特种设备、消防、工贸企业等重点行业领域安全监管。①危险化学品。建立危险化学品信息共享和公开机制，推进危险化学品信息公开透明。推进化工园区、化学品库区（仓储区）开展区域风险定量评估，优化空间布局，严控安全容量，保障安全距离。开展危险化学品企业安全生产条件评估，对安全距离不符合国家标准以及工艺落后等不符合安全准入条件的企业实施搬迁。积极推进重点区危险化学品生产经营、储存企业的淘汰或外迁。对首次投入使用的危险化学品新工艺新装备，进行化工工艺安全性评定和新工艺安全可靠性分析。完善危险化学品分类分级管理机制，对高风险企业实施重点监管。持续开展危险化学品、易燃易爆物品安全生产专项整治和油气输送管道隐患治理。强化对使用危险化学品的生产经营单位，以及学校、医院、科研院所的安全监管，并逐步规范。进一步加大烟花爆竹经营、运输、储存等环节安全管理和监督力度，严格执行产品流向登记管理制度，严厉打击非法生产经营烟花爆竹行为。②矿山。按照"减量化、再利用"原则，继续推进煤矿和非煤矿产业战略转移，关闭一批不符合首都功能定位的矿山。建立完善矿山安全生产要素采集、登记、公告与核查制度，落实井下生产布局和技术装备管理规定。推动数字矿山建设，建立数字开采系统和自动化生产执行系统，减少井下一线作业人员，提升地采矿山安全水平。推进尾矿库综合再利用。

（2）通过检索，在北京市安全生产监督管理局网站中搜索到新闻稿《北京市安监局（北京煤监局）2018年绩效任务上半年落实情况》。稿中提到，已按照监督执法计划，对重点行业领域开展执法检查，排查安全隐患。

（3）通过检索，在首都之窗北京政务网站中搜索到文件《北京市危险化学品安全综合治理三年行动计划（2017年6月～2020年5月）》。其中，要求在2018年9月底前全面摸排风险，对危险化学品生产、储存、使用、经营、运输、废弃处置等环节和涉及危险化学品的物流园区、机场等区域以及教育、医疗、寄递、城镇燃气使用等领域，进行安全风险辨识，开展等级评定，建立安全风险分布档案，制定相应管控措施。同时，在2018年9月底前，重点排查重大危险源，认真组织开展危险化学品重大危险源排查，特别是做好临时储存和使用环节构成重大危险源的排查工作，并进一步核实本市燃气储罐构成重大危险源的数量，建立完整、详细的危险化学品重大危险源数据库，绘制重大事故隐患分布图。

从以上检索信息可以看出，针对矿、危险物品等重点领域的安全生产隐患，北京市已经开始进行排查治理。因此，本指标得满分。

（九）亿元地区 GDP 生产安全事故死亡率

本指标得分为 100 分。

（1）通过检索，在北京市统计局网站中搜索到文件《北京统计年鉴》。从中可知，2016 年亿元地区 GDP 生产安全事故死亡率为 0.024，2015 年为 0.045。

（2）通过检索，在北京市安全生产监督管理局网站中搜索到文件《北京市"十三五"时期安全生产规划》。从中可知，在北京市"十三五"时期（2016～2020 年）安全生产规划中，单位地区 GDP 生产安全事故死亡率目标累计下降超过 20%。

从以上信息可知，2016 年亿元地区 GDP 生产安全事故死亡人数较 2015 年下降约 47%，完成预计目标，故该指标得分为满分。

（十）工矿商贸从业人员十万人生产安全事故死亡率

本指标不得分。

（1）通过检索，在北京市统计局网站中搜索到文件《北京统计年鉴》。从中可知，2016 年工矿商贸从业人员十万人生产安全事故死亡率为 1.03，2015 年工矿商贸从业人员十万人生产安全事故死亡率为 0.43。

（2）通过检索，在北京市安全生产监督管理局网站中搜索到文件《北京市"十三五"时期安全生产规划》。从中可知，在北京市"十三五"时期（2016～2020 年）安全生产规划中，工矿商贸就业人员十万人生产安全事故死亡率目标控制在 0.861 以内。

从以上信息可知，2016 年工矿商贸就业人员十万人生产安全事故死亡率较 2015 年出现大幅上升，增高幅度一倍以上，且未完成预计目标，故该指标不得分。

（十一）煤矿百万吨死亡率

本指标不得分。

（1）通过检索，在北京市统计局网站中搜索到文件《北京统计年鉴》。

从中可知，2016 年煤矿百万吨死亡率为 0.63，2015 年煤矿百万吨死亡率为 0.22。

（2）通过检索，在北京市统计局网站中搜索到文件《北京市 2017 年国民经济和社会发展统计公报》。从中可知，2017 年煤矿百万吨死亡率为 0.78。

（3）通过检索，在北京市安全生产监督管理局网站中搜索到文件《北京市"十三五"时期安全生产规划》。从中可知，在北京市"十三五"时期（2016~2020 年）安全生产规划中，煤矿百万吨死亡率目标控制在 0.222 以内。

从以上信息可得，2016 年和 2017 年煤矿百万吨死亡率较 2015 年出现大幅度上升，增长幅度分别达到 186% 和 255%，未完成预计目标，故该指标不得分。

（十二）道路交通万车死亡率

本指标不得分。

（1）通过检索，在北京市统计局网站中搜索到文件《北京统计年鉴》。从中可知，2016 年道路交通万车死亡率为 2.38，2015 道路交通万车死亡率为 1.64。

（2）通过检索，在北京市统计局网站中搜索到文件《北京市 2017 年国民经济和社会发展统计公报》。从中可知，2017 年道路交通万车死亡率为 2.33。

（3）通过检索，在北京市安全生产监督管理局网站中搜索到文件《北京市"十三五"时期安全生产规划》。从中可知，在北京市"十三五"时期（2016~2020 年）安全生产规划中，道路交通万车死亡率目标控制在 1.62 以内。

从以上信息可得，2016 年和 2017 年道路交通万车死亡率较 2015 年出现较大幅度上升，增长幅度分别达到 45% 和 42%，未完成预计目标，故该指标不得分。

（十三）火灾（消防）十万人口死亡率

本指标得分为100分。

（1）通过检索，在北京市统计局网站中搜索到文件《北京统计年鉴》。从中可知，2015年北京市常住人口2170.5万人，2015年全市火灾死亡48人；2016年北京市常住人口2172.9万人，2016年全市火灾死亡56人。

（2）通过检索，在北京市安全生产监督管理局网站中搜索到文件《北京市"十三五"时期安全生产规划》。从中可知，2015年火灾（消防）十万人口死亡率为0.221。

（3）通过检索，在北京市安全生产监督管理局网站中搜索到文件《北京市"十三五"时期安全生产规划》。从中可知，在北京市"十三五"时期（2016～2020年）安全生产规划中，火灾（消防）十万人口死亡率控制在0.35以内。

从以上信息计算可得，2016年火灾（消防）十万人口死亡率为0.258，完成预计目标，故该指标得满分。

（十四）是否建立安全生产应急救援指挥平台

本指标得分为100分。

（1）通过检索，在北京市安全生产监督管理局网站中搜索到新闻稿《北京市安全生产科技工作取得新进展》。其中，2006年市安全监管局协调市发改委，安排专项资金3600多万元，建设北京市安全生产应急指挥平台，设置移动应急指挥车、事故指挥车。建立了OA办公系统、网上申报系统、办事大厅系统、安全生产培训机构管理系统、安全生产事故统计分析系统、安全生产数据报送及统计系统等23个系统。目前，应急救援指挥平台基本实现了应急值守、指挥调度、辅助决策和视频监控四大功能。同时以应急救援指挥平台为核心，初步完成行政许可一站式办理、重大危险源管理等主要业务流程的信息化。依托北京市政务专网，建设安全生产科技网，实现与国家安全监管总局和市科委等政府部门网站的链接，利用信息化渠道采集安全生产科技信息，促进安全生产科技成果的转化、应用和推广。

（2）通过检索，在北京市安全生产监督管理局网站中搜索到新闻稿《我局应急指挥平台现场安全等级测评工作完成》。稿中提到，测评人员按照等级保护3级标准，对应急指挥平台机房环境、操作系统和数据库、应用系统、网络设备和管理制度进行了重点核查。测评中心通过现场测评，认为北京市安监局应急指挥平台基本满足等级保护3级要求。

（3）通过检索，在北京市安全生产监督管理局网站中搜索到新闻稿《市安监局应急指挥平台项目顺利通过专家组验收》。稿中提到，专家组同意通过项目验收，并对项目的实现功能、管理质量、产生效能给予充分的肯定。专家组建议，项目承建单位应根据北京市安监局业务工作的需求，做好技术保障工作。同时着手准备平台二期规划和建设工作。

从以上检索信息可以看出，针对安全生产事故救援指挥一体化需求，北京市已经在市级层面建立安全生产应急救援指挥平台。因此，本指标得满分。

（十五）是否建立应急救援联动机制

本指标得分为100分。

（1）通过检索，在北京市安全生产监督管理局网站中搜索到文件《北京市生产经营单位安全生产主体责任规定（草案征求意见稿）》。该文件第三十五条要求生产经营单位应当根据本单位实际，制定生产安全事故综合应急预案、专项应急预案或者现场处置方案，并与所在地区政府制定的生产安全事故应急救援预案相衔接。危险物品的生产、经营、储存单位和矿山、金属冶炼、建筑施工、道路运输单位的生产安全事故应急预案应当包括与周边生产经营单位的应急联动、互助救援措施等内容。

（2）通过检索，在北京市安全生产监督管理局网站中搜索到新闻稿《北京市经济技术开发区城市安全风险评估工作纪实》。稿中提到，"已完成区政府与5家重大危险源企业一对一事故应急预案编制，以这5家重大危险

源企业为核心，确定伤害半径内企业名单，与周边企业签订联动协议，建立应急联动，通过定期会商、信息互通、物资共享、联合演练等方式提升高风险企业及其周边企业应急联动能力"。

（3）通过检索，在北京市安全生产监督管理局网站中搜索到文件《北京市人民政府关于推进安全预防控制体系建设的意见》。该文件提到要进一步加强市区之间、部门之间安全生产应急联动。探索建立以重点企业为龙头，相关企业参与协作的区域应急联动机制。加强企业应急救援队与属地政府救援队联动，并有针对性地开展演练，提高应急处置效率。坚持专业化和社会化相结合，通过签订协议、购买服务等方式，引导社会专业力量参与应急救援。建立健全自然灾害预报预警和联合处置机制，加强安全监管、气象、地震等部门的协调配合，严防自然灾害引发事故灾难。

（4）通过检索，在北京市安全生产监督管理局网站中搜索到新闻稿《北京津冀三区市建应急联动机制》。稿中提到，北京市通州区、天津市武清区、河北省廊坊市三地的安全监管局签署《关于建立次区域安全生产应急联动工作机制的协议》，标志着这三地安全生产应急联动机制建设工作正式启动，京津冀协同应对事故灾难试点工作由准备阶段正式转入实施阶段。试点期间，三区市安监部门将每年定期召开联席会议，通力合作、密切协同，按照试点工作方案规定的时间节点，完成各项任务。任务主要内容有：完成信息沟通、指挥协调、信息通报等制度和机制建设；风险源调查、应急资源调查、应急能力评估等基础工作；加强协同应急信息化建设，探索建设安全生产综合预测预警体系；编制典型事故应急联动预案并开展联合推演；建立应急救援队伍跨行政区救援保障工作机制；开展典型事故联合应急演练，检验联动机制效果。

（5）通过检索，在北京市安全生产监督管理局网站中搜索到文件《北京市"十三五"时期安全生产规划》。该文件要求完善应急救援联动机制，建设完善市、区两级联动的安全生产应急指挥平台，实现安全生产事故信息的及时上报和科学决策，提高事故处置能力。进一步加强事故现场管理，建立分级分类事故现场指挥机构组建和升级机制，细化各单位责任分工和工作流程，进一步明晰现场指挥权、行政协调权划分及指挥权交接方式和程序。探索建立以区域内重点企业为龙头，相关企业参与协作的应急联动机制。

（6）通过检索，在首都之窗北京政务网站中搜索到文件《北京市突发事件总体应急预案》。该文件指出，按照资源整合和降低成本的要求，实现组织、资源、信息的有机整合，充分利用现有资源，进一步理顺体制、机制，努力实现部门之间、条块之间、军地之间的协调联动。在《北京市突发公共事件总体应急预案》《北京市危险化学品事故应急预案》《北京市矿山事故应急预案》等预案中都专门针对应急救援联动机制进行了具体设计。

从以上检索信息可以看出，北京市已经在政企之间、部门之间、城市群之间、军地之间建立应急救援联动机制。因此，本指标得满分。

（十六）安全生产应急救援队伍建设

本指标得分为 62.46 分。

（1）通过检索，在北京市安全生产监督管理局网站中搜索到文件《北京市突发事件总体应急预案》，规定如下。

对于"综合应急救援队伍"，市政府依托市公安消防专业队伍，建立综合应急救援队伍，由市应急委统一调用，负责处置专业应急救援队伍难以应对的事件，或代表本市参与其他省区市和国际救援行动。

对于"专业应急救援队伍"，市应急委统一领导市级专业应急救援队伍规划建设工作。市各专项指挥部、相关部门、有关单位统筹规划本领域市级专业应急救援队伍的建设工作，原则上应组建或确立至少 1 支市级专业应急救援队伍。未组建市级专业应急救援队伍的部门，应根据实际工作需要，与相关领域部门建立专业应急救援队伍使用机制。

对于"应急志愿者队伍"，把应急志愿者服务纳入本市应急管理体系，依托有关职能部门和社会团体，组织有相关知识、经验和资质的志愿者成立应急救援队，动员志愿者参与防灾避险、疏散安置、急救技能等公共安全与突发事件应对知识的宣传、教育和普及工作，随时准备参与突发事件的抢险救援、卫生防疫、群众安置、设施抢修和心理安抚等工作。在志愿者队伍的

组织、技术装备、培训、应急演练、救援行动人身保险等方面，由区县和相关部门给予支持和帮助。

（2）通过检索，在北京市安全生产监督管理局网站中搜索到文件《北京市"十三五"时期安全生产规划》。该文件要求，加强应急救援队伍建设，健全完善市级专业应急救援队伍、区应急救援队伍、企业兼职救援队伍和以社会专业应急救援志愿者队伍为补充的三级应急救援体系。依托重点石化企业建设专业队伍救援基地，承担和服务区域内重特大、复杂危险化学品事故灾难应急救援及实训演练任务，逐步建成国家级的危险化学品应急救援基地。

（3）通过检索，在北京市安全生产监督管理局网站中搜索到文件《北京市生产经营单位安全生产主体责任规范》。文件第四十九条要求危险物品的生产、经营、储存单位和矿山、金属冶炼、城市轨道交通运营、建筑施工单位，应当建立应急救援组织，配备相应的应急救援器材及装备。不具备单独建立专业应急救援队伍的规模较小的生产经营单位，应当指定兼职应急救援人员。

（4）通过检索，在北京市安全生产监督管理局网站中搜索到文件《北京市生产经营单位安全生产主体责任规定（草案征求意见稿）》。文件第三十七条要求危险物品的生产、储存单位和矿山、金属冶炼、建筑施工、城市轨道交通运营单位以及其他从事有毒有害作业的生产经营单位，应当建立应急救援组织，配备相应的应急救援器材、设备和物资，并进行经常性维护、保养，保证正常运转。具体办法由市安全生产监督管理部门会同有关部门制定。不具备单独建立应急救援组织条件的小型和微型生产经营单位，应当指定兼职应急救援人员。可以与其他邻近生产经营单位联合建立应急救援组织，或者与专职救援队伍签订救援协议。

（5）通过检索，在北京市安全生产监督管理局网站中搜索到文件《北京市矿山、危险化学品企业安全生产应急救援队伍建设管理规定（试行）》。其中第三条规定，矿山和危险化学品企业应当依法建立安全生产应急救援组织，明确安全生产应急管理机构，根据国家、本市相关法规或本规定的要求建立专职或兼职安全生产应急救援队伍，加强安全生产应急救援队伍的专业技能培训和应急演练工作，配备满足本单位突发事件应急处置需要的个人防护用品及应急救援设备、物资，不断提高安全生产应急救援能力。其中第四条规定，鼓励矿山和危险化学品企业建立专职安全生产应急救援队伍。建立兼职安全生产应急救援队伍的矿山、危险化学品企业，必须与依照国家、本市相关法规或本规定要求建立的专职矿山、危险化学品安全生产应急救援队伍的企业签订应急救援协议，并保证协议的有效实施。

（6）通过检索，在北京市安全生产监督管理局网站中搜索到文件《北京市人民政府关于推进安全预防控制体系建设的意见》。该文件提出，企业要建立专（兼）职应急救援队伍或与邻近专职救援队签订救援协议。加强企业应急救援队与属地政府救援队联动，并有针对性地开展演练，提高应急处置效率。坚持专业化和社会化相结合，通过签订协议、购买服务等方式，引导社会专业力量参与应急救援。

（7）通过检索，在北京市安全生产监督管理局网站中搜索到文件《北京市安全风险评估工作情况通报》。该文件披露了部分数据，北京市组织开展了三个层面（市、区和街乡镇）200 余场次的风险评估培训，4338 家企业完成了风险评估工作，共上报了 73390 个风险源，汇总登记了专兼职应急救护队 6501 支、应急专家 1851 人、应急装备 33827 件、救援物资 18459 件、社会应急资源信息 100 条。企业上传专项应急预案 6800 个，风险评估报告 3822 件，应急资源调查报告 3592 件，应急能力评估报告 3658 件。

（8）通过问卷调查，针对所在的单位是否有应急救援队伍问题，57.43% 的受访群众肯定其所在工作单位有应急救援队伍（肯定回答 487 频次，否定回答 361 频次）。

综上所述，从网络抓取部分来看，北京市正在推动落实重大危险源企业应急管理主体责任，但是专业救援队伍、企业专（兼）职救援队伍管理规

定暂未出台，相关救援队伍组建标准未予明确，目前全市各类救援队伍数量未公布，故本指标网络抓取部分得分为 70 分。从问卷调查结果来看，根据被调查人所在单位应急救援队伍建设情况，故问卷调查部分本指标得 57.43 分。根据本课题计分规则，网络抓取部分得分权重为 40%，调查问卷得分权重为 60%，因此本指标最后得 62.46 分。

（十七）安全生产应急救援保障能力

本指标得分为 60 分。

（1）通过检索，在北京市安全生产监督管理局网站中搜索到文件《北京市"十三五"时期安全生产规划》。该文件指出要争取财政支持加大安全生产事故应急救援装备投入，积极推广应用先进适用的应急救援技术和装备，健全应急救援物资保障机制，进一步提升救援队伍的硬件设施水平。依托国家级应急产业示范基地等重点园区建设，逐步形成以大型综合性应急企业集团为龙头，以专业、特色中小型应急企业为支撑，各类应急产业分工协作、产业链配套完善的产业集群，为灾害天气、环境污染、火灾、生产安全事故等领域提供监测预警产品和先进、智能救援设备，发展适用于危化品、核生化领域事故的高性能防护材料、装备和处置产品，研发应急救援舱、移动供给站、轨道交通疏散平台等避险救援产品。

（2）通过检索，在北京市安全生产监督管理局网站中搜索到文件《北京市突发事件总体应急预案》。该文件将应急保障具体分为指挥系统技术保障、应急队伍保障、通信保障、交通运输保障、物资保障、医疗卫生保障、治安保障、人员防护保障、人员防护保障、气象服务保障、资金保障、技术开发与储备、法制保障。

（3）通过检索，在北京市安全生产监督管理局网站中搜索到文件《北京市危险化学品事故应急预案》。其中，应急保障部分规定如下。

①指挥系统。保障建立和完善生产安全事故应急指挥技术支撑体系，满足各种复杂情况下处置危险化学品事故的指挥要求。包括有线通信系统、无线指挥调度系统、图像监控系统、信息报告系统、基于地理信息的分析决策

支持系统、视频会议系统和信息发布系统等。

②救援物资保障。按照"覆盖全市、重点防控、便于调运"的原则，市生产安全事故应急指挥部建立和完善全市危险化学品事故的应急物资保障和储备体系，推进京津冀应急物资保障一体化。区政府做好辖区内的危险化学品应急物资储备和保养工作，根据本区域的事故特点，购置应急物资，充实各区应急救援物资库，切实提高本市应急物资储备的综合保障能力和整体救援能力。

③队伍保障。燕山石化、东方石化应急救援队是本市危险化学品突发事故的专业应急救援队伍，负责预防和处置本系统、本行业内突发事故抢险救援，开展或协助开展预防性检查。依托公安消防部队组建综合性应急救援队伍，配合危险化学品专业应急救援队伍重点承担以抢救人员生命为主的综合性应急救援工作。积极推进本市危险化学品从业单位专、兼职应急救援队伍建设工作，各区依托企业建立属地专业危险化学品应急救援队伍，未建立专业应急救援队伍的企业应与邻近建有专业应急救援队伍的企业签订救援协议。应急救援队伍配备相应的应急救援装备。当应急救援队伍的装备能力不能满足应急需要时，由市生产安全事故应急指挥部协调调用企业或周边地区的可用设备。

④资金保障。发生危险化学品事故后，根据实际情况调整部门预算结构，削减部门支出预算，集中财力应对危险化学品事故。调整部门预算结构后，仍不能满足工作需要的，可申请使用应对突发事件专项准备资金；应对突发事件专项准备资金额度不足时，经市政府批准，使用公共财政应急储备资金。

⑤技术保障。加强信息化建设，推进物联网技术在危险化学品安全生产监管领域的应用，构建覆盖市、区、街（乡镇）三级信息化平台，实现对重要场所、重点部位、关键设备设施的动态化和信息化监管，全面提升监控、预警和应急处置能力。各级政府和危险化学品从业单位要依托有关科研单位开展应急救援技术、装备等专项研究，加强危险化学品应急救援技术储备，为危险化学品事故应急救援提供技术支持。其余事故专门应急预案中的

应急救援保障部分不再单列。

通过以上检索内容发现，北京市未出台关于安全生产应急救援保障工作的专门文件，全市应急救援保障体系建设无整体规划，应急保障标准未明确设定。因此，本指标得分为 60 分。

（十八）是否定期开展安全警示教育

本指标得分为 78.3 分。

（1）通过检索，在北京市安全生产监督管理局网站中搜索到文件《北京市"十三五"时期安全生产规划》。该文件要求企业定期对从业人员进行安全生产教育和培训，并建立考核制度，把安全生产培训与生产经营活动同部署、同检查、同考核，全面落实先培训后上岗制度。筹备建立安全生产教育培训网络学院，全面提高从业人员安全素质，保证从业人员具备必要的安全生产知识，熟悉安全生产规章制度和安全操作规程，掌握本岗位的安全操作技能，了解事故应急处置措施、职业防护用品使用、风险辨识、自救互救、疏散逃生等技能。创新培训方法，开展全员多层次安全技能和业务培训。建立培训质量检查评估制度，确保培训效果。建设市、区两级的安全生产科普教育、培训考试、文化传播为一体的实训基地。充分发挥安全生产职业技能鉴定的作用，为企业输送安全生产实用型人才。

（2）通过检索，在北京市安全生产监督管理局网站中搜索到文件《2015 年北京市"安全生产月"活动方案》和《2016 年北京市"安全生产月"活动方案》。相关活动以新《安全生产法》的宣传为主线，以事故多发区域、多发行业和多发群体的宣传为重点，以形式多样、丰富多彩的宣传教育活动为载体，面向社会公众、基层一线、非公经济和小微企业深入开展"安全生产月"活动，强化从业人员的安全意识，动员各地区、各部门、各单位创新宣传教育的方式方法，集中开展一系列贴近实际、贴近生活、贴近一线职工和社会公众的安全生产宣教活动。

（3）通过问卷，针对"所在的工作单位是否开展过安全警示教育活动"问题，83.84％的受访群众肯定所在的工作单位开展过安全警示教育活动

（肯定回答 716 频次，否定回答 138 频次）。

综上所述，从网络抓取部分来看，北京市不同单位内部已经开展安全警示教育，但是未检索到市级层面警示教育整体规划，警示教育开展责任的主体亦未明确，故本指标网络抓取部分得分为 70 分。从问卷调查结果来看，根据被调查人所在单位开展安全警示教育活动情况，故问卷调查部分本指标得 83.84 分。根据本课题计分规则，网络抓取部分得分权重为 40%，调查问卷得分权重为 60%，因此本指标最后得 78.3 分。

（十九）是否将安全生产纳入干部培训内容

本指标得分为 100 分。

（1）通过检索，在北京市安全生产监督管理局网站中搜索到文件《北京市 2018 年生产经营单位主要负责人和安全生产管理人员安全生产培训考核工作方案》。该文件要求，对于生产经营单位主要负责人和安全生产管理人员，统一建立安全生产培训考核管理制度，统一安全生产培训考核工作流程，统一确定安全生产培训内容，统一建立安全生产培训教师库，统一安全生产培训考核发证，统一建立安全生产培训考核管理信息平台。建立全市生产经营单位主要负责人和安全生产管理人员常态化安全生产培训考核工作机制，努力提升生产经营单位主要负责人和安全生产管理人员的安全意识、管理能力。

（2）通过检索，在北京市安全生产监督管理局网站中搜索到新闻稿《谢清顺副巡视员主持召开市属国有企业安全生产大培训试点工作座谈会议》。该新闻稿披露，《市属国有企业安全生产培训试点工作方案（草稿）》已经完成初步编制完成，目前正在后续讨论阶段。

（3）通过检索，在北京市安全生产监督管理局网站中搜索到《2014 年全市区县局级领导干部安全生产专题培训班顺利结业》《2016 年北京市领导干部安全生产专题培训班圆满结束》《全市乡镇街道领导干部安全生产专题培训班开班（2017 年 08 月 07 日）》等新闻稿，同时检索到文件《北京市领导干部安全培训大纲和考核标准》。这说明，北京市已经针对领导干部专门

进行安全生产培训教育，并制定了相关大纲和考核标准。

从以上检索信息可以看出，北京市已经将安全生产内容纳入对非公企业、国有企业、机关事业单位干部培训的课程体系。因此，本指标得满分。

四 评估结论

（一）存在的主要问题

1. 部分行业领域安全事故防控形势依然严峻

北京城市的快速发展和产业结构转型调整步伐越来越快，新的安全风险点随之产生，非传统生产安全隐患凸显，部分安全生产指标数据出现一定反弹。国务院办公厅发布的《安全生产"十三五"规划》，其中对生产安全事故数量和死亡人数等9个安全生产具体指标做出要求。但从北京市2016年、2017年的安全生产数据来看，部分数据并未达到预期目标，工矿商贸就业人员十万人生产安全事故死亡率、煤矿百万吨死亡率、道路交通万车死亡率甚至出现一定程度的增高。同时，结合问卷调查相关问题"所在单位过去五年是否发生过安全生产事故"反映的统计结果，10.81%的受访者回答其单位在过去五年发生过安全事故。

2. 风险评估体系推进水平参差不齐

风险辨识计划和行业风险源辨识指导清单编制并未覆盖全行业，进而影响企业自查自评结果的科学性；安全生产风险评估结果的价值未得到充分挖掘，评估报告未得到多维度分析。行业监管部门对本系统的风险评估工作指导力度还需加强，风险再评估、风险等级评定等工作未得到广泛开展；部分企业责任人未认识到开展风险评估工作的重要意义，企业主动开展风险评估动力不足。

3. 部分企业主体责任落实不到位

部分经营主体未落实事故隐患排查治理制度，主要负责人安全生产意识不强，生产安全管理知识不足，重效益轻安全，对本企业安全生产底数不清，对本企业安全生产的重点环节、风险点掌握不充分；部分企业未细化事故隐患排查责任、内容、周期等事项，安全生产投入不足，非法违法行为屡禁不止。

同时，非公有制企业中开展警示教育活动的比例较低。根据问卷调查中受访者所在单位的不同属性，发现"若受访群众所在工作单位为机关事业单位，开展过安全警示教育活动的比例为90.78%""若受访群众所在工作单位为公有制企业，开展过安全警示教育活动的比例为93.55%""若受访群众所在工作单位为非公有制企业，开展过安全警示教育活动的比例为77.14%""若受访群众所在工作单位为个体工商户及其他，开展过安全警示教育活动的比例为76.30%"。从中可知，非公有制企业安全警示活动开展率低于机关单位和公有制企业，非公有制企业警示教育主体责任落实积极性不足。

4. 行业安全生产监管职责的落实有待加强

部分行业主管部门的安全生产监管责任存在重合和盲区，尤其对负有行业管理职责的部门，其安全生产权责清单需进一步明确；行业主管部门对本行业领域生产经营单位安全主体责任落实情况检查力度不足，主动承担部门安全生产监管责任积极性不高。市区之间、部门之间安全生产监管联络机制待加强，市、区、街道三级安全生产信息网络还未形成一体化格局，业务互通与信息共享需进一步深度融合，监管数据和业务联动暂未形成合力。

（二）完善建议

1. 落实企业的安全生产主体责任

（1）建立企业常态化风险管理模式，将企业自有安全管理系统与安全监管系统对接，拓展风险辨识覆盖行业范围，切实落实企业的安全生产主体责任。

（2）企业组织形式日益多样，股权结构日益复杂，应当进一步明确混合所有制企业及跨地区、多层级企业投资主体的安全生产责任，督促本市生产经营单位落实安全生产主体责任。

（3）加强安全生产诚信体系建设。建立健全企业信用等级评价制度、"黑名单"公示制度，及时归集、审核和报送企业安全生产信用信息，对安全生产失信企业实施联合惩戒措施，把企业安全生产状况纳入社会信用体系。

（4）明确非公有制企业安全教育培训标准，支持培训基地建设，拓宽新型网络式、体验式安全教育培训模式，细化不同行业企业培训考核标准，提高非公有制企业开展安全警示教育培训力度。

2. 强化安全生产监管力度

（1）重点开展建筑施工作业、有限空间作业、人员密集场所、交通运输行业等重点行业领域的检查，防范和遏制群死群伤事故；全面加强安全生产源头管控和安全准入工作，将安全生产作为城乡规划布局设计的前置评估因素。

（2）制定实施安全生产监管年度执法计划，加大安全生产执法检查力度，落实安全生产监管执法通报、问责和曝光机制，依法严惩安全生产违法违规行为，依法关闭取缔不符合安全生产条件的企业。

（3）强化乡镇、街道基层安全执法工作。建立乡镇、街道与辖区企业负责人约谈机制，切实督促经营主体落实安全生产主体责任。大力提升乡镇、街道安全生产工作规范化水平，最大限度地盘活基层安全生产一线安全监查力量。

（4）引入社会力量参与安全生产监管。安全生产工作既需要相关部门的齐抓共管，还需要全社会力量的参与和监督。鼓励和支持社会力量参与安全生产监督工作，激发各类主体的参与热情和创新活力，提升安全监管执法效能，推进安全生产社会共建共治共享。

3. 提高生产安全风险评估预警能力

（1）风险评估不仅关系到生产经营单位生产安全事故应急预案的编制，还关系到生产经营单位风险防控工作的开展，更关系到安全风险分级管控和隐患排查治理双重预防机制的整体构建。应着力构建安全生产的多级评价指标体系，重点体现不同区域、不同行业安全生产特点，提高分级安全评价和精确预警能力。完成不同区域、不同行业的整体安全风险评估报告，并对应出台针对不同行业的安全风险管控办法。

（2）结合特大城市生产安全特点，针对不同行业、不同场所、不同设施开展重大危险源分类辨识，并对危险源进行分类定性和定量评估，纳入整体城市风险预警体系。全面编制区级政府与重大安全风险源企业"一对一"事故应急预案，并组织开展应急培训和演练。

（3）开展安全生产事故案例分析研究。对国内外特大型城市安全生产事故进行系统梳理，总结既往安全事故的规律特点，为事故分析、事故诊断与预测提供参考。

4. 加快应急系统一体化建设

（1）加强应急救援指挥平台建设。首先，融合不同部门生产安全领域指挥系统，构筑复杂城市安全运行综合控制体系；其次，加强区级层面应急指挥平台建设，依托视频会议系统构建各乡镇政府和街道办事处的应急指挥体系；最后，设置对重点监管企业、重点监管场所的视频接入平台，为日常安全监管和突发事件应急指挥工作提供必要的技术手段。

（2）优化应急救援力量布局和装备设施配备，健全应急物资储备与调运机制。生产安全应急主管部门应当梳理应急物资分类，建立各级应急物资数据库，出台应急物资互济征调管理方案，搭建应急资源就近调动、资源共享互助平台，保证应急物资装备储备与区域安全风险水平相对匹配。

B.5
北京市矛盾纠纷化解调查报告

刘 蔚[*]

摘　要： 矛盾纠纷化解是新时期平安北京建设的重要内容，也是社会治安综合治理发展的必然要求。本报告将一级指标"矛盾纠纷化解"分解为"社会矛盾源头预防和排查化解"、"矛盾纠纷多元调解"、"重大决策社会稳定风险评估"与"信访法治化建设"4项二级指标，并具体细化为14项三级指标。通过网络检索、问卷调查与访谈等方式，综合所得数据，矛盾纠纷化解总得分为78.6分。总体来讲，在平安北京建设中社会矛盾源头预防和排查化解开展较好，重大决策社会稳定风险评估工作还有待加强。在平安北京矛盾纠纷化解工作中，需要在加强顶层设计的前提下，强化社会不同主体的参与性，完善相关的标准体系与监督体系构建，畅通群众利益表达渠道，推动地方性立法。

关键词： 矛盾纠纷化解　多元调解　风险评估　信访法治化

一　指标设置及评估标准

（一）指标设置

本次平安北京建设评估"矛盾纠纷化解"一级指标之下设置四项二级指

---

* 刘蔚，博士，中国人民公安大学侦查与反恐怖学院讲师。

标，分别为"社会矛盾源头预防和排查化解"、"矛盾纠纷多元调解"、"重大决策社会稳定风险评估"与"信访法治化建设"（见表1）。四项指标分别对应了矛盾纠纷化解四类重要的途径方式，根据不同路径的定位划分，通过14项三级指标来考量每一类途径在矛盾纠纷化解中的作用是否充分发挥，从而判断矛盾纠纷化解机制在平安北京建设中的效能如何。

14项三级指标主要考察是否定期开展矛盾纠纷排查化解、矛盾纠纷排查分级负责制度建设情况、矛盾纠纷排查督办回访制度、群众利益表达渠道是否畅通、矛盾纠纷多元调解组织建设情况（各类组织、多元调解协会）、矛盾纠纷多元调解覆盖范围、矛盾纠纷多元调解创新（诉前委托调解）、重大决策社会稳定风险评估机制体系建设情况、重大决策社会稳定风险评估的覆盖范围、重大决策社会稳定风险评估是否纳入首都立法情况、重大决策社会稳定风险评估落实情况、信访网络综合服务平台建设情况、逐级上访制度建设情况、信访地方性立法情况。矛盾纠纷化解部分的三级指标从预防、调解、风险评估、法治化建设不同层次和路径反映了对矛盾纠纷化解是否满足平安北京建设的相关要求。

表1　矛盾纠纷化解指标设置

一级指标（权重）	二级指标（权重）	三级指标（权重）
矛盾纠纷化解（15%）	社会矛盾源头预防和排查化解（40%）	是否定期开展矛盾纠纷排查化解（25%）
		矛盾纠纷排查分级负责制度建设情况（25%）
		矛盾纠纷排查督办回访制度（25%）
		群众利益表达渠道是否畅通（25%）
	矛盾纠纷多元调解（20%）	矛盾纠纷多元调解组织建设情况（40%）
		矛盾纠纷多元调解覆盖范围（30%）
		矛盾纠纷多元调解创新（诉前委托调解）（30%）
	重大决策社会稳定风险评估（30%）	重大决策社会稳定风险评估机制体系建设情况（25%）
		重大决策社会稳定风险评估的覆盖范围（25%）
		重大决策社会稳定风险评估是否纳入首都立法情况（25%）
		重大决策社会稳定风险评估落实情况（25%）
	信访法治化建设（10%）	信访网络综合服务平台建设情况（40%）
		逐级上访制度建设情况（30%）
		信访地方性立法情况（30%）

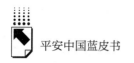
（二）设置依据及评估标准

1. 二级指标设置依据

"矛盾纠纷化解"一级指标下的4项二级指标设置的主要依据是党的十九大报告关于共建共治共享的社会治理格局的要求以及《北京市国民经济和社会发展第十三个五年规划纲要》《北京市"十三五"时期社会治理规划》《关于全面深化平安北京建设的意见》中关于矛盾纠纷化解的要求。

党的十九大报告指出，要打造共建共治共享的社会治理格局，加强预防和化解社会矛盾机制建设，正确处理人民内部矛盾。《北京市国民经济和社会发展第十三个五年规划纲要》中指出要健全维护群众权益长效机制，完善民意反映和回应机制，重视网络民意，落实重大决策社会稳定风险评估制度。加强和改进信访工作，完善社会矛盾排查调处综合机制，推进信访法治化建设，引导广大群众理性表达诉求，依法维护权益。《北京市"十三五"时期社会治理规划》中指出要预防化解矛盾纠纷。把信访纳入法治化轨道，依照法律规定和程序，保障合理合法诉求得到合理合法解决。深化涉法涉诉信访改革，进一步落实终审和诉讼终结制度。完善矛盾调处机制，健全人民调解、行政调解、司法调解、行业调解联动工作机制。扶持和打造一批专业化、规范化、品牌化的社会组织，开展矛盾纠纷调解社会化公益服务，拓宽矛盾纠纷化解渠道。加强社会舆情监测分析和矛盾纠纷预警，及时把矛盾纠纷解决在基层和萌芽状态。完善重大决策社会稳定风险评估机制，建立分级分类评估制度，健全督办、考核、追责等措施，探索建立第三方评估机制。健全行政复议案件审理机制，发挥行政复议监督纠错功能。强化社会建设骨干队伍运用法治思维和法治方式化解矛盾、维护稳定的能力，提高行政人员依法行政和做好群众工作的能力，充分用法治、协商等方式疏导和化解矛盾纠纷。《关于全面深化平安北京建设的意见》中指出，要加强社会矛盾源头预防和排查化解，健全重大决策社会稳定风险评估机制，完善人民调解、行政调解、司法调解深度融合的多元调节体系，建立统一的信访网络综合服务平台，全面落实逐级信访制度，推进涉法涉诉信访改革。依据上述规定和要求，课题组根据矛盾纠纷化解的内容分为四类主要路径。依据四类路径在上述规定要求和实际工作中的不同定位与功能，设置不同的权重，其中"社会矛盾源头预防和排查化解"指标权重设定为40%，"矛盾纠纷多元调解"指标权重设定为20%，"重大决策社会稳定风险评估"指标权重设定为30%，"信访法治化建设"指标权重设定为10%。

2. 三级指标及评分标准

（1）是否定期开展矛盾纠纷排查化解

①设置依据

定期开展矛盾纠纷排查化解对于从源头进行社会治理意义重大，有利于矛盾纠纷的预防、排查和化解，在了解社情民意的基础上，及时有效地将矛盾纠纷化解在基层，对于维护基层社会稳定具有极其重要的作用。党的十九大报告以及北京市"十三五"规划等重要文件中，都明确指出要加强化解社会矛盾机制建设，完善民意反映和回应机制，完善社会矛盾排查调处综合机制，从源头上进行预防和排查化解，及时将矛盾纠纷解决在基层和萌芽之中。可以说，定期开展矛盾纠纷排查化解，是将社会矛盾进行源头预防和排查化解的重要关口。

②评测方法

本指标满分100分，指标权重设定为25%，主要通过网络检索、党政官方网站搜索（首都之窗、首都政法综治网等）、官方文件搜集、电话咨询等方式，检索北京市是否定期开展矛盾纠纷排查化解。

③评分标准

通过检索，能够找到北京市已经定期开展矛盾纠纷排查化解的依据，得100分；如果没有检索到相关信息，此项指标得0分。

（2）矛盾纠纷排查分级负责制度建设情况

①设置依据

矛盾纠纷排查分级负责制度是按照"分级负责、归口管理"的原则推动矛盾纠纷化排查化解的重要机制，有利于建立部门协调、统筹兼顾、标本兼治、齐抓共管的工作格局，同时在矛盾纠纷排查中做到防患

未然，及时处置，快速反应，妥善处理，将矛盾纠纷解决于萌芽状态。在北京市"十三五"规划与"十三五"社会治理规划中，强调了矛盾纠纷排查调处综合机制以及相关的追责措施，同时强调要逐级进行矛盾纠纷排查化解。这些具体的要求都直接体现了矛盾纠纷排查分级负责制度对于矛盾纠纷预防、疏导、依法处理以及防止各类矛盾纠纷激化的重要意义。

②评测方法

本指标满分 100 分，指标权重设定为 25%，主要通过网络检索、党政官方网站搜索（首都之窗、首都政法综治网等）、官方文件搜集、电话咨询等方式，检索北京市矛盾纠纷排查分级负责制度建设情况。

③评分标准

通过检索，能够找到北京市矛盾纠纷排查分级负责制度的依据，得 100 分；如果没有检索到相关信息，此项指标得 0 分。

（3）矛盾纠纷排查督办回访制度

①设置依据

矛盾纠纷排查督办回访制度对于定期组织开展矛盾纠纷排查、了解并跟踪矛盾纠纷、走访相关的当事人、听取人民群众对于矛盾纠纷调处的相关建议与意见具有重要意义。党的十九大报告与北京市"十三五"规划等重要文件中，虽无明确提出矛盾纠纷排查督办回访的具体要求与措施，但是明确提出健全多元化纠纷解决机制，完善民意反映和回应机制。而此排查督办回访制度的重要性就是跟进了解纠纷调处工作情况，解决未调处的矛盾纠纷，同时以制度约束回应民众的意见、建议。

②评测方法

本指标满分 100 分，指标权重设定为 25%，主要通过网络检索、党政官方网站搜索（首都之窗、首都政法综治网等）、官方文件搜集、电话咨询等方式，检索北京市矛盾纠纷排查督办回访制度。

③评分标准

通过检索，能够找到北京市矛盾纠纷排查督办回访制度的依据，得 100

分；如果没有检索到相关信息，此项指标得 0 分。

（4）群众利益表达渠道到是否畅通

①设置依据

畅通的群众利益表达渠道是构建和谐社会的必然要求，在矛盾纠纷化解中群众利益表达渠道的畅通与否是矛盾纠纷是否形成乃至升级的重要影响因素。在人民权利意识日益强化的新时代，人民群众合法的利益诉求需要畅通的表达渠道和机制。在《中共中央关于全面推进依法治国若干重大问题的决定》中明确提出要构建对维护群众利益具有重大作用的制度体系，建立健全社会矛盾预警机制、利益表达机制、协商沟通等机制，要畅通群众利益协调、权益保障法律渠道。同时，在北京市"十三五"规划和"十三五"时期社会治理规划中都明确强调了要畅通群众诉求表达渠道，引导和支持群众理性表达诉求、依法维护权益。

②评测方法

本指标满分 100 分，指标权重设定为 25%，主要通过网络抓取和调查问卷两项来综合测评，网络抓取主要是指网络检索、党政官方网站搜索（首都之窗、首都政法综治网等）、官方文件搜集、电话咨询等方式，检索北京市群众利益表达渠道是否畅通。调查问卷主要是指涉及调查问卷的 B12 与 C12 两道题目，即"您向社区居委会反映问题的渠道是否通畅？"（B12）与"当您网购商品与商家产生矛盾纠纷时，是否有通畅的渠道来解决问题？"（C12）。

③评分标准

网络抓取部分得分权重为 40%，调查问卷得分权重为 60%，两者得分之和为该三级指标的最终得分。网络抓取部分：通过检索，能够找到北京市群众利益表达渠道畅通的依据，得 100 分；如果没有检索到相关信息，此项得 0 分。调查问卷部分："向居委会反映问题的渠道很通畅"得 100 分，"比较通畅"得 75 分，"一般通畅"得 50 分，"不太通畅"得 25 分，"不通畅"得 0 分；"网购商品与商家产生矛盾纠纷时有通畅的渠道解决问题"得 100 分，"没有通畅的渠道解决"得 0 分。

（5）矛盾纠纷多元调解组织建设情况

①设置依据

矛盾纠纷多元调解组织是在社会转型时期为应对社会变革、利益格局调整、基层多样性且复杂化的矛盾纠纷而设立的重要调解组织，是当前社会治理体系中的重要一环。面对当前社会矛盾纠纷的多元化、复杂化、群体化等特点，原有的单一矛盾解决方式早已不适应当前社会矛盾纠纷解决的需要，现今矛盾纠纷的解决需要多种社会资源并且采取多种方式和手段。在《关于完善矛盾纠纷多元化解机制的意见》中明确指出，完善矛盾纠纷多元化解机制，对于保障群众合法权益、促进社会公平正义具有重要意义。同时强调要建立有机衔接、协调联动、高效便捷的矛盾纠纷多元化解机制。此外，在"十三五"规划与北京市"十三五"规划中都明确指出要完善多元化纠纷解决机制。

②评测方法

本指标满分100分，指标权重设定为40%，主要通过网络抓取和调查问卷两项来综合测评，网络抓取是指通过网络检索、党政官方网站搜索（首都之窗、首都政法综治网等）、官方文件搜集、电话咨询等方式，检索北京市群众矛盾纠纷多元调解组织建设情况。调查问卷主要是指涉及调查问卷的B11题，即社区民警、社区居委会、社区业委会、物业公司、治安志愿者、相关社区居民等六类主体在矛盾纠纷化解中是否有效发挥作用。

③评分标准

网络抓取部分得分权重为40%，调查问卷得分权重为60%，两者得分之和为该三级指标的最终得分。网络抓取部分：通过检索，能够找到北京市矛盾纠纷多元调解组织建设的依据，得100分；如果没有检索到相关信息，此项得0分。调查问卷部分：社区民警、社区居委会、社区业委会、物业公司、治安志愿者、相关社区居民等六类主体，能够有效发挥作用得100分，发挥作用一般得50分，发挥无效作用得0分，未参与得0分。

（6）矛盾纠纷多元调解覆盖范围

①设置依据

矛盾纠纷多元调解覆盖范围正是矛盾纠纷多元调解组织及机制建立与完善的目的所在。伴随社会转型，我国也进入矛盾纠纷的凸显期，城市与农村在矛盾纠纷的类型上既有共性也有差异性，这也显现了当前社会矛盾纠纷的多元化及复杂化特征。矛盾纠纷多元调解覆盖范围的广度和深度决定着我们能否关照到民众的诉求，也决定着我们能否将多元动态的社会矛盾纠纷及时化解在基层，也意味着我们是否能够凝聚多元调解资源、多种调解途径和手段有效地修复或化解矛盾纠纷。《关于完善矛盾纠纷多元化解机制的意见》中指出，要坚持党委领导、政府主导、综治协调，充分发挥各部门职能作用，引导社会各方面力量积极参与矛盾纠纷化解，同时要将预防矛盾纠纷贯穿重大决策、行政执法、司法诉讼等全过程。《关于全面深化平安北京建设的意见》中更是明确指出，要完善人民调解、行政调解、司法调解深度融合的多元调解体系，2020 年以前在矛盾多发领域实现行业性、专业性调解组织全覆盖。

②评测方法

本指标满分 100 分，指标权重设定为 30%，主要通过网络检索、党政官方网站搜索（首都之窗、首都政法综治网等）、官方文件搜集、电话咨询等方式，检索北京市矛盾纠纷多元调解覆盖范围。

③评分标准

通过检索，能够找到北京市矛盾纠纷多元调解覆盖范围的依据，得 100分；如果没有检索到相关信息，此项指标得 0 分。

（7）矛盾纠纷多元调解创新（诉前委托调解）

①设置依据

矛盾纠纷多元调解创新是在新时代背景下适应矛盾纠纷发展新特点与新挑战的必然选择，同时也符合创新社会治理发展的方向，只有在传承中不断创新和完善矛盾纠纷多元调解机制才能够使得矛盾纠纷调解工作与时俱进，不断预防和化解在社会发展中新产生的社会矛盾纠纷，不断适应人民群众的

新期待和社会形势的新发展。在"十三五"规划和北京市"十三五"规划中，均强调要完善调解、仲裁、行政复议、诉讼等有机衔接、相互协调的多元纠纷解决机制。

②评测方法

本指标满分100分，指标权重设定为30%，主要通过网络检索、党政官方网站搜索（首都之窗、首都政法综治网等）、官方文件搜集、电话咨询等方式，检索北京市矛盾纠纷多元调解创新（诉前委托调解）。

③评分标准

通过检索，能够找到北京市矛盾纠纷多元调解创新（诉前委托调解）的依据，得100分；如果没有检索到相关信息，此项指标得0分。

（8）重大决策社会稳定风险评估机制体系建设情况

①设置依据

重大决策社会风险评估机制对可能发生的突发事件进行综合性评估，减少重大突发事件的发生，最大限度地减轻重大突发事件影响，对社会风险的防范意义重大。重大决策社会稳定风险牵涉广大人民群众切身利益的"四重一敏感"问题，给社会和人民群众带来不可估量的影响。构建重大决策社会稳定风险评估机制对可能会引起社会稳定风险的群体性事件或危及人民群众生命安全的事项做出先期预测、先期研判、介入化解，有利于做出科学、合理、符合人民群众利益的决策。在"十三五"规划和《关于全面深化平安北京建设的意见》中均明确要求，落实、健全重大决策社会稳定风险评估机制，最大限度地把矛盾纠纷解决在萌芽状态。

②评测方法

本指标满分100分，指标权重设定为25%，主要通过网络检索、党政官方网站搜索（首都之窗、首都政法综治网等）、官方文件搜集、电话咨询等方式，检索北京市重大决策社会稳定风险评估机制建设情况。

③评分标准

通过检索，能够找到北京市重大决策社会稳定风险评估机制建设的依据，得100分；如果没有检索到相关信息，此项指标得0分。

（9）重大决策社会稳定风险评估的覆盖范围

①设置依据

重大决策社会稳定风险评估是从源头上预防化解社会矛盾的重要举措，是维护群众合法权益的基本要求，应该最大限度地做到直接关系人民群众切身利益且涉及面广、影响深远、容易引发矛盾纠纷和社会稳定问题的重大决策事项全覆盖，覆盖范围包括容易引发社会矛盾的重大决策、重大工程项目以及其他重大决策事项。只有适应社会发展要求和人民群众期待的覆盖范围，才能够令重大决策依法有效推行落实，提升重大决策事项的科学性，提升人民群众的满意度。在北京市"十三五"规划、"十三五"时期社会治理规划以及《关于全面深化平安北京建设的意见》中，虽未明确提出相关评估的覆盖范围，但首要的一点都是维护群众合理合法的权益和诉求，从另一个侧面明确了重大决策社会稳定风险评估的覆盖范围。

②评测方法

本指标满分 100 分，指标权重设定为 25%，主要通过网络检索、党政官方网站搜索（首都之窗、首都政法综治网等）、官方文件搜集、电话咨询等方式，检索北京市重大决策社会稳定风险评估的覆盖范围。

③评分标准

通过检索，能够找到北京市重大决策社会稳定风险评估的覆盖范围的依据，得 100 分；如果没有检索到相关信息，此项指标得 0 分。

（10）重大决策社会稳定风险评估是否纳入首都立法情况

①设置依据

重大决策社会稳定风险评估关系改革发展稳定的大局，推进重大决策社会稳定风险评估是一项长期性的基础工程。随着社会矛盾纠纷的不断变化，重大决策社会稳定风险评估的重要性日益凸显，成为党委和政府的共同责任。不断提升重大决策社会稳定风险评估工作的质量在健全检查考核体系及完善工作机制下，需要逐步建立配套的制度体系，正是在提升北京市重大决策社会稳定风险评估工作质量水平的背景下，2014 年北京市专门召开重大决策社会稳定风险评估工作会议，研究将社会稳定风险评估纳入立法范围。

②评测方法

本指标满分100分，指标权重设定为25%，主要通过网络检索、党政官方网站搜索（首都之窗、首都政法综治网等）、官方文件搜集、电话咨询等方式，检索北京市重大决策社会稳定风险评估是否纳入首都立法。

③评分标准

通过检索，能够找到重大决策社会稳定风险评估纳入首都立法情况的依据，得100分；如果没有检索到相关信息，此项指标得0分。

（11）重大决策社会稳定风险评估落实情况

①设置依据

重大决策社会稳定风险评估机制体系的健全完善与工作成效都离不开工作的落实，唯有风险评估工作的顺利实施，才会尽可能地从源头上预防社会矛盾纠纷的产生。对于涉及群众切身利益的重大决策需要认真组织社会稳定风险评估，做到"不评估、不决策，不评估、不实施"。杜绝"评归评、干归干"的情况，需要严格落实责任，划定责任红线，维护重大事项社会稳定风险评估机制体系的严肃性。同时，只有将重大事项社会稳定风险评估延伸至基层，并在基层依法有序开展才能切实减少社会矛盾纠纷在基层的发生，真正将关口前移，做到源头治理，切实维护好群众合理合法的权益。"十三五"规划明确提出，要落实重大决策社会稳定风险评估制度。

②评测方法

本指标满分100分，指标权重设定为25%，主要通过调查问卷的方式评测北京市重大决策社会稳定风险评估落实情况，调查问卷问题的得分即三级指标的最终得分。该项指标主要涉及调查问卷C17题，即"近五年您是否参加过社会稳定风险评估（比方说，涉及居民的环境安全、集体财产安全等）的听证会？"

③评分标准

通过问卷调查，回答"近五年参加过社会稳定风险评估的听证会"的得100分；如果回答"近五年未参加过社会稳定风险评估的听证会"得0分。

（12）信访网络综合服务平台建设情况

①设置依据

信访工作是党和政府密切联系群众的桥梁和纽带，是党的群众路线的重要体现，是群众诉求的有效表达渠道。信访网络综合服务平台建设是将党的群众工作与现代科技有效融合，是信访工作信息化水平提升的体现，也是打造阳光信访的重要措施。通过信访网络综合服务平台，在为群众营造公正透明的信访环境时，也将办理信访事项的全过程置于群众监督之下，实现网上网下联动解决群众合理合法的诉求，使信访工作阳光透明、便捷高效，努力使矛盾纠纷解决在初级阶段，化解在当地。"十三五"规划明确提出，全面推行阳光信访。北京市在《关于全面深化平安北京建设的意见》中提出，要加强和创新信访工作，建立统一的信访网络综合服务平台。

②评测方法

本指标满分 100 分，指标权重设定为 40%，主要通过网络检索、党政官方网站搜索（首都之窗、首都政法综治网等）、官方文件搜集、电话咨询等方式，检索北京市信访网络综合服务平台建设情况。

③评分标准

通过检索，能够找到北京市信访网络服务平台建设的依据，得 100 分；如果没有检索到相关信息，此项指标得 0 分。

（13）逐级上访制度建设情况

①设置依据

作为社会的"减压阀"和"稳定器"，信访工作需要依法、依规有序运行，引导群众诉求依法理性表达，依法保护群众合法权益。逐级上访制度的建设与完善即是在强化属地责任和规范信访行为的前提下，引导来访群众依法逐级走访，引导群众遇事找法、办事循法，依法反映信访诉求，杜绝"非访"，提高信访工作的效能，推动群众合理合法信访事项依法、及时、就地解决，使信访问题在基层属地妥善解决，真正使基层政府建立起倾听访民诉求、有效化解矛盾纠纷的机制。同时，对来访群众做好疏导教育，减少越级上访和重复上访。《关于全面深化平安北京建设的意见》中明确强调，

要全面落实逐级信访制度，深入推进涉法涉诉信访改革。

②评测方法

本指标满分100分，指标权重设定为30%，主要通过网络检索、党政官方网站搜索（首都之窗、首都政法综治网等）、官方文件搜集、电话咨询等方式，检索北京市逐级上访制度建设情况。

③评分标准

通过检索，能够找到北京市逐级上访制度建设的依据，得100分；如果没有检索到相关信息，此项指标得0分。

（14）信访地方性立法情况

①设置依据

信访地方性立法对于加强信访法治化建设意义重大，是以法治思维和法治方式解决矛盾纠纷的重要举措，亦是畅通和拓宽人民群众诉求表达渠道，依法处理涉法涉诉信访问题的重要路径。信访地方性立法有利于地方根据各自实际有针对性地发挥法律引领作用，完善信访工作法规体系，依法解决人民群众合理合法诉求，同时依法科学民主决策、依法履行职权、依法处理信访违法行为和信访责任追究等问题。国家"十三五"规划明确提及，要完善涉法涉诉信访依法终结制度。北京市"十三五"规划强调，要强化诉访分离，促进信访与调解对接联动，建立健全运用法治思维和法治方式化解社会矛盾、协调利益关系的机制。《关于全面深化平安北京建设的意见》中也强调，要深入推进涉法涉诉信访改革。

②评测方法

本指标满分100分，指标权重设定为30%，主要通过网络检索、党政官方网站搜索（首都之窗、首都政法综治网等）、官方文件搜集、电话咨询等方式，检索北京市信访地方性立法情况。

③评分标准

通过检索，能够找到北京市信访地方性立法情况的依据，得100分；如果没有检索到相关信息，此项指标得0分。

二 总体评估结果分析

矛盾纠纷化解总得分为 78.6 分。总体评估结果分析主要是对矛盾纠纷化解得分总体情况进行分析，侧重于二级指标层面，即主要对社会矛盾源头预防和排查化解、矛盾纠纷多元调解、重大决策社会稳定风险评估以及信访法治化建设四项二级指标进行分析。

（一）社会矛盾源头预防和排查化解

社会矛盾源头预防和排查化解总得分为 95.57 分。其中，是否定期开展矛盾纠纷排查化解为 25 分；矛盾纠纷排查分级负责制度建设情况得 25 分；矛盾纠纷排查督办回访制度得 25 分；群众利益表达渠道是否畅通得 20.57 分，此项得分网络抓取得分为 10 分，调查问卷得分为 10.57 分。通过网络信息抓取，可以较为全面地了解矛盾纠纷排查化解、分级负责制度建设及督办回访制度在基层落实推进较好，北京市相关区县都根据自身实际特点落实创新社会矛盾的源头预防和排查化解。通过调查问卷，我们可以了解到，向社区居委会反映问题的渠道"很通畅"、"比较通畅"、"一般通畅"和"不太通畅"所占的比例为 96%，在网购商品与商家产生矛盾纠纷时，有68.66% 的被调查者反映有通畅的渠道来解决问题。

总体来看，北京市在推进国家治理体系和治理能力现代化的进程中，将社会矛盾源头预防和排查化解作为社会治理的重要抓手，以解决影响社会和谐稳定的源头性问题和影响群众安全感的突出问题为落脚点，积极加强社会矛盾纠纷的源头预防和排查化解，并自上而下构建起一套相对完善的矛盾纠纷排查、解决机制，基层政府及相关单位也能够积极履职、及时报告、及时解决相关的矛盾纠纷，基层领导干部亦能够及时地跟进政策，以人民群众较为满意的方式热心、耐心地解决苗头性、倾向性问题，实实在在地解决人民群众的社会矛盾纠纷，做到矛盾纠纷早发现、早调处、早解决、"小事不出村，大事不出镇，矛盾不上交"。

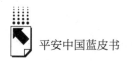

具体来讲，第一，在社会矛盾源头预防和排查化解中，北京市执行定期排查制度，每季度、每月以及在重大时间节点（如"两会"）都在不断加强定期排查工作，强化矛盾纠纷的发现、预警和化解处置；第二，在排查分级负责制度中，北京市从村、社区人民调解员到村委会、居委会，到镇综治办、街道综治办，再到分管领导，以及进行法庭诉讼都有层次分明、逐步递进的排查分级负责及矛盾化解制度；第三，在排查督办回访中，矛盾纠纷化解主责部门及领导和工作人员除进行定期基层走访、回访工作外，还不定时进行下访、约访和回访，及时发现、及时受理、及时调处矛盾纠纷，促进矛盾纠纷的解决，避免新纠纷的产生，在此过程中也针对相关法律法规和政策进行讲解，巩固调解成果，同时北京市也以培训、指导和考核等多种手段提升领导及工作人员的矛盾调解能力；第四，在群众利益表达渠道中，在涉及人民群众利益的相关工作开展中，除利用居民代表大会、投诉、社区创新等措施了解居民需求外，还利用座谈、走访、调研等多种方式听取群众意见、建议，保障群众知情权、话语权和监督权，并以此不断提升居民的满意度。但通过调查问卷，我们也了解到，随着时代发展，面对网络购物等新型生活方式所产生的矛盾纠纷，居民的利益表达渠道相较其他矛盾纠纷来讲还不够完善。

（二）矛盾纠纷多元调解

矛盾纠纷多元调解总得分为88.7分。其中，矛盾纠纷多元调解组织建设情况为28.7分，此项得分网络抓取得分为40分，调查问卷得分为31.75分；矛盾纠纷多元调解覆盖范围为30分；矛盾纠纷多元调解创新（诉前委托调解）为30分。通过网络抓取的资料，可以较为全面地认识到，当前在矛盾纠纷多元调解中，北京市多元调解组织建设较为完善、覆盖范围较为广泛，而且开展了诸如诉前委托调解等矛盾纠纷多元调解创新。但是，我们通过调查问卷也注意到，矛盾纠纷多元调解组织发挥的效用上，社区民警有效比例为51.91%，社区居委会有效比例为47.47%，社区业委会有效比例为25%，物业公司有效比例为30.37%，治安志愿者有效比例为31.98%，相关社区居民有效比例为33.11%。

总体来看，北京市在矛盾纠纷多元化解工作中，不断推进机制建设，更广泛地发动社会力量参与。矛盾纠纷多元调解组织建设中，不断完善党委领导、政府主导、综治协调、部门协同、社会参与的矛盾纠纷化解体系，促进并完善人民调解、行政调解和司法调解深度融合的多元调解体系。同时，在矛盾纠纷多元调解覆盖范围上，纵向到村和社区，横向扩展至不同的行业领域，以此构建"分层递进、有机衔接、协调配合"的纠纷解决体系，并且不断推动矛盾纠纷多发领域行业性、专业性调解组织的覆盖。再者，面对矛盾纠纷多元化解机制改革的深化和新时代矛盾纠纷的新特点，北京市也积极推动矛盾纠纷解决机制的创新发展，打造具有北京特点的矛盾纠纷多元调解机制，推进矛盾纠纷便捷、高效、稳妥、实质性地化解，不断满足人民群众对矛盾纠纷化解的需求和期待。

具体来讲，第一，在矛盾纠纷多元调解组织建设中，北京市在面对社会矛盾纠纷调解工作多元化、专业化、社会化的发展需求下，不断深化多元调解组织建设工作，紧抓多元调解网络建设，完善"纵向联动、横向配合、属地负责、专群结合"的多元联动矛盾纠纷调处网络，不断促进审判机关、司法行政机关及调解组织的职能互补，形成合力，调解社会矛盾纠纷；第二，在矛盾纠纷多元调解覆盖范围上，结合新时代的经济、社会、科技发展实际情况，北京市在加强多元调解组织建设上，实现社区和村级调解组织全覆盖，面对电子商务引发的新的矛盾纠纷，不断突出行业性、专业性调解组织的重要性并逐步构建基本固定、相互协作的多元调解工作体系；第三，在矛盾纠纷多元调解创新上，北京市通过日常人民调解、配合法院调解、法院派员参与调解以及委托调解等多种模式，畅通诉调对接程序，强化诉前调解的引导和推介，由立案庭直接委托调解组织开展调解工作并运用到诉前委托行业性、专业性调解工作中，推动诉前委托调解工作全方位的发展，以此达到便民、利民、为民的最大效用。

（三）重大决策社会稳定风险评估

重大决策社会稳定风险评估总得分为 52.09 分。其中，重大决策社会稳定风险评估体系建设情况为 25 分，重大决策社会稳定风险评估的覆盖范围为 25 分，重大决策社会稳定风险评估是否纳入首都立法情况得 0 分，重大决策社会稳定风险评估落实情况得 2.09 分。通过网络抓取资料，北京市建立了较为完善的重大决策社会稳定风险评估体系，并将评估的范围覆盖至涉及重大民生事项及重大项目等领域，但是在推进重大决策社会稳定风险评估纳入首都立法方面还相对较慢。同时，在重大决策社会稳定风险评估落实中，调查显示，参加过社会稳定风险评估听证会的比例仅为 8.35%。

总体来看，北京市重大决策事项主要涉及重大民生工程、重大建设项目、城市整体规划修改、关系群众切身利益的重大改革举措。党的十八大以来，北京市认真贯彻落实习近平总书记关于加强重大决策社会稳定风险评估工作的重要批示指示精神，结合北京实际，深入开展社会稳定风险评估，在制度建设方面全面加强，评估覆盖面不断扩大，稳步推进纳入立法进程，不断加强责任落实力度。北京市充分发挥了重大决策社会稳定风险评估在源头预防重大风险、保障重大决策事项顺利实施的优势和作用，在组织社会稳定风险评估上严格运用评估结论，对重大决策事项做到"不评估、不决策，不评估、不实施"，坚决杜绝"评归评、干归干"的现象，将重大决策社会稳定风险评估作为事前程序和刚性门槛来保障重大决策的有效稳妥实施。

具体来讲，第一，重大决策社会稳定风险评估机制体系建设情况方面，北京市健全完善了市、区（县）、街道（乡镇）三级重大决策社会稳定风险评估机制，将重大决策风险评估与舆情风险评估、法律风险评估有机结合，科学分类，加强规范化建设，以多种形式倾听群众和利益相关方的意见，促进风险评估在向基层延伸和实践创新的同时依法有序开展，减少矛盾纠纷的产生。第二，在重大决策社会稳定风险评估的覆盖范围方面，北京市始终以改革发展的重要领域和重大举措为立足点，同时不断围绕新时代的深化改革目标、提升首都功能建设和城市空间布局、改善和保障民生等方面开展风险评估，在不断扩大评估范围的进程中，做到"应评尽评"，对风险评估科学分类。第三，在重大决策社会稳定风险评估是否纳入首都立法情况方面，当前北京市在重大决策社会稳定风险评估工作中还存在法律法规尚不完善、立法进程滞后于实践的问题，这也急需进一步建设顶层设计上的重大决策社会稳定风险评估法律法规保障。第四，重大决策社会稳定风险评估落实情况方面，北京市在强有力的组织领导下，在检查考核体系中不断强化责任落实和风险评估落实工作，近些年北京市各级报备完成的重大决策社会稳定风险评估多达两千余项，但是调查问卷的数据显示，在群众参与度乃至社会参与度上还存在明显薄弱的问题。

（四）信访法治化建设

信访法治化建设的总体得分为 70 分，其中信访网络综合服务平台建设情况为 40 分，逐级上访制度建设情况为 30 分，信访地方性立法情况为 0 分。通过网络抓取资料，北京市构建了信访网络综合服务平台来受理群众的来信来访，倾听人民群众的意见及建议，办理投诉、复查及复核申请等事项。同时，各级信访部门在受理和接待群众反映信访问题的过程中加强引导群众依法逐级走访，构建起完善的逐级上访制度，但是在信访地方立法方面还需要进一步推进。

总体来看，北京市在信访工作中，坚持"阳光信访"、"责任信访"和"法治信访"，在街道与乡镇全部建立了信访工作部门，坚持首接首办责任制，推动群众信访事项在第一时间、第一地点妥善处理。北京市在市、区县、街道（乡镇）三级与国家信访局实现"一网通"进行数据信息共享的基础上，不断加强信访法治化建设，依托信访网络综合服务平台的基础加强网上信访工作，始终坚持落实诉访分离，加强律师参与信访工作，落实信访责任制，深化信访法治宣传工作。在信访部门工作实践中，引导群众依法逐级走访，做好来访群众的解释引导工作，在受理和接待群众反映的信访问题时依法给予群众合理建议，主动帮助来访群众，减少群众的越级上访和重复上访，将绝大部分问题解决在区县级及乡镇以下。但同时，还有待加强信访法治化建设，需要进一步推进适合北京实际的信访地方性立法工作。

具体来讲，第一，在信访网络综合服务平台建设方面，群众可通过北京市信访网上综合服务平台查询自己以书信、走访、互联网等形式向北京市信访办提出的投诉、建议、复查复核申请等的受理情况及办理过程。同时，不断创新工作，加强具有首都特色的"智慧信访"信息化系统工作体系建设，让数据多跑腿，让群众少跑腿。第二，在逐级上访制度建设方面，按照"属地管理、分级负责，谁主管、谁负责"的原则，规范信访基础业务，规范办信程序，采取多种方式进行宣传，推动信访事项及时就地解决，引导来访人依法逐级走访，使群众合理合法诉求得到解决，促进信访事项高效解决，提升来访接待服务质量。第三，在信访地方立法方面，北京市积极推动信访地方性立法工作，以期进一步促进信访在法治化轨道上运行，但是在实践中此项工作开展较为缓慢，未能通过网络平台获得北京市信访地方立法的具体信息。

三　指标评估结果分析

具体对每一个三级指标进行评估结果分析。

（一）是否定期开展矛盾纠纷排查化解

本指标得分为 100 分。

1. 通过检索，在"首都之窗"网站的北京市政府信息公开专栏中搜索到《天通苑南司法所开展矛盾纠纷排查季》一文。文中提及自 2014 年 12 月底，天通苑南司法所联合下辖社区、村的基层人民调解委员会，开展了 2015 年矛盾纠纷排查季。天通苑南司法所积极组织基层人民调解委员会，开展全面的矛盾纠纷排查调处活动。司法所要求各基层调解组织要切实提高认识，将矛盾纠纷排查化解工作纳入 2015 年第一季度工作重点，认真做到"四有"（排查有计划、内容有要求、落实有措施、登记有台账）和"四在前"（计划订在前、排查走访摆在前、防控措施立在前、化解调处做在前），切忌走过场。尽可能地防止矛盾激化，将隐患消除在萌芽状态。暂时无法化解的矛盾，要及时向司法所汇报，并与相关部门联系沟通，争取早日解决问题，防止矛盾纠纷激化，造成不良后果。

2. 通过检索，在"首都之窗"网站的北京市政府信息公开专栏中搜索到《平谷区山东庄镇矛盾纠纷排查调处措施到位》一文。文中讲道，定期开展矛盾纠纷排查调处活动。落实镇、村每月开展一次矛盾纠纷排查调处活动，采取"拉网式""地毯式"排查方式，按照镇不漏村、村不漏户、户不漏人的要求，全方位多角度开展排查活动，对排查出的矛盾纠纷及时调处，真正把矛盾纠纷解决在萌芽状态。同时，坚持矛盾纠纷排查报告制度。各村对排查出的矛盾纠纷认真归类统计，并填写《矛盾纠纷排查月报表》，上报镇综治办。对排查出的重大、易激化和群体性矛盾纠纷，要在及时抓好调处工作的同时填写《重大矛盾纠纷报告表》，及时上报镇党委、政府。对本月没有排查出或没有发生纠纷的实行"零"报告制度。

3. 通过检索，在"首都之窗"网站的北京市政府信息公开专栏中搜索到《朝阳城管：积极推进社会矛盾纠纷排查化解工作》一文。文中提到，要加强定期排查，强化矛盾纠纷信息预警、风险评估和化解处置工作，加大源头化解力度，提高初信初访化解率。

（二）矛盾纠纷排查分级负责制度建设情况

本指标得分为 100 分。

通过检索，在北京"首都之窗"网站的北京市政府信息公开专栏中搜索到《平谷区南独乐河镇创新"矛盾纠纷调解"确保社会和谐稳定》一文。文中提及南独乐河镇在结合调处工作实际中，改进、优化全镇矛盾纠纷调处流程，创新"矛盾纠纷调解四步递进法"。

第一步，现场受理，及时调处。各行政村所属村调委会接到群众要求调解的诉求后，发挥其人民调解"首道防线"的作用，即时受理，村治保主任即时组织村级人民调解员进行现场调处，力争当场化解矛盾纠纷，并上报镇综治办矛盾纠纷排查调处中心备案。

第二步，分析研判，分流调处。对无法及时调处的矛盾纠纷，村调委会详情形成书面材料如实上报，由镇综治办矛盾纠纷排查调处中心对矛盾纠纷性质、类别、影响范围、调处难度进行分析研判，分类落实职能部门调解。

当本村调解员因涉及亲戚、朋友、熟人等利益关系，纠纷调处中可能出现不公平时，当事人可以申请要求本村调解员回避，由镇综治办矛盾纠纷排查调处中心启动由镇里下派人民调解员进行受理调处。由家庭、邻里、情感、婚姻、赡养、抚养、生产经营、劳动争议、债权债务等引发的矛盾纠纷，且纠纷性质复杂，调处难度超出村调委会调解能力的，由镇综治办矛盾纠纷排查调处中心落实镇司法所组织调解。涉及相关主管行政单位部门职责范围内的纠纷，镇综治办矛盾纠纷排查调处中心负责联系落实相关主管行政单位部门组织调解。单个职能部门调解未成，由镇综治办矛盾纠纷排查调处中心主任组织有关职能部门人员共同会商研判，指定牵头单位及联合调处单位联合调处化解。

第三步，领导牵头，包案调处。分流调处后职能部门调解未成，经镇综治办矛盾纠纷排查调处中心讨论决议，由镇综治委主任组织全镇资源，指定一名牵头的分管处级领导，建立一个专案调解班子，制定一套专项调解方案，限定一个调解时限，全力调处纠纷。

第四步，引导诉讼，诉中调处。如上述调解途径均未使矛盾调结，镇综治办矛盾纠纷排查调处中心将通过引导当事人提起仲裁请求或诉讼，配合仲裁机构或法庭组织裁中、诉中调解。

（三）矛盾纠纷排查督办回访制度

本指标得分为 100 分。

1. 通过检索，在"首都之窗"网站的北京市政府信息公开专栏中搜索到《小汤山"四步走"排查化解矛盾纠纷》一文。文中指出，在排查化解矛盾纠纷的"四步走"中涉及定期回访跟踪。为了避免很多矛盾纠纷经过调解之后，又出现新的纠纷，司法所工作人员定期走访村级组织及当事人，通过讲解相关的法律知识、规定，巩固调解成果。

2. 通过检索，在"首都之窗"网站的北京市政府信息公开专栏中搜索到《东小口司法所"四坚持"化解辖区矛盾纠纷》一文。文中提及东小口司法所在基层走访工作实践中，不断完善人民调解工作机制，创新工作方法，坚持电话回访温暖民心。每一次成功化解矛盾纠纷后，工作人员都会电话回访双方当事人，了解调解协议履行情况，做好回访记录。对调解工作仍存在疑问的，工作人员都会再次为当事人讲解法律法规、司法程序，让群众明白、放心。

3. 通过检索，在"首都之窗"网站的北京市政府信息公开专栏中搜索到《金海湖镇司法所发挥职能，积极开展纠纷回访工作》一文。文中提及金海湖司法所开展季度矛盾纠纷回访工作。回访过程中，将矛盾纠纷案件双方当事人叫到现场，详细询问调解协议的履行情况，了解当事人的思想动态，采取法制宣传与道德教育形式，督促双方履行协议。当事人表示对调解的结果非常满意，并对调解回访活动的开展赞不绝口。

通过回访，维护了当事人的合法权益，保障调解协议内容履行，从而提高了人民调解工作的效率，使群众对基层司法行政工作更加满意。此次回访工作取得了良好的效果，不仅得到了当事人的肯定，同时有效地维护了调解协议的效力，进一步促进当地社会的和谐稳定。

（四）群众利益表达渠道是否畅通

本指标得分为82.26分。其中，网络抓取部分得分为40分，调查问卷得分为42.26分（见表2）。

表2　群众利益表达渠道是否通畅问卷得分

三级指标	相关问题	类别	频数	比例（%）	评分	分项得分	总得分
群众利益表达渠道是否通畅	B12：向社区居委会反映问题的渠道是否通畅	很通畅	392	33.36	100.00	36.11	42.26
		比较通畅	415	35.32	75.00		
		一般通畅	260	22.13	50.00		
		不太通畅	61	5.19	25.00		
		不通畅	47	4.00	0.00		
	C12：网购商品与商家产生矛盾纠纷时是否有通畅的渠道来解决问题	是	149	68.66	100.00	34.33	
		否	68	31.34	0.00		

1. 通过检索，在"首都之窗"网站的北京市政府信息公开专栏中搜索到《展览路街道面向统战人士，畅通渠道征集民意促发展》一文。文中提到，展览路街道22个社区统战小组、街道商会、街道侨联参与了民意征集活动，围绕政府中心工作、百姓关心的问题征集到如街巷整治"拆墙打洞""拆违"的后续问题、共享单车有效管理等具有集中性、代表性的问题共50余个。街道统战人士积极参与活动，分别就各自的想法进行了交流，大家一致表示将一如既往地拥护党的领导，共同为市、区、街的发展贡献力量。

2. 通过检索，在"首都之窗"网站的北京市政府信息公开专栏中搜索到白纸坊街道《倾听民情民声群众诉求渠道畅通促和谐》一文。文中提到在区域环境治理改造工作中，白纸坊街道机关干部与居民座谈交流，根据居民实际需求修改改造方案；在人大代表述职会上，党员干部面对面与选民交流沟通，对居民提出的问题现场反馈；在棚改工作中，街道机关干部参与居民代表委员会，与其他居民一道参加居民代表委员会例会，实时了解棚改工作进展，听取居民意见和建议，保障群众的知情权、话语权、监督权，使工作更加符合群众的要求。

白纸坊街道疏通民声通道，利用座谈、走访、调研等多种方式了解地区居民需求，越来越多的机关干部走出办公室，深入到各项工作前线，走到居民身边，听取居民声音，了解居民需求，解决居民困难。这不仅提升了"解民难"的办事效率，也使更多工程获得居民满意。

除了广泛征询居民的民生需求，街道还把倾听居民意见和建议当成了加强机关干部作风建设的有效手段。白纸坊街道通过制定工作方案和调查问卷，召开专题座谈会，发放意见征求表等方式了解基层民众对街道领导干部作风建设的建议、意见。

3. 通过调查问卷，我们可以进一步从实践中了解到群众利益表达渠道是否通畅。从问卷调查结果来看，当居民在日常生活中遇到问题向居委会反映时能够达到90.81%的畅通度，但还存在少量不太畅通的情况，这也需要引起注意。另外，在面对新科技带来的网络购物矛盾纠纷时，有68.66%的被调查者认为有畅通的渠道可以解决与商家的矛盾纠纷，但是仍有31.34%

的被调查者认为与商家产生矛盾纠纷后没有畅通渠道来解决问题。这提醒我们，需要根据社会发展以及群众生活状况的转变，及时关注新问题的产生，同时对新问题和新型矛盾纠纷畅通解决渠道。

（五）矛盾纠纷多元调解组织建设情况

本指标得分为92.92分，其中网络抓取部分得分为40分，调查问卷得分为52.92分（见表3）。

表3　矛盾纠纷多元调解组织建设情况问卷得分

三级指标	相关问题	类别	频数	比例（%）	评分	分项得分	总得分
矛盾纠纷多元调解组织建设情况	B11（A）：在矛盾纠纷化解中是否有效发挥作用–社区民警	有效	613	51.91	100.00	65.71	52.92
		一般	326	27.60	50.00		
		无效	52	4.40	0.00		
		未参与	190	16.09	0.00		
	B11（B）：在矛盾纠纷化解中是否有效发挥作用–社区居委会	有效	562	47.47	100.00	63.82	
		一般	387	32.69	50.00		
		无效	58	4.90	0.00		
		未参与	177	14.95	0.00		
	B11（C）：在矛盾纠纷化解中是否有效发挥作用–社区业委会	有效	294	25.00	100.00	40.99	
		一般	376	31.97	50.00		
		无效	110	9.35	0.00		
		未参与	396	33.67	0.00		
	B11（D）：在矛盾纠纷化解中是否有效发挥作用–物业公司	有效	359	30.37	100.00	46.19	
		一般	374	31.64	50.00		
		无效	178	15.06	0.00		
		未参与	271	22.93	0.00		
	B11（E）：在矛盾纠纷化解中是否有效发挥作用–治安志愿者	有效	378	31.98	100.00	49.79	
		一般	421	35.62	50.00		
		无效	117	9.90	0.00		
		未参与	266	22.50	0.00		
	B11（F）：在矛盾纠纷化解中是否有效发挥作用–相关社区居民	有效	390	33.11	100.00	51.02	
		一般	422	35.82	50.00		
		无效	116	9.85	0.00		
		未参与	250	21.22	0.00		

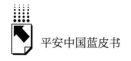

1. 通过检索，在"首都之窗"网站的北京市政府信息公开专栏中搜索到房山区"成立矛盾纠纷多元调解中心"的相关信息。信息中提到，为适应社会矛盾多元调解工作多元化、专业化、社会化发展需要，深化人民调解工作改革，2017年5月，房山区矛盾纠纷多元调解中心正式挂牌成立。

2. 通过检索，在"首都之窗"网站的北京市政府信息公开专栏中搜索到门头沟区"扎实推进镇街社会矛盾多元调解工作"的相关信息。其中提到，门头沟区扎实推进镇街社会矛盾多元调解工作。一是抓网络建设。进一步完善镇（街）党委、政府统一领导，信访办、司法所、公安派出所、综治办等相关部门"纵向联动、横向配合、属地负责、专群结合"的多方联动矛盾纠纷排查调处网络。二是抓制度规范。完善纠纷排查、预警、调解、处置、请示报告等工作程序，定期召开工作会，分析矛盾纠纷形势，交流多元调解工作经验。三是抓品牌带动。发挥孙长龙调解工作室、老乡亲调解室等品牌调解室引领作用，带动基层人民调解组织建设发展。四是抓预防排查。推行矛盾纠纷分级、分类、滚动排查，坚持月排查和重点时期排查相结合，实现矛盾纠纷排查的常态化和制度化，摸清易发生纠纷的重点人数并持续关注。

3. 通过检索，在"首都之窗"网站的北京市政府信息公开专栏中搜索到《朝阳区综治委社会矛盾多元调解专项组办公室召开电商纠纷调解工作座谈会》一文。文中提到，针对朝阳区电子商务领域矛盾纠纷日益增多、隐患凸显等问题，2017年4月20日，朝阳区综治委社会矛盾多元调解专项组办公室召开了电商纠纷工作座谈会。座谈会上对解决电子商务领域矛盾纠纷需要成立电商人民调解委员会的原因和和背景做了介绍。各成员单位就如何有效化解朝阳区电子商务纠纷进行了深入座谈交流。

座谈会结合朝阳区实际情况以及电子商务引发的矛盾纠纷，提出"三重视"工作建议。一是重视行业性、专业性调解组织队伍建设。进一步整合专业的人才加入到调解队伍当中，形成一套基本固定的工作体系，更好地在行业内突出化解矛盾纠纷的专业作用。二是重视与重点工作的有机结合。相关成员单位要把化解电子商务领域矛盾纠纷和"疏解整治提升"专项行动有机结合，服务保障区委区政府的中心工作。三是重视完善矛盾纠纷多元化解机制。各成员单位要切实履行职责，继续深化多元调解工作机制，落实好联席会议、情况通报、信息共享、复杂疑难纠纷问题联调等工作制度，切实形成工作合力，为辖区和谐稳定贡献力量。

4. 通过调查问卷，我们可以进一步了解到在矛盾纠纷多元调解组织建设中，社区民警和社区居委会在矛盾纠纷化解中的有效作用能够达到80%，社区业委会、物业公司、治安志愿者与相关社区居民在纠纷化解中的作用要远低于社区民警和居委会，但治安志愿者与相关社区居民对矛盾纠纷化解的有效性要高于社区业委会与物业公司，这进一步说明人民群众在矛盾纠纷化解中更倾向于寻找具有公信力、影响力和解决纠纷能力的政府机关或工作人员，但同时也可以说明在社区内部具有权威性的年龄相对较长的治安志愿者与社区居民对矛盾纠纷化解也具有重要作用，同时还应加强社区业委会、物业公司在矛盾纠纷化解中的作用。

（六）矛盾纠纷多元调解覆盖范围

本项指标得分为100分。

1. 通过检索，在"首都之窗"网站的北京市政府信息公开专栏中搜索到大兴区《清源街道综治委社会矛盾多元调解专项组关于全面做好社会矛盾纠纷排查调处预防工作的实施方案》。该文件指出，通过开展矛盾纠纷排查化解，使人民调解组织建设进一步加强，街道人民调解组织建设得到巩固提高，社区人民调解组织实现全覆盖。条件适合的组建企事业单位和行业性人民调解委员会。

2. 通过检索，在"首都之窗"网站的北京市政府信息公开专栏中搜索到"朝阳区司法局、区妇联联合举办街乡婚姻家庭纠纷调解室授牌仪式暨婚姻家庭纠纷多元化解论坛"的相关信息。其中提到，朝阳区婚姻家庭纠纷调解室作为实体调解工作室，它是一张覆盖朝阳区43个街乡的婚姻家庭调解网。与以往工作室相比，朝阳区婚姻家庭纠纷调解室充分利用人民调解法理情兼备的柔性斡旋模式，深入社区的调解网络覆盖等特点，化解众多婚

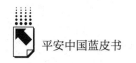

姻家庭类矛盾纠纷，打造"三师两员"，即律师、心理咨询师、婚姻家庭咨询师、人民调解员、妇联专职调解员的专业化队伍，推动婚姻家庭纠纷多元调解机制的建立，有利于推进法治社会建设，维护区域和谐稳定。

3. 通过检索，在"首都之窗"网站的北京市政府信息公开专栏中搜索到"霍营街道多元调解物业纠纷见成效"的相关信息。其中提到，为将物业用电纠纷妥善解决，司法所协调区住建委物业科、区物业纠纷调解委员会、街道社区工作部、居委会相关工作人员和公益律师，组成联合调解小组，对此事进行专题调解。在多元纠纷调解组织单位构成上进行全面的覆盖。

（七）矛盾纠纷多元调解创新（诉前委托调解）

本项指标得分为 100 分。

1. 通过检索，在"首都之窗"网站的北京市政府信息公开专栏中搜索到《北京市高级人民法院　北京市司法局关于印发〈诉前人民调解员管理办法〉的通知》。《诉前人民调解员管理办法》主要是为加强和规范诉前人民调解员队伍管理，推动诉调对接工作全面深化，实现诉调对接工作的规范化、系统化和常态化。诉前人民调解员履行以下职责："（一）导入多元调解程序案件的调解；（二）指导被告填写《当事人送达地址确认书》，并向被告释明《当事人送达地址确认书》的效力；（三）当事人无争议事实记载；（四）调解不成案件的争议焦点整理；（五）调解笔录制作；（六）调解档案的整理；（七）在多元调解信息系统录入调解信息；（八）其他交办的工作任务。"

2. 通过检索，在"首都之窗"网站的北京市政府信息公开专栏中搜索到朝阳区"区司法局召开诉前调解工作推进会"的相关信息。2018 年 5 月 18 日，朝阳区司法局召开诉前调解工作推进会，区法院立案庭负责同志介绍了法院开展诉前调解工作以来取得的成绩、面临的形势及遇到的问题；区律师协会、区人民调解员协会分别介绍了朝阳区律师调解员、人民调解员参与诉前调解工作及队伍建设情况；基层科负责人重点介绍了下一步开展诉前调解工作的计划和设想。

3. 通过检索，在"首都之窗"网站的北京市政府信息公开专栏中搜索到"朝阳区司法局、区人民调解员协会首次以'广、实、新'有针对性地开展全区百名诉前人民调解员培训工作"的相关信息。为贯彻全国人民调解工作会议精神，落实中办、国办印发的《关于完善矛盾纠纷多元化解机制的意见》、北京市司法局印发的《关于推进人民调解工作改革的意见》精神，按照区委、区政府在全区开展"社会矛盾化解年"活动部署，为进一步健全多元化纠纷解决机制，切实提高人员调解员调解工作能力和水平，2018 年 5 月 25 日，区司法局、区人民调解员协会共同举办首次百名诉前人民调解员培训班。

（八）重大决策社会稳定风险评估机制体系建设情况

本项指标得分为 100 分。

1. 通过检索，在"首都之窗"网站的北京市政府信息公开专栏中搜索到《中共北京市委办公厅北京市人民政府办公厅关于印发〈北京市建立重大事项稳定风险评估机制的实施办法（试行）的通知〉》（京办发〔2010〕24 号，简称《通知》）。在《通知》中，就重大决策社会稳定风险评估的指导思想、评估工作原则、评估范围内容、评估程序等内容进行了详细的规定。

2. 通过检索，在"首都之窗"网站的北京市政府信息公开专栏中搜索到"昌平区做好重大决策事项社会稳定风险评估工作"的相关信息。昌平区一是制定了《昌平区环境保护局重大环保事项社会稳定风险评估工作实施方案》，明确风险评估范围内容、责任主体，确立评估程序及步骤；二是坚持把开展评估化解作为重大环保事项实施前置条件，做好风险预警。

3. 通过检索，在"首都之窗"网站的北京市政府信息公开专栏中搜索到《北京市城市管理委员会关于印发〈北京市电网建设项目开展社会稳定风险评估暂行规定〉的通知》。根据市规划委印发的《关于印发重大项目社会稳定风险评估办法（试行）》（市规发〔2011〕911 号）、市城市管理委印发的《关于印发重大决策社会稳定风险评估工作实施办法（暂行）的通知》

（京管函〔2017〕274 号）等文件精神，结合北京市电网实际，组织编制了《北京市电网建设项目开展社会稳定风险评估暂行规定》。

（九）重大决策社会稳定风险评估的覆盖范围

本项指标得分为 100 分。

1. 通过检索，在"首都之窗"网站的北京市政府信息公开专栏中搜索到北京市"召开重大决策社会稳定风险评估工作会议"的相关信息。2012 年全市、区（县）、街道（乡镇）三级社会稳定风险评估体系基本建立，200 多项重大决策经过风险评估后顺利实施。北京市要继续完善制度体系，将基本要求细化为操作性强、特色鲜明的规程、细则，逐步推进社会稳定风险评估工作的规范化、制度化；要进一步拓展社会稳定风险评估的广度和深度，努力在市、区（县）、街道（乡镇）三级，真正实现社会稳定风险评估工作全覆盖，确保重大决策应评尽评；要努力增强社会稳定风险评估工作实效，保证科学决策，维护广大群众根本利益，确保重大决策稳步实施，最大限度地从源头上防范社会矛盾，促进首都经济社会全面协调可持续发展，确保首都社会和谐稳定。

2. 通过检索，在"首都之窗"网站的北京市政府信息公开专栏中搜索到马驹桥镇政府发布的《关于全面开展重大决策社会稳定风险评估工作的意见》，划定了开展社会稳定风险评估的评估范围和重点领域。

评估范围主要有决策或向上级报建项目、研究制定政策、组织开展各类专项行动等，凡是涉及群众利益、可能引发社会稳定风险的，决策前都必须组织开展社会稳定风险评估。

重点领域主要为新农村建设，重点村改造，征地拆迁，环境保护工程，环境治理，道路修建等项目；集体土地确权、征用、承包租赁，村民福利分配，劳动就业等政策；拆除违法建设，地下空间等开展专项整治等。

（十）重大决策社会稳定风险评估是否纳入首都立法情况

本项指标得分为 0 分。

通过检索，以平安北京、矛盾纠纷、矛盾化解、矛盾排查、重大决策、社会稳定、风险评估、覆盖范围等关键性词语，加上"北京市""平安建设"进行搜索，试图了解北京市是否建立有关重大决策社会稳定风险评估机制体系的法律法规。但是，仅有推进重大决策社会稳定风险评估纳入首都立法的提法，并无相关立法信息，只有重大决策社会稳定风险评估相关实施细则、实施方案、实施办法。

（十一）重大决策社会稳定风险评估落实情况

本项指标得分为8.35分。

重大决策社会稳定风险评估落实情况问卷调查见表4。

表4　重大决策社会稳定风险评估落实情况问卷调查

三级指标	相关问题	类别	频数	比例（%）	评分	总得分
重大决策社会稳定风险评估落实情况	C17:是否参加过社会稳定风险评估的听证会	是	100	8.35	100.00	8.35
		否	1097	91.65	0.00	

通过调查问卷，我们可以得知曾参加过社会稳定风险评估听证会的被调查者仅占8.35%，这直接说明在部分涉及群众利益的重大决策社会稳定风险评估中，群众的社会参与度明显较低，同时也进一步说明需要对重大决策社会稳定风险评估中主体相对单一的现状加以改变，提升社会参与的积极性和广泛性，使社会稳定风险评估听证会真正起到吸纳多方声音以及良性意见建议的作用，成为重大决策社会稳定风险评估落实的重要支撑。

但同时，我们通过检索，在"首都之窗"网站的北京市政府信息公开专栏中搜索到北京市永定镇召开"预留产业用地风险评估座谈会"的相关信息。为了安全、合法、合规地推进预留产业用地工作，有效防范风险，确保地区相对稳定，永定镇经济办召集24个村股民代表召开了预留产业用地风险评估座谈会。

（十二）信访网络综合服务平台建设情况

本项指标得分为100分。

1. 通过检索，在"首都之窗"网站的北京市政府信息公开专栏中搜索到"北京市已初步建成具有首都特色的 4321 信访信息化系统工作体系"的相关信息。北京市信访办进行了"智慧信访"大数据平台的信访信息化建设。

一是搭建"信访诉求工作平台"、"信访智库研究平台"和"非紧急救助咨询服务平台"。这三个平台是整个信息化系统的核心支柱，其中信访诉求工作平台涵盖了国家信访局对网上信访工作的全部要求。

二是建立"信访大数据综合分析研究系统"和"信访数据库支撑服务系统"。其中大数据综合分析研究系统已经走在全国前列。

三是设立信访数据实验室。这个实验室是全国信访领域第一个，也是唯一一个大型综合实验室，这一实验室的建设已投入资金近 500 万元，已发展成为我国相关领域具有一定规模的正规实验室。

四是设立"信访指数"、"法治信访评价指数"、"社会矛盾指数"和"社会健康指数"。这四个指数对于科学评估信访矛盾和社会矛盾的发展态势具有重要意义。

2. 通过检索，在"首都之窗"网站的北京市政府信息公开专栏中搜索到《让数据多跑路、群众少跑腿——房山区开通网上信访受理平台》一文。房山区为深入推进信访工作制度改革，推行阳光信访、责任信访、法治信访，努力做好新形势下的信访工作，开通网上信访受理平台，24 小时接受群众信访诉求。

信访群众只需登录房山信息网，在首页"政民互动"中找到"网上信访"链接，点击进入，按照引导完成注册或者登录，就能进行信访反映。与传统的信访形式相比，网上信访不受时间、空间、人数的限制，具有快捷、高效、管用等诸多优点，也能够实现信访事项的"可查询、可跟踪、可督办、可评价"。收到信访事项后，信访部门将严格按照《信访条例》和《北京市信访条例》规定的程序和时限处理信访诉求。

（十三）逐级上访制度建设情况

本项指标得分为 100 分。

1. 通过检索，在"首都之窗"网站的北京市政府信息公开专栏中搜索到"依法逐级走访，把矛盾化解在家门口"的相关信息。近年来，北京市各级信访部门紧紧围绕信访工作制度改革总体要求，针对来访接待工作面临的新情况新问题，依法逐级走访，加强制度建设。信访事项受理办理程序更加规范。对来访接待工作的各个环节实现了全覆盖，从登记到办理，步步有规范、样样有标准、件件有要求，务求做到规范化、精准化。信访部门充分发挥"面对面"的优势，在第一地点把工作做到位，在第一时间解决群众反映的合理诉求。信访工作的核心是解决群众反映的合理诉求。五年来，在各级信访部门的共同努力下，形成了"基层属地抓、责任单位办、信访部门督"的工作合力，使得一大批信访问题及时就地得到解决。北京实行"一单式"工作法，最大限度地发挥区、街道、村委会三级的作用，推动大量信访问题在基层得到及时解决。

2. 通过检索，在"首都之窗"网站的政策服务中政策文件栏目搜索到《北京市民政局进一步规范信访事项受理办理程序引导来访人依法逐级走访办法（试行）》（简称《办法》）。北京市民政局、各区县民政局、局机关各处室、各二级及直属单位要按照《北京市信访条例》"属地管理、分级负责，谁主管、谁负责，依法、及时、就地解决问题与疏导教育相结合"的原则和有关规定，分级受理职责范围内的信访事项，并按规定的程序和期限办理。《办法》规定了市民政局、区县民政局、市民政局二级直属单位信访受理范围。同时规定，各单位对来访人提出的信访请求均应详细了解、逐一登记，并根据本单位的职责范围，在规定期限内决定是否受理，并告知来访人。属于本级职责范围的，应按有关规定办理，出具办理意见书；属于下级单位职责范围的，应逐级转送有权处理的单位，并向来访人出具程序性告知单。有权处理的单位要在规定期限内办理信访事项，向来访人出具办理意见书，并告知申请复查（复核）的期限和单位。如需延期办理，应当出具延期告知单。来访人提出复查（复核）的，复查（复核）单位应当书面告知是否受理，并在规定期限内出具复查（复核）意见书。办理意见书、延期告知单、复查（复核）意

见书应当以挂号信件（或当面递交）的形式送达来访人。对群众信访事项不按规定程序办理、不按要求答复，或对群众信访反映的问题敷衍塞责、推诿扯皮，造成群众越级上访的，按照有关规定，追究相关责任单位和责任人的责任。

3. 通过检索，在"首都之窗"网站的北京市政府信息公开专栏中搜索到"东小口镇依法落实逐级走访工作"的相关信息。近年来，东小口镇因为征地拆迁、社情复杂，矛盾纠纷较多，各种新矛盾、新问题层出不穷，群众上访意识逐步增强，信访途径和上访事件内容呈多样化趋势，信访工作压力巨大。为加大依法逐级走访宣传力度，2016年5月5日，东小口镇信访接待中心在门前开展了以"信访法治在路上，网上信访更阳光"为主题的信访宣传日活动。通过信访宣传日活动，引导群众逐级走访，切实抓好信访工作，加大了信访宣传力度，规范信访程序，使群众合理合法的诉求在基层得到及时解决，切实维护群众合法权益，并对全镇的逐级走访工作进行了专题调研。

从以上检索信息可以看出，北京市已经在顶层设计上构建了区、街道（镇）、村（居）委会三级逐级上访及逐级走访制度，同时在政府机关等领域均已建立了逐级上访制度，并且提出了具体要求。因此，本指标得满分。

（十四）信访地方性立法情况

本项指标得分为0分。

通过检索，用平安北京、矛盾纠纷、矛盾化解、矛盾排查、信访、地方性立法关键性词语以及"北京市""平安建设"进行搜索，了解北京市是否落实信访地方性立法。在众多的网络平台上搜查，并没有找到信访的立法信息，只存在信访的实施细则、实施办法、实施规定和信访责任落实等信息。北京市信访的地方立法工作还应根据新时代社会经济发展的要求以及人民群众的需求进一步推进信访的地方性立法。

根据以上检索信息，本指标得0分。

四 评估结论

（一）存在的主要问题

通过信息检索以及调查问卷反映，目前，北京市在开展矛盾纠纷化解工作中还存在以下主要问题。

1. 社会矛盾源头预防和排查化解

（1）矛盾纠纷排查化解分级负责制度责任有待进一步落实。当前，北京市在顶层设计上构建了按照季度、月进行定期矛盾纠纷排查化解的制度，同时在重要节点和特殊时期进行不定期矛盾纠纷排查化解。但是具体到矛盾纠纷源头防控的工作实践中，矛盾纠纷需要落实好分级负责制度，责任到位、责任到岗、责任到人。在现代基层社会中，矛盾纠纷的复杂性决定了分级负责制度并非条块分割明显的源头预防和排查化解，尤其是在社区和村级层面，社会矛盾纠纷牵涉部门往往较多，需要整合多种力量加以解决。同时，我们通过信息检索发现，行业性、专业性的领域还缺乏矛盾纠纷排查化解的分级负责制度。此外，分级负责制度在实践中并非以事后追责为主，而是需要乡镇（街道）、村委会（居委会）乃至村民小组积极主动作为，排查调处矛盾纠纷。

（2）矛盾纠纷信息收集机制有待完善。矛盾纠纷重在源头防控、前端预防和化解，在开展定期与不定期的矛盾纠纷排查化解工作中，日常矛盾纠纷、新老问题以及易激化个体极端行为产生的矛盾纠纷是需要关注的重点，通过诸多案例，矛盾纠纷的产生与激化并非在特定时间突然迸发出来的，而是诸多细小矛盾纠纷的积累，这就需要在分级负责的基础上做好日常矛盾纠纷的信息收集机制，同时信息收集机制中还需要强化矛盾纠纷信息的研判。我们通过网络检索，发现日常性的矛盾纠纷信息收集并未建立完善的机制。在访谈中，被访谈者也表示日常性的矛盾纠纷信息收集非常有必要，但在自己所在的社区并未了解到有这样的信息收集机制。

（3）矛盾纠纷群众利益表达渠道有待进一步畅通。不可否认，在新时代面对涉及群众利益的重大事项中，北京市主动采取了多种方式听取人民群众的意见和建议，保障群众的知情权、话语权和监督权。但在面对矛盾纠纷时，群众希望能够有畅通的表达渠道，正如被访谈者讲到的，"我们居民的意识都在提高，也希望能够有畅通的渠道来反映我们的一些事情，但很多时候我们不了解有哪些渠道"。这实际上反映出两方面的问题：一方面是便于居民反映自身问题乃至意见建议的渠道在基层相对较窄，甚至渠道不够畅通；另一方面政府部门在矛盾纠纷反映渠道上宣传的主动性不够或者宣传工作不到位，居民在遇到问题时可选择的渠道较少。此外，在网络购物发达的时代，网上纠纷如何在线下解决也是需要思考的问题，这同时反映了我们的矛盾纠纷排查化解工作在一定程度上落后于社会生活的发展，在制度顶层设计上还应进一步完善。

2. 矛盾纠纷多元调解

（1）矛盾纠纷多元调解组织联调联动机制衔接还有待健全完善。当前北京市矛盾纠纷多元调解组织构建了"纵向联动、横向配合、属地负责、专群结合"的网络，同时区县创新形式构建了多元调解组织中心，但是在人民调解、行政调解、司法调解、仲裁、公证、信访、诉讼等纠纷多元化解资源之间，信息上的沟通、矛盾纠纷中的联合排查以及矛盾纠纷的联合调解等方面还亟待加强建设。同时，通过问卷可以了解到在基层社区居委会和社区民警对于矛盾纠纷解决起重要作用，社区业委会、物业公司、治安志愿者及相关社区居民在矛盾纠纷中所起的作用相对较低，正如被访者所言，"有矛盾纠纷第一个我想到的就是社区民警，居委会不知道在哪里，物业也解决不了，都没有社区民警来得快"。可见在日常生活中，民众矛盾纠纷更期待权威组织来解决，多元调解组织在宣传、功能建设以及联调联动衔接等体制机制上还需加强。

（2）矛盾纠纷调解队伍建设不均衡。现在北京在矛盾纠纷调解队伍上存在软硬件设施不均衡、人员不固定、年龄层次不合理、缺乏专业知识等问题。虽然在基层社区部门有专门的调解员，但是仍存在两方面的问题：一是工作积极主动性不够，没有专业调解知识和法律知识，引导矛盾化解的途径相对欠缺；二是在调解工作方式方法上，部分调解员在矛盾纠纷调解过程中重视调解，但是缺少后续跟踪以及对矛盾纠纷的预防化解，同时在方式手段上重视传统的情理观，对于相关的法律条款和政策条文熟悉度不够，造成矛盾纠纷调解居民的被动，正如被访者所言，"有的社区有专门的调解员，有的没有，但是都应该对调解员加强系统的专门知识的培训和考核，提高他们的业务素质"。除此之外，在矛盾纠纷调解队伍的建立上在社会发展与改革的背景下，针对企事业单位、行业性及专业性的矛盾纠纷调解队伍建设还有待加强。

（3）基层矛盾纠纷多元调解缺乏激励机制。前文提及，在矛盾纠纷调解中既缺乏宣传又缺乏培训，在一定程度上受到经费的制约，也从另一个侧面反映出，当前北京市针对矛盾纠纷调解工作缺乏社区调解激励机制，矛盾纠纷化解重点在于源头预防与前端防控，而执行这一政策、落实政策的恰恰是处于一线的矛盾纠纷调解员，除了通过培训、考核增强其业务能力与业务素质外，还应通过多元激励机制调动矛盾纠纷调解员的积极性与主动性，同时为基层矛盾纠纷多元调解组织增加经费提高调解员的待遇，强化其调处力度。

3. 重大决策社会稳定风险评估

（1）重大决策社会稳定风险评估顶层设计有待完善。顶层设计现在主要问题有两个方面。第一，重大事项社会稳定风险评估立法进程相对滞后，法律法规还不健全。针对当前北京市风险评估内容进行的检索，并无立法细则，更无进程推进，仅有相关的实施细则、方案等内容，法律法规的不明确容易造成责任的不明确，更无法在执行中有依法的强制执行力，会导致风险评估的盲区和误区，极易造成风险评估漏洞形成矛盾纠纷的隐患。第二，权责模糊。这一方面是因为顶层设计上法律法规的不完善，没有明确的权责划分；另一方面重大决策社会事项内容相对繁杂，缺少在重大决策中明确的权责归属和决策实施的主体责任方。

（2）重大决策社会稳定风险评估社会参与需要加强。在重大决策社会稳定风险评估中，不可否认，利益相关方、专家学者等都是重要的参与主体，但是通过问卷调查，我们发现参加过社会稳定风险评估听证会（如涉及居民的环境安全、集体财产安全等）的被调查者仅占 8.35%，更有被访者表示，不了解重大决策社会稳定风险评估，在自己所在的社区并没有听过有重大事项的听证会或座谈会。这样的结果直接说明，当前北京市重大决策社会稳定风险评估在基层落实中社会参与非常薄弱，亟待加强参与主体的建设。同时，也应积极做好基层在重大决策社会稳定风险评估中的宣传工作。

（3）重大决策社会稳定风险评估标准体系有待完善。重大决策牵涉面广、受众广泛，部分重大决策社会稳定风险评估行业性与专业性较强，但是对北京市重大决策社会稳定风险评估检索后并未发现针对某类重大决策、某行业的重大决策有基本的评估标准体系，而且也并没有明确的规定在评估内容上、评估程序上进行相应的细化。这实际上说明北京市当前重大决策社会稳定风险评估在一定程度上还存在漏洞，甚至说评估范围覆盖不够全面，与应评尽评的目标达成还存在一定距离，评估标准体系的不完善也对矛盾纠纷的产生埋下了隐患。

（4）应建立重大决策社会稳定风险评估社会监督机制。目前，北京市在市、区、街乡建立了三级风险评估机制，在组织建设和机制建设上取得了一定成效。但是，通过参加听证会的调查问卷结果的反馈以及北京市重大决策社会稳定风险评估的网络信息检索，我们发现风险评估除了社会参与性较弱以外，社会监督机制还存在缺失，民众对重大决策社会稳定风险评估涉及的领域、事项和内容不了解，开展风险评估的相关单位也未积极主动地披露评估的结果，因而评估的内容如何、评估的程序如何、评估的质量如何、评估结论是否正确运用实施等一系列问题在一定程度上缺乏公开性，缺乏社会层面对于重大决策社会稳定风险评估详细的知情权和监督权。

4. 信访法治化建设

（1）网络信访缺乏公开制度。当前北京市信访工作制度逐渐完善，构建起网络信访工作平台，同时在大数据时代的背景下创新网络信访信息化建设。但是通过网络检索首都网络信访工作发现，在网络信访工作制度及机制中缺乏一定程度上的公开制度，使得民众对于网络信访工作的流程、效率与效果缺乏了解，也缺乏一定的信任度，公开透明的信访工作体制机制还应该进行加强，以便通过诸如信访听证会等形式，在公开透明的同时促进民众参与解决疑难信访难题，也进一步推进信访工作的规范化。

（2）信访地方性立法进程缓慢。信访地方性立法是信访法治化建设的重要基石，但是对于首都信访地方性立法的进程来看，目前只有相关的实施细则、实施办法、实施规定等，并未构建起科学完备的信访法律体系，这就会使信访工作在机构职能定位、工作程序、问题责任追究制度等方面缺乏一定的法律依据，也令信访制度的合法性与正当性在实践中会受到部分民众的质疑，还会使得部分访民以此为借口越级上访或非访。因此，在加强信访基础规范建设的同时，还要进一步推动首都信访地方性立法的工作。

（3）信访法治化的宣传工作不到位。目前，信访工作在基层落实推行的时候，社会民众对于网络信访平台、阳光信访、信访程序、哪一级信访部门会解决何种信访问题等事项并不清楚，正如被访者所言："听说过，但并不了解。"这就形成一种尴尬局面。尽管呼吁引导社会成员依法上访、依法维权、理性信访，但大部分民众对于信访工作并不了解，在遇到矛盾纠纷问题想法、找法、依法的行为也不会成为其自觉行动。因而，在基层实践中，信访法治化的意义不仅在于信访工作人员能够运用法治思维妥善解决问题，更重要的是能够通过宣传工作将信访法治化的理念扎根于广大基层社会民众的思维和行动中。

（二）完善建议

1. 社会矛盾源头预防和排查化解

（1）强化矛盾纠纷排查化解责任落实考核，构建行业性、专业性矛盾纠纷排查化解分级制度。矛盾纠纷排查化解是从基层实践、民众生活的基本面出发进行矛盾纠纷的源头化解与前端防控，在矛盾纠纷排查化解这一过程中重要的是将排查化解落实到位，强化基层领导和工作人员的责任，而非仅限于书面的汇报和报表，排查化解工作责任的落实需要一定的

考核抓手，考核不一定需要硬性指标，亦可增加软性评价。同时，在行业分工日渐精细的现代社会，矛盾纠纷排查化解也需要加强行业性及专业性的分级负责制，尤其是针对矛盾纠纷高发的行业和领域更要逐步搭建分级排查化解制度。

（2）强化基层矛盾纠纷信息收集机制，加强矛盾纠纷信息研判。在现代社会矛盾纠纷中应当加强对基层社会矛盾纠纷的前端感知，这一点对于矛盾纠纷预警与提前介入纠纷并及时解决纠纷更为重要，同时前端信息的收集也可以预防其他影响社会稳定的事件发生。矛盾纠纷信息收集是预防的前提，信息研判是矛盾纠纷预防的关键步骤，既需要根据矛盾纠纷性质、内容、双方当事人以及所处环境进行综合考量，也需要基于已有矛盾纠纷的案例与规律做出进一步的预判，及时发现苗头，及时进行纠纷处置化解。

（3）加强基层群众利益表达渠道的畅通与宣传。随着社会的发展，群众的利益诉求日益增多，伴之而来的矛盾纠纷也不断增长，居民参与社区自治、参与社区公共事务的意识也越来越强，这就需要基层政府部门和社区（村委会）尽可能地拓宽群众反映问题及意见和建议的渠道，同时以更多样的形式鼓励群众参与到社区自治活动与事务中，适时地根据居民需求和新的问题创新利益表达诉求渠道，更加主动地开展多样性的宣传工作，使居民对于矛盾纠纷解决和利益表达渠道的途径和方式有更深入的了解。

2.矛盾纠纷多元调解

（1）加强矛盾纠纷多元调解联调联动机制的完善，对接人民调解、行政调解、司法调解、仲裁、公证、信访、诉讼等多种调解资源。当民众面对日常生活纠纷，更多的是选择具有公信力且具有权威的政府部门或相关人员，正如选择社区民警和基层居委会。但是我们也应该注意到，基层多元调解资源还需加强建设和挖掘，具有权威和阅历的社区老年人、治安志愿者也是不容忽视的联调联动资源，同时对业委会、物业公司以及驻区单位也应对接、培育相应的调解人员。当基层社会面对纠纷无法调解时，应及时选择合适的途径对接相关调解资源，进行矛盾纠纷化解工作，并适时开展宣传工作。

（2）加强矛盾纠纷调解员的培训与激励。目前矛盾纠纷调解队伍存在诸多现实问题，尤其是部分矛盾纠纷调解员对于相关政策、法律法规、专业调解方式方法不了解、不熟悉，亟待加强培训工作。此外，在矛盾纠纷调解创新中，出现了诸如诉前纠纷调解员等新的专业性、行业性调解员，这就更需加强此类人员的培训工作。同时，对于基层矛盾纠纷调解员应重新考量其考核与激励机制，真正调动基层调解员工作的积极性和主动性，真正做到有为有位，将基层矛盾纠纷更好地化解在基层，更好地处理矛盾纠纷双方的关系修复，维护基层社会的稳定。

3. 重大决策社会稳定风险评估

（1）完善重大决策社会稳定风险评估法律法规顶层设计。风险评估法律法规的建设一方面可以促进重大决策社会稳定风险评估有法可依、依法执行、依法追责，另一方面也是进一步推进重大决策社会稳定风险评估工作的细化，在权责归属与实施主体确定的情况下直接推进涉及群众利益重大事项在实施过程中做到全面化、精细化评估，在风险评估的广度和深度上更符合实际，扫除风险评估程序和内容上的盲区。当然，在法律法规顶层设计上也需要做到一定程度的前瞻性、可操作性。

（2）推进重大决策社会稳定风险评估主体的社会参与。目前风险评估主体相对单一，社会参与较为薄弱，强调推进风险评估主体的社会参与，并非盲目扩大社会参与，而是需要在对重大决策社会稳定风险评估进行精准定位的情况下，鼓励、吸纳社会力量与社会主体参与，以听证会、座谈会、网络意见建议等更加多样性的形式对涉及面广、影响程度深的重大决策事项进行更深层次的评估，特定行业性、专业性的社会稳定风险评估也需要第三方的参与，以便更加透明和公开。此外，在基层也需要针对重大决策社会稳定风险评估进行宣传，以此提高民众的认知度、知情权、参与意识。

（3）完善重大决策社会稳定风险评估的评估标准体系、社会监督体系建设。在法律法规明确权责归属之后，合理分类对重大决策社会稳定风险评估进行评估标准体系的建立有助于明确评估主体、评估范围、评估内容、评估程序，执行风险评估工作，进而推动评估质量的提升。但是评估标准体系的建立除了普适性的、强制性的标准外，还应考虑某些特殊行业、特殊事项的特殊标准，鼓励行业类、事项类重大决策社会稳定风险评估体系标准的建立。与此同时，依法依规的评估标准体系的执行，尤其是评估结果还需进行一定程度的公开，鼓励第三方评估的介入，以便接受社会监督。由此，拓展重大决策社会稳定风险评估的社会知情权和监督权，这实际上也是对重大决策社会稳定风险评估的宣传，某种程度上也是对重大决策社会稳定风险评估的保障。

4. 信访法治化建设

（1）推动首都信访地方性立法进程。信访法治化建设是我国法治建设的必然要求，也是保障民众合理诉求，解决信访突出问题的根本途径，从根本上讲法治化建设是信访工作的重要保障。北京市在信访法治化建设中还需进一步推进立法进程，解决立法滞后、程序不规范、信访不信法等一系列问题，以科学合理的法律体系为支撑，在地方性立法中完善信访的法制程序，规定相关单位、工作人员与信访群众的权利与义务，通过信访法治化促使信访工作人员和信访群众法治思维、法治意识的建立，进而运用法治方式解决信访问题，在依法及时解决群众合理诉求的同时，维护群众合理合法权益、接受群众监督、引导群众理性依法信访。

（2）加强网络信访工作的公开透明。与传统逐级信访不同，在网络信访信息化建设中，信访工作更加透明，但是阳光信访对于部分信访人来讲在一定程度上还是缺乏理解，这就需要在事项受理、办理流程、办理进度、受理告知书、意见书及复查（复核）等工作上进一步加强对信访人的公开化与透明化。对于部分流转到信访工作中的矛盾纠纷也需要在各环节上予以公开，对于基层信访难题可以采取一定范围内、双方可接受的形式（诸如听证会、座谈会等）在一定程度上公开透明地解决处理。同时，我们也应该意识到，信访工作的公开透明并非仅针对信访人，对于与信访工作、单位有关联的信访事项也应当在数据完整的情况下增强信息共享的程度，这也是信访工作公开透明的一点。除此之外，在现代网络社会，信访工作的公开透明也是信访宣传工作的重要推手，需要通过针对信访工作多方面的公开化加深广大群众对信访工作的理解，使依法维护自身的权益、理性信访成为广大民众的思维方式和行为习惯。

B.6

北京市人口服务管理调查报告

邹湘江　苏咸瑞*

摘　要： 人口服务管理是北京市平安建设的重要内容。2017年，北京市在常住人口调控、居住证制度实施情况等人口服务管理工作中取得较好的成效，同时也存在流动人口信息登记共享不足，特殊人群管理未形成合力等问题，特别是流动人口出租房屋管理问题较为突出。未来北京市平安建设中的人口服务管理工作需要整合政府各部门的流动人口信息资源，实现数据共享；针对群租房、日租房、违法出租等制定操作性强的规章制度整治出租房屋；优化政府与社会相结合的特殊人群管理架构，创新重点人口管理方法。

关键词： 人口调控　流动人口　出租房屋　服务管理

一　指标设置及评估标准

（一）指标设置

人口服务管理是深化平安北京建设六大工程亮点，[1] 加强流动人口及特殊人群服务管理是北京社会治安防控体系建设中"阵地防控网"的重要内容之

---

* 邹湘江，博士，中国人民公安大学治安学院副教授，硕士研究生导师；苏咸瑞，中国人民公安大学治安学专业硕士研究生。

[1] 汤一原：《研究全面深化平安北京建设等工作》，《北京日报》2014年7月8日，第1版。

一；建设流动人口服务管理体系也是北京市平安建设需重点加强的六大工作体系之一。^① 本次平安北京建设评估"人口服务管理"一级指标之下设置五项二级指标，分别为"常住人口调控"、"流动人口登记与管理"、"居住证制度实施情况"、"出租房屋治理"和"特殊人群服务管理"（见表1）。5 项指标分别从常住人口、流动人口（登记、服务和出租房管理）和特殊人群三类服务管理对象出发，通过 12 项三级指标来分析平安北京建设中人口服务管理的状况。

表1　人口服务管理指标体系、权重及数据来源

一级指标（权重）	二级指标（权重）	三级指标（权重）
人口服务管理（15%）	常住人口调控（20%）	常住人口数量变化(50%)
		常住人口增速变化(50%)
	流动人口登记与管理(30%)	流动人口基础信息采集登记(40%)
		流动人口动态监测制度(30%)
		流动人口数量变化(30%)
	居住证制度实施情况(10%)	居住证办理是否便民(50%)
		居住证持有者享受公共服务情况(50%)
	出租房屋治理（10%）	出租房屋管理制度建设(50%)
		违法出租治理效果(50%)
	特殊人群服务管理(30%)	重点人员管控(40%)
		重点青少年服务(30%)
		服刑人员帮扶(30%)

二级指标"常住人口调控"下设置"常住人口数量变化""常住人口增速变化"两项三级指标。此两项指标从北京市常住人口的数量变化和增速变化两方面反映北京市常住人口的宏观变化情况。

流动人口是北京市常住人口的重要组成部分，北京市对于流动人口实行"以证管人、以房管人、以业控人"的管理体制，^② 流动人口登记与管理是

① 王安顺：《大力推动"平安北京"建设　积极服务首都科学发展》，《前线》2009 年第 6 期，第 4~5 页。
② 汤一原：《以总书记讲话精神武装头脑　奋力开创首都工作新局面》，《北京日报》2014 年 3 月 3 日，第 1 版。

其中重要的一环。二级指标"流动人口登记与管理"下设置了"流动人口基础信息采集登记"、"流动人口动态监测制度""流动人口数量变化"3 项三级指标。3 项指标分别从流动人口的信息采集、动态掌控、数量变化的角度反映平安北京建设中流动人口管理与服务情况。"流动人口基础信息采集登记"三级指标可有效反映流动人口基层信息采集的具体成果,"流动人口动态监测制度"反映流动人口信息采集和登记的制度化建设,以及政府人口调控预警能力。"流动人口数量变化"这一指标则反映出流动人口信息采集、管理的效能,特别是反映北京市出台的人口调控以及疏解中低端产能政策(京津冀一体化政策)的执行效果。

人口管理是城市管理的重要方面,居住证制度在全国范围内实施,北京市也出台了相应的政策文件,① 对于服务和管理流动人口具有非常积极的意义。二级指标"居住证制度实施情况"下,"居住证办理是否便民""居住证持有者享受公共服务情况"两项三级指标从居住证办理情况与居住证所享受的权益和服务两方面检视平安北京建设中居住证制度的实施情况。"居住证办理便民情况"体现出公安机关在居住证管理过程中人性化、便利化服务的情况。持有居住证便可部分享受以前户籍人口才能享有的基本公共服务。因此"居住证持有者享受公共服务情况"体现出北京市对流动人口由"管理"向"服务"转变的效果,以及国家规定的居住证各项权利、服务和便利规定的落实情况。

住房租赁是城市解决居住问题的重要方式,也是人口服务管理,特别是流动人口服务管理的重要抓手。"出租房屋管理制度建设""违法出租治理效果"两项三级指标从出租房屋的制度建设与治理监督两方面,体现出"出租房屋治理"的水平。合理完善的出租房屋管理制度是解决流动人口住房问题、加快推进新型城镇化的重要方式,是实现全面建成小康社会住有所居目标的重大民生工程。违法出租现象是整个城市管理以及流动人口服务管

---

① 2016 年 5 月,北京市政府发布了《北京市实施〈居住证暂行条例〉办法》,并在当年 10 月 1 日开始实施。

理面临的难点问题，^① 给平安北京带来巨大隐患。"违法出租治理效果"是检验北京市房屋租赁市场规范程度、出租房屋治理效果、流动人口服务管理的重要标尺。

特殊人群的管理与服务既是人口管理的一个重要环节，也是人口管理的一大难题。"特殊人群服务管理"二级指标选择了具有代表性的重点人员、重点青少年、服刑人员三类人员作为切入点，衡量平安北京建设中特殊人员服务管理的效果。"重点人员管控"既是社会治安的有效控制手段，又是预防违法犯罪的必要措施，还是公共安全的重要信息来源，因而对维持秩序、维护稳定、遏制犯罪等都具有重要的意义。^② 孩子是祖国的未来，重点青少年社会工作服务牵动着国家与社会的神经。重点青少年群体的服务、管理与帮教工作，以及重点青少年群体服务、管理、预防和控制工作是公安机关人口服务管理的"基本功"，也是建设"平安北京"的一项基础性工作。因为北京市人口流动、人户分离的特点十分突出，相应的在居住地接受社区矫正的流动人口社区服刑人员也随之日益增多且有继续上升的趋势。^③ 流动人口社区服刑人员的帮扶管理可以检验人口管理与服务中平安社区的管控情况。

（二）设置依据及评估标准

1. 二级指标设置依据

（1）常住人口调控

2017 年，北京市委市政府下发的《北京城市总体规划（2016～2035年）》（以下简称《北京总体规划》）提出"严格控制人口规模，优化人口分布"。2014 年，北京市委市政府下发的《关于全面深化平安北京建设的意见》（以下简称《平安北京建设意见》）中提到人口规模调控是当前和今后

---

① 王淑荣：《出租房屋"群租"现象治理的思考》，《中国人民公安大学学报》（社会科学版）2013 年第 6 期，第 146～150 页。

② 沈洁：《大数据背景下加强重点人员管控工作的思考》，《甘肃警察职业学院学报》2017 年1 月，第 19～23 页。

③ 康德桂、母杰华、马翠利：《关于流动人口社区服刑人员社区矫正的实践与思考——以北京市昌平区为例》，《中国司法》2017 年第 01 期，第 79～84 页。

一个时期市委、市政府的重要工作，也是治理"城市病"的关键环节。① 显然，常住人口规模调控已经成为平安北京建设的重要内容和指标。

（2）流动人口登记与管理

《北京总体规划》提出："优化人口结构，形成与首都城市战略定位、功能疏解提升相适应的人口结构。采取综合措施，保持人口合理有序流动，提高城市发展活力。"

2016年，公安部会同国家发改委、财政部、民政部和国家安监总局共同起草的《"十三五"平安中国建设规划》中提出："健全完善各项安全管理制度。加强人口服务管理质量建设。加强和改进流动人口服务管理、特殊人群关爱帮扶。"

《平安北京建设意见》中，关于人口服务管理部分提到："北京市将综合运用经济、法律、行政等多种手段加强调控，加强流动人口基础信息采集登记，维护流动人口合法权益。"

（3）居住证制度实施情况

《北京总体规划》提出："改善人口服务管理，构建面向城市实际服务人口的服务管理全覆盖体系，建立以居住证为载体的公共服务提供机制，扩大基本公共服务覆盖面，提高公共服务均等化水平。"《平安北京建设意见》提到："北京市将综合运用经济、法律、行政等多种手段加强调控，积极稳妥推进实施居住证制度。"《北京市实施〈居住证暂行条例〉办法》第一条政策制定的目的也明确指出："为了推进城镇基本公共服务和便利常住人口全覆盖，……制定本办法。"

（4）出租房屋治理

2017年，北京市委市政府下发的《关于加快发展和规范管理本市住房租赁市场的通知》目的在于完善购租并举的住房体系，建立健全出租住房合法、主体权责明晰、市场行为规范、租赁关系稳定、权益得到有效保障的住房租赁管理服务制度，多渠道增加租赁住房供应，培育机构化、规模化住

---

① 闫满成：《在更高起点上全面深化平安北京建设》，《前线》2014年10月，第85~87页。

房租赁企业，引导居民形成先租后买的梯次消费模式，促进房地产市场平稳健康发展。

《平安北京建设意见》中人口服务管理的具体方面包括："依法开展违法出租特别是群租问题的治理工作。"

（5）特殊人群服务管理

特殊人群的服务管理有助于预防、打击违法犯罪活动，对促进社会治安综合治理具有重要意义。《"十三五"平安中国建设规划》中提出："加强人口服务管理质量建设。加强和改进特殊人群关爱帮扶。"《平安北京建设意见》中也要求："加强特殊人群和重点青少年服务管理，健全完善社会化帮扶体系。"

2. 三级指标及评分标准

（1）常住人口数量变化

①设置依据

人口调控包括人口规模、人口增长速度以及人口分布的调控。《北京总体规划》中设定人口调控的具体目标是："根据可供水资源量和人均水资源量，确定北京市常住人口规模到 2020 年控制在 2300 万人以内，2020 年以后长期稳定在这一水平。在常住人口 2300 万人控制规模的基础上，考虑城市实际服务人口的合理需求和安全保障。"因此，选择常住人口数量变化作为三级评价指标。

②评测方法

本指标满分 100 分，指标权重设定为 50%，主要查阅、分析北京市发布的常住人口统计数据。2015 年北京市常住人口为 2170.5 万，到 2020 年控制在 2300 万，年均人口增长率为 1.17%。则据此测算具体每年人口数量的控制目标为：2016 年 2195.9 万；2017 年 2221.6 万；2018 年 2247.6 万；2019 年 2273.9 万。

③评分标准

本指标根据纵向年度统计比较，结果分为三档"好"（85～100 分），"中"（60～85 分），"差"（0～60 分）。若本年度常住人口规模相比上一年出现下降，则测评结果为"好"；若本年度常住人口规模相比上一年持平或

缓慢增长并低于预测值，则测评结果为"中"；若本年度常住人口规模相比上一年大幅增长且高于预测值，则测评结果为"差"。

（2）常住人口增速变化

①设置依据

《关于全面深化平安北京建设的意见》中提到："2020年前，北京市将运用经济、法律、行政等多种手段加强调控，努力实现常住人口增速明显下降。"为此，本报告将北京市常住人口增速作为人口服务和管理的三级指标。

②评测方法

本指标满分100分，指标权重设定为50%，主要查阅、分析北京市发布的常住人口统计数据。

③评分标准

本指标根据纵向年度统计比较，评分结果分为三档"好"（85～100分），"中"（60～85分），"差"（0～60分）。

（3）流动人口基础信息采集登记

①设置依据

人口信息采集和登记是基础性工作，是开展平安建设，提供社会管理和服务的决策依据。《平安北京建设意见》中也明确要求加强流动人口基础信息采集登记。

②评测方法

本指标满分100分，指标权重设定为40%，主要查阅、分析有关北京市发布的流动人口基础信息采集登记的网络文本。

③评分标准

本指标根据网络抓取流动人口基础信息采集登记的文本内容，评分结果分为三档"好"（85～100分），"中"（60～85分），"差"（0～60分）。若北京市建立了多部门共享、多渠道获取的流动人口基础信息采集登记，则评分为"好"；若没有实现多部门共享、多渠道获取，但建立了北京市流动人口基础信息采集登记系统，则为"中"；若没有建立或建立的流动人口基础信息采集系统失效，则为"差"。

（4）流动人口动态监测制度

①设置依据

流动人口动态监测，对于科学把握流动人口整体特征和生存发展状况，完善流动人口服务管理相关政策措施，维护流动人口合法权益具有十分重要的意义，是深化平安北京建设的重要工作之一。《平安北京建设意见》明确要求加强流动人口动态监测。

②评测方法

本指标满分100分，指标权重设定为30%，主要查阅、分析有关北京市发布的流动人口动态监测制度的网络文本。

③评分标准

本指标根据网络抓取文本反映的情况，评分结果分为三档"好"（85～100分），"中"（60～85分），"差"（0～60分）。若北京市建立了流动人口动态、常态、长效的监测制度，则为评分结果为"好"；若建立了动态监测制度，但非动态、非常态、非长效的，则为"中"；若动态监测制度没有建立，或动态监测制度未有效执行，则为"差"。

（5）流动人口数量变化

①设置依据

流动人口在北京市常住人口中占有较高的比重，是北京市常住人口增长的主要因素。2016年，北京市常住人口中，流动人口的比重达到37.2%。流动人口数量的变化直接反映北京市人口规模调控、人口疏解的成效。同时流动人口数量的变化也影响流动人口服务管理的工作体量。

②评测方法

本指标满分100分，指标权重设定为30%，主要查阅、分析北京市发布的流动人口数量变化的统计数据。

③评分标准

本指标根据纵向年度统计比较，结果分为三档"好"（85～100分），"中"（60～85分），"差"（0～60分）。若北京市流动人口规模下降且幅度较大，则评分结果为"好"；若流动人口规模没有变动或变化较小，则评分

为"中"；若流动人口规模增长且幅度较大，则评分结果为"差"。

（6）居住证办理是否便民

①设置依据

居住证制度是服务流动人口，实现基本公共服务均等化的重要制度安排。居住证制度办理的便利性直接影响流动人口申办居住证的积极性，进而影响制度的实施与落实。《平安北京建设意见》也提出积极稳妥推进实施居住证制度。

②评测方法

本指标满分100分，指标权重设定为50%，主要查阅、分析有关北京市发布有关居住证办理便民的网络文本，以及分析平安北京建设发展评估2018调查问卷中"您认为在北京办理居住证是否方便"问题的统计情况。

③评分标准

本指标的评估来源包括网络抓取和调查问卷两项。其中根据网络抓取文本反映的情况，若北京发布了居住证办理相关的便民措施，则得分为100分，反之得0分。调查问卷的分数根据调查问卷中"您认为在北京办理居住证是否方便？"赋值得出。若被调查的流动人口回答"办理过且方便"，则赋值100分，若回答"办理过且不方便"，则赋值0分，最后按比例进行加权计算得分。网络抓取部分得分权重为40%，调查问卷得分权重为60%，两者的得分之和即该三级指标的最终得分。

（7）居住证持有者享受公共服务情况

①设置依据

居住证制度的重要突破在于赋予流动人口以前所不能享受到的本地公共服务和便利，居住证是流动人口享受公共服务的载体。《北京总体规划》在改善人口服务管理的举措中提出："构建面向城市实际服务人口的服务管理全覆盖体系，建立以居住证为载体的公共服务提供机制，扩大基本公共服务覆盖面，提高公共服务均等化水平。在常住人口2300万人控制规模的基础上，考虑城市实际服务人口的合理需求和安全保障。"2016年，北京市政府发布《北京市人民政府关于进一步推进户籍制度改革的实施意见》，制定的工作目标是"进一步完善户籍管理政策，建立城乡统一的户口登记制度，实施居住证制度，加快建设实有人口和常住人口动态监测平台，稳步扩大城镇基本公共服务覆盖面"，并且提出建立健全以居住证为载体的基本公共服务和便利提供机制。

②评测方法

本指标满分100分，指标权重设定为50%，主要查阅、分析有关北京市发布的居住证持有者享受公共服务情况的网络文本。

③评分标准

本指标根据网络抓取文本反映的情况，评分结果分为三档"好"（85～100分），"中"（60～85分），"差"（0～60分）。若北京市持有居住证的流动人口享受的福利待遇多于国务院《居住证暂行条例》中规定的便利和服务，则评分结果为"好"；若享受的福利待遇与国务院《居住证暂行条例》中规定的便利和服务相同，则评分结果为"中"；若享受的福利待遇少于国务院《居住证暂行条例》中规定的便利和服务，则评分结果为"差"。

（8）出租房屋管理制度建设

①设置依据

长期以来，出租房屋管理都是流动人口服务管理的重要抓手，其需要一系列制度基础作为支撑。北京也将出租房屋管理制度作为流动人口服务管理的重要制度安排。2007年，北京市成立流动人口和出租房屋管理委员会办公室，先后出台如《北京市外地来京人员租赁房屋治安管理规定》《北京市房屋租赁管理若干规定》《关于进一步规范出租房屋管理的规定》《关于进一步规范出租房屋管理的通告》等制度。2017年，北京市按照《关于在人口净流入的大中城市加快发展住房租赁市场的通知》（建房〔2017〕153号）的精神，下发了《关于加快发展和规范管理本市住房租赁市场的通知》，以期为加快发展本市住房租赁市场，规范包括流动人口在内的住房租赁管理。2016年，《北京市"十三五"时期社会治理规划》也明确要求："加强流动人口服务管理，完善以房管措施，加强出租房屋规范化管理长效机制建设。"

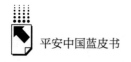
②评测方法

本指标满分 100 分，指标权重设定为 50%，主要查阅、分析有关北京市发布的出租房屋管理制度建设的网络文本，以及分析平安北京建设发展评估 2018 调查问卷中"在您所居住的社区中，居民出租房屋的比例高不高"问题的统计情况。

③评分标准

本指标的评估来源包括网络抓取和调查问卷两项。其中，根据网络抓取文本反映的情况，评分结果分为三档"好"（85～100 分），"中"（60～85 分），"差"（0～60 分）。若网络抓取的文本中既有关于提升住房租赁服务水平的，也有关于出租房屋治理的，则评分结果为"好"；若只有上述两者中的某一类文件，则为"中"；若两类文件都没有，则为"差"。调查问卷的分数由调查问卷中"在您所居住的社区中，居民出租房屋的比例高不高？"的各选项赋值计算得出。若被调查的流动人口回答"比例较高"，则赋值 100 分，若回答"比例不高"，则赋值 0 分，最后按比例进行加权计算得分。网络抓取部分得分权重为 40%，调查问卷得分权重为 60%，两者的得分之和即该三级指标的最终得分。

（9）违法出租治理效果

①设置依据

《平安北京建设意见》中提出依法开展违法出租特别是群租问题的治理工作。2018 年，北京市下发了《关于公布本市出租房屋人均居住面积标准等有关问题的通知》《关于在全市开展房屋违法出租问题治理工作的实施方案》，加强对违法出租和群租房的治理。

②评测方法

本指标满分 100 分，指标权重设定为 50%，主要查阅、分析有关北京市发布的违法出租治理效果的网络文本，同时结合关于出租房屋治理的访谈。

③评分标准

本指标根据网络抓取出租房屋治理的相关文本和访谈反映的情况，评分结果分为三档"好"（85～100 分），"中"（60～85 分），"差"（0～60 分）。若未发生因违法出租的重大安全事故，且访谈表明违法出租治理效果良好，则评分结果为"好"；若未发生因违法出租导致的重大安全事故，但访谈表明出租房屋治理困难，效果不佳，则评分结果为"中"；若未发生因违法出租导致的重大安全事故，则评分结果为"差"。

（10）重点人员管理

①设置依据

《公安部重点人口管理规定》中定义的重点人员是由公安机关重点管理的具有危害国家安全或社会治安嫌疑的五类二十种人员。[①] 重点人员管控构成人员管理服务的组成部分，也是公安机关的基础工作之一。《"十三五"平安中国建设规划》《平安北京建设意见》都要求加强和改进特殊人群服务管理《北京市"十三五"时期社会治理规划》对包括重点人口在内的特殊人群管理更加细化，要求加强特殊人群服务管理，着力解决其就业、就学、就医、救助、社保等问题，开展特殊群体心理干预工作，疏导调适不健康社会心态。

②评测方法

本指标满分 100 分，指标权重设定为 40%，主要查阅、分析有关北京市发布的重点人员管控的网络文本。

③评分标准

本指标根据网络抓取文本反映的情况，评分结果分为三档"好"（85～100 分），"中"（60～85 分），"差"（0～60 分）。若北京市建立了重点人员管理的长效机制，且实际管控中未遇见困难，则评分结果为好；若北京市建立了重点人员管理的长效机制，但实际管控中有诸多困难，则评分结果为"中"；若北京市未建立重点人口管理的长效机制，则评分结果为"差"。

（11）重点青少年服务

①设置依据

重点青少年是指 6 周岁以上（含）25 周岁以下（含）不在学、无职业

---

① 王明媚：《论重点人口管理的现状与突破》，《治安学论丛》2015 年第 00 期。

的闲散青少年、有不良行为或严重不良行为的青少年、受救助的流浪乞讨青少年、服刑在教人员未成年子女、农村留守儿童等。全面掌握重点青少年基本情况，及时了解青少年思想动态，有利于加强预防青少年违法犯罪工作。抓好重点青少年群体的教育管理是维稳的基础性工作，也是平安建设的一项源头性工作。[1] 2001 年中央综治委成立预防青少年违法犯罪工作领导小组，2011 年调整为预防青少年违法犯罪专项组。2016 年 5 月，根据新的形势要求，中办、国办联合出台《关于进一步深化预防青少年违法犯罪工作的意见》，再次就新形势下的预防青少年违法犯罪工作做出安排。[2] 2013 年，中央综治委预防青少年违法犯罪专项组、中央综治办联合下发《重点青少年群体服务管理和预防犯罪工作实施方案》，计划用两年半的时间，将试点探索形成的具有普遍性的工作方法和工作机制分三步在全国范围内推广实行，在全国县级以上地区建立比较完善的工作格局和工作体系。[3]《平安北京建设意见》要求加强重点青少年服务管理，健全完善社会化帮扶体系。

②评测方法

本指标满分 100 分，指标权重设定为 30%，主要查阅、分析有关北京市发布的重点青少年服务的网络文本。

③评分标准

本指标根据网络抓取文本反映的情况，评分结果分为三档"好"（85～100 分），"中"（60～85 分），"差"（0～60 分）。按照中央的要求，重点青少年服务管理由中央综治办、中央团、最高人民法院、最高人民检察院、教育部、公安部、司法部、民政部等 8 家单位共同开展了重点青少年群体的服务管理和预防犯罪试点工作。若北京市建立了重点青少年服务管理的部门协

---

[1] 秦宜智：《在全国重点青少年群体服务管理和预防犯罪工作推进会上的讲话》，《预防青少年犯罪研究》2013 年第 6 期，第 4～8 页。

[2] 《2018 年中央综治委预防青少年违法犯罪专项组全体会议发言摘编》，《中国青年报》2018 年 2 月 13 日，第 6 版。

[3] 张景义：《综合施策关爱帮扶重点青少年群体》，《人民法院报》2013 年 8 月 29 日，第 1 版。

作机制，且实际执行较好，则评分结果为"好"；若北京市建立了重点青少年服务管理的部门协作机制，但实际执行较差，则评分结果为"中"；若北京市未建立重点青少年服务管理的部门协作机制，则评分结果为"差"。

（12）服刑人员帮扶

①设置依据

加强社区矫正工作，做好社区服刑人员的社会适应性帮扶工作，对减少社区服刑人员重新违法犯罪、消除社会不安定因素，维护社会和谐稳定，具有十分重要的意义。党的十八届三中全会提出"健全社区矫正制度"的要求。司法行政机关积极推动把社区矫正工作纳入社会管理服务工作体系，协调解决社区服刑人员的就业、就学、最低生活保障、临时救助、社会保险等问题，做好社会适应性帮扶。① 2016 年，公安部会同国家发改委、财政部、民政部和国家安监总局共同起草的《"十三五"平安中国建设规划》中提出："健全完善各项安全管理制度。加强人口服务管理质量建设。加强和改进流动人口服务管理、特殊人群关爱帮扶。"

2014 年，北京市印发了《关于进一步加强社区矫正工作的意见》，要求针对社区服刑人员监督管理、教育矫正、适应性帮扶工作中存在的重点难点问题，研究采取有针对性的改革措施，加强和改进工作，推动社区矫正和安置帮教工作持续健康发展，健全完善政府、社会、家庭三位一体特殊人群关怀帮扶体系。

②评测方法

本指标满分 100 分，指标权重设定为 30%，主要查阅、分析有关北京市发布的服刑人员帮扶的网络文本。

③评分标准

本指标根据网络抓取文本反映的情况，评分结果分为三档"好"（85 ~ 100 分），"中"（60 ~ 85 分），"差"（0 ~ 60 分）。若北京市建立了社区服刑

---

① 《我国保障社区服刑人员合法权益做好社会适应性帮扶》，http：//www. xinhuanet. com/politics/2017 - 12/18/c_ 1122130906. htm，2018 年 9 月 1 日访问。

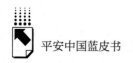

人员帮扶体系，实际执行较好，形成司法、公安等多部门联动，则评分结果为"好"；若北京市建立了社区服刑人员帮扶体系，但实践中未形成司法、公安等多部门联动，则评分结果为"中"；若北京市未建立社区服刑人员帮扶体系，则评分结果为"差"。

二 总体评估结果分析

从表 2 可知，"人口服务管理"一级指标的得分为 82.71 分。该得分反映了平安北京建设中，作为亮点工程的人口服务管理工作取得了明显的成效，人口服务管理政策制度不断完善，科学缜密的人口服务管理体系已经建立，可以有效应对、调节北京城市发展过程中的出现的人口问题，促进平安北京建设的全面深化。

表 2 平安北京建设中流动人口服务管理总体评估结果

一级指标			二级指标			三级指标		
指标名称	指标权重（%）	指标得分	指标名称	指标权重（%）	指标得分	指标名称	指标权重（%）	指标得分
人口服务管理	15	82.71	常住人口调控	20	100	常住人口数量变化	50	100
						常住人口增速变化	50	100
			流动人口登记与管理	30	84	流动人口基础信息采集登记	40	75
						流动人口动态监测制度	30	90
						流动人口数量变化	30	90
			居住证制度实施情况	10	83.49	居住证办理是否便民	50	86.98
						居住证持有者享受公共服务情况	50	80
			出租房屋治理	10	42.64	出租房屋管理制度建设	50	55.27
						违法出租治理效果	50	30
			特殊人群服务管理	30	83	重点人员管控	40	80
						重点青少年服务	30	80
						服刑人员帮扶	30	90

从"人口服务管理"一级指标下的各二级指标得分可以看出，"常住人口调控"的得分最高，表明北京市政府在此方面工作卓有成效，常住人口的数量变化和增速变化均达到预期效果，常住人口的调控按照设定的目标稳步进行。"流动人口登记与管理""居住证制度实施情况""特殊人群服务管理"三项二级指标的得分近似，均略高于其一级指标的得分。显示出此三项人口服务管理工作仍存在掣肘之处，整体上仍需要继续努力推进。其中，"流动人口登记与管理"得到84分，其指标下设置的"流动人口动态监测制度"和"流动人口数量变化"两项三级指标的得分均达到了各自评分标准中评价为"好"的一档。相比之下，"流动人口基础信息采集登记"需要在今后工作中改善与完善。"居住证制度实施情况"的得分为83.49分，该指标下的两项三级指标的得分也均在80分以上，表明北京市基本形成了适合北京城市发展情况的居住证制度。"特殊人群管理服务"工作得到了83分的评价，较为客观地反映了此项工作在平安北京建设中的实施情况。其中的三项三级指标得分平均，显示了特殊人群管理服务的工作落实全面扎实，没有明显的工作短板。得分最低的二级指标是"出租房屋治理"，得分仅为42.64分，严重影响了"人口服务管理"的总体评价，反映出平安北京建设中，"出租房屋治理"工作是"人口服务管理"工作的最大短板。北京市政府要加强对出租房屋的治理工作，完善出租房屋管理制度的建设，重点开展整治违法出租现象。

三 指标评估结果分析

（一）常住人口数量变化

本指标得分为100分。北京市坚持非首都功能疏解和人口规模调控并举，2015年后常住人口增长缓慢，并在2017年首次出现常住人口规模下降的状况（见图1），表明北京市在控制常住人口规模方面取得了显著的效果。

图1是自2011年公布第六次人口普查数据后，北京市常住人口的变化情

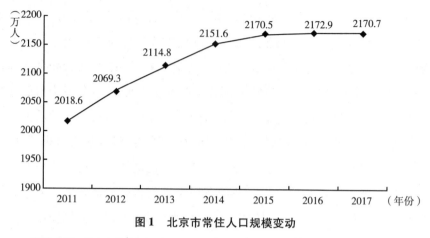

图1 北京市常住人口规模变动

资料来源：北京市统计局。

况。我们可以发现，2015年是北京市常住人口变化的转折点。2011～2015年，北京市常住人口数量呈现逐年增长的趋势，2016年北京市的常住人口数量虽较2015年出现增长，但增长的人口数量却从此前四年每年几十万锐减到只增加了2.4万人，2017年是20年来北京市常住人口首次出现负增长现象的一年。

政策因素是北京市常住人口数量变化的主导因素。北京市委市政府近几年出台的《平安北京建设意见》《北京总体规划》等有关城市规划的政策文件均明确提出了人口调控的具体目标和方式。为了与北京市作为全国政治中心、文化中心、国际交往中心、科技创新中心的城市战略定位相一致，北京市政府通过疏解非首都功能，实现人随功能走、人随产业走，形成与首都城市战略定位、功能疏解提升相适应的人口结构。人口调控已经初显成效。常住人口数量变化符合预期，有助于进一步推进平安北京的建设。

除了在宏观常住人口数量控制方面初见成效外，北京市城六区人口规模调控也取得理想成绩。《北京总体规划》中明确提出："城六区常住人口在2014年基础上每年降低2～3个百分点，争取到2020年下降约15个百分点，降低城六区人口规模，争取到2020年控制在1085万人左右。"表3显示城六区的常住人口数量在2016年首次下降，人口增长率为-2.79%，2017年人口增长率更是-3.15%，超额完成降低2～3个百分点的既定目标。

表3 北京市 2014~2016 年城六区常住人口变化情况

单位：万人，%

年份	常住人口	流动人口	常住人口增长率
2014	1276.3	490.4	—
2015	1282.8	489.1	0.51
2016	1247.5	461.4	-2.79
2017	1208.8	435.3	-3.15

资料来源：北京市统计局。

（二）常住人口增速变化

本指标得分为 100 分。北京市委市政府在人口规模调控方面立下的一大目标便是努力实现常住人口增速明显下降。分析北京市统计局发布的统计数据，可以直观地看出北京市在调节常住人口增速方面的成效。

从图 2 呈现的北京市 2012~2017 年常住人口总量及增长速度情况可以看出，自 2013 年开始，北京市常住人口的增长速度逐年明显下降，2017 年更是 20 年来北京市常住人口增长速度首次为负。这表明北京市常住人口增速变化确实出现明显下降，并且超过预期。

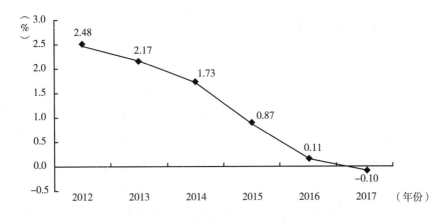

图2 2012~2017 年常住人口增长速度

资料来源：根据北京市统计局数据计算。

（三）流动人口基础信息采集登记

本指标得分为 75 分。平安北京建设把流动人口基础信息资源的建设、共享和应用作为建设重点，通过人口基础信息数据库和政府各部门实现信息资源共享，增强人口服务管理能力。根据网络抓取的情况可以看出，北京市的流动人口基础信息采集登记工作有以下特点。第一，流动人口基础信息采集登记工作以点带面，形成立体网络。网络抓取中进行流动人口信息采集登记的主体都是各基层街道办事处。将此工作落脚在街道社区层面，可以准确翔实地采集登记北京市流动人口的基本信息，政府在制定流动人口管理服务措施时更有针对性、更精确。第二，流动人口基础信息采集登记工作与其他部门信息统计相结合。北京市对外来流动人口实行"以证管人、以房管人、以业控人"的管理体制，流动人口的登记信息与出租房屋登记等信息的共享互通可以更加有效地对流动人口进行服务管理。访谈中，社区民警认为北京市流动人口服务和管理的难点恰恰是信息采集登记，特别是出租房屋未通过中介出租的信息没有报到派出所，而警力和流动协管人员力量有限，入户采集登记信息很困难。

（四）流动人口动态监测制度

本指标得分为 90 分。开展流动人口动态监测工作是平安北京建设过程中准确把握流动人口结构、变动趋势、需求的重要途径，其目的在于深入了解本地区流动人口生存发展状况及公共卫生服务利用、计划生育服务管理等情况，突出以服务为导向的理念。通过网络抓取了解的北京市流动人口动态监测制度的实施状况，我们可以看出北京市的流动人口动态监测制度在经历创新升级后，形成以区级局队为单位，利用大数据技术手段，将人口数据统计、人口动态监测、人口分析研判三大板块进行整合，创新了人口动态监测台账机制，使其做成动态、常态、长效的工作模式。

（五）流动人口数量变化

本指标得分为90分。北京市流动人口是否合理有序流动反映其人口服务管理的水平。在京津冀一体化的战略和疏解非首都功能的政策背景下，北京市的流动人口势必会发生深刻的变化。

从图3中北京市流动人口的统计分析结果可以发现，北京市流动人口的数量2011~2015年呈现上升趋势，由742.2万人逐年增长到822.6万人。但在2016年，北京市流动人口数量首次呈现负增长，为807.5万人，较2015年流动人口数量减少了15.1万人。2017年北京市流动人口继续呈负增长的态势，流动人口规模下降到794.3万人。流动人口增长率方面，图4显示，2011~2015年北京市流动人口规模虽然不断增长，但增长率呈逐年下降趋势，2015年北京市流动人口增长率下降到0.48%。到2016年，北京市流动人口增长率为－1.85%，2017年流动人口减少程度略有放缓，为－1.65%。这与北京近年来出台的系列政策，比如划定城市空间增长边界和人口规模上限、提高落户门槛、疏解中低端产业等政策息息相关。

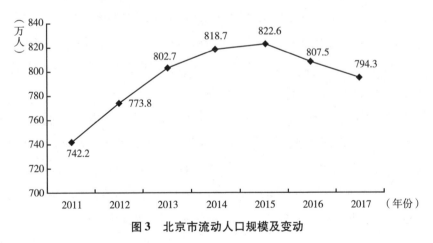

图3　北京市流动人口规模及变动

资料来源：北京市统计局。

---

① 北京市统计部门发布的数据称之为"常住外来人口"，即在北京市居住6个月以上的非户籍人口，即本报告中的"流动人口"。

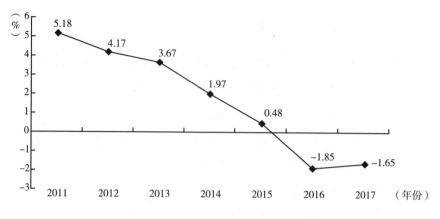

图4　北京市流动人口增长率及变动

资料来源：北京市统计局。

（六）居住证办理是否便民

本指标得分为 86.98 分。其中，网络抓取的得分为 100 分，调查问卷相关问题的得分为 78.31 分，根据评分标准加权得出本指标体系的最终得分为 86.98 分。根据平安北京建设的新形势新要求，政府有关部门应树立以人为本、服务为先的人口服务理念，寓管理于服务，实现管理和服务的统一。居住证制度的推行就是政府对流动人口的角色由重管理向重服务转变的重要标志。

从网络抓取的文本来看，北京市在为居住证办理者提供人性化服务方面下足了功夫。针对居住证办理过程中出现的办证难、排队长等问题，北京市公安局推出了多项便民惠民措施，例如延长居住证申办时间、跨所办理签注、推出微信办理平台等措施，极大地改善了居住证办证难等一系列问题。

根据北京市民对平安北京建设发展评估 2018 调查问卷中"您认为在北京办理居住证是否方便？"这一问题的回答，我们可以看出，流动人口中办理过居住证的，有 78.31% 的认为办理方便，21.69% 认为不方便（见图5）。故居住证办理方便程度的调查问卷得分为 78.31 分。由此，我们可以对平安北京建设中居住证服务的方面给予中等偏上的评价。

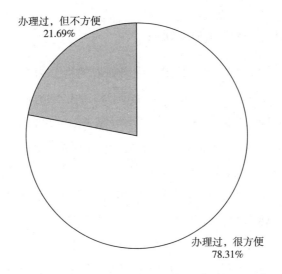

图 5　北京市流动人口办理居住证的方便状况

资料来源：平安北京建设发展评估 2018 调查问卷数据计算分析。

（七）居住证持有者享受公共服务情况

本指标得分为 80 分。居住证是持证人享受在居住地居住、作为常住人口享受基本公共服务和便利、申请登记常住户口的证明。居住证制度牵动非户籍人员最敏感神经的地方便是其背后代表的公共服务的享受程度。

网络抓取的内容表明，北京市居住证持有者可享受的公共服务范围在逐渐扩大。居住证持有者不仅享受国务院颁布的《居住证暂行条例》中规定的有关义务教育、基本公共就业、基本公共卫生和计划生育、公共文化体育、法律援助等基本公共服务，还可以依法享有劳动就业、参加社会保险、缴存提取和使用住房公积金等权利。这些扩大的个性化细节服务内容体现出北京市的包容心态和城市温度。不仅如此，北京市还积极创造条件，稳步扩大居住证持有人享有的公共服务范围，如持证的老年流动人口可以免费逛公园、免费乘坐公交车，遇到紧急特殊困难的人员可以享有临时救助等服务，逐步提高服务标准。当然，在居住证制度的推行过程中，北京市也存在申领门槛过高，居住证积分落户门槛很高等现象。

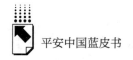
（八）出租房屋管理制度建设

本指标得分为 55.27 分。其中，网络抓取的得分为 80 分，调查问卷相关问题的得分为 38.79 分，根据评分标准加权得出本指标体系的最终得分为 55.27 分。网络抓取的文本显示，北京市近年来陆续出台了相关政策调控房屋出租市场，2017 年出台的《关于加快发展和规范管理本市住房租赁市场的通知》从强化住房租赁管理服务、增加租赁住房供应，建立住房租赁监管平台、提供便捷公共服务，明确住房租赁行为规范、维护当事人合法权益，加强市场主体监管、提升住房租赁服务水平等四个方面提出加快发展和规范管理本市住房租赁市场的具体措施和要求。其目的在于完善购租并举的住房体系，建立健全住房租赁管理服务制度；多渠道增加租赁住房供应，培育机构化、规模化住房租赁企业，引导居民形成先租后买的梯次消费模式，促进房地产市场平稳健康发展。

根据北京市民对平安北京建设发展评估 2018 调查问卷中"在您所居住的社区中，居民出租房屋的比例高不高"这一问题受访者的回答情况（如图 6），有

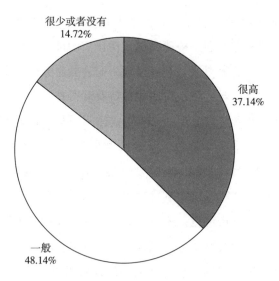

图 6　居住社区出租房屋比例

资料来源：平安北京建设发展评估 2018 调查问卷数据计算分析。

37.14%的受访者认为自己所居住的社区出租房屋的比例很高，有48.14%的受访者认为自己所居住的社区内出租房的比例一般，只有14.72%的受访者认为自己所居住的社区内很少或者没有出租房屋的现象。我们可以看出，北京市出租房屋的情况比较普遍，大多数的社区内都有出租房屋的情况。因此，北京市政府要加快住房租赁市场立法，加快机构化、规模化租赁市场的发展，促进出租房屋租赁市场的平稳健康发展。

（九）违法出租治理效果

本指标得分为30分。《平安北京建设意见》中强调在平安北京的建设过程中要依法开展违法出租特别是群租问题的治理工作。群租房的治理面临情感、监管、执法等方面的困境，需要采取"管、治、建"等综合措施，政府部门、社会组织、自治组织进行整体协作，构建群租房治理新格局，最大限度地满足人民群众的期待，维护社会的和谐与稳定。

网络文本显示，针对北京市内存在的违法出租、群租房现象，北京市各级公安局采取了专项整治的措施，取得了一定的成效。但2017年11月18日大兴区发生了出租公寓大火致19人遇难的恶性安全事故。随后，北京市各区纷纷下发通知，提出加强出租屋安全检查工作。在对某派出所社区民警J进行访谈中，他认为，治理小区出租房屋的经验之一是管理好房屋中介，要求房屋中介主动将租房信息报送到社区警务室，传统上的群租房现象很少了，当然群租房管理还存在一个认定的问题，前些年北京市推出了"N＋1"隔断模式,① 合租现象很多，这些很难界定是否为群租房。出租房屋管理新发展的棘手问题是日租房和短租房，这些出

---

① 2013年，北京市住建委、市公安局、市规划委、市卫生局联合印发了《关于公布我市出租房屋人均居住面积标准等有关问题的通知》，规定北京出租房屋人均居住面积不得低于5平方米，每个房间居住的人数不得超过2人，有法定赡养、抚养、扶养义务关系的除外。规定中的"每个房间"除了卧室，还包括客厅，即"N＋1"。"N"是指房型，如一居室为1、二居室为2，以此类推。"＋1"则是指将客厅加上一道隔断，一分为二。比如一套符合条件的两居室房子，出租时可将客厅改建，租出"2＋1"共3个房间。

租房居住人的信息公安机关无法掌握。日租房和短租房按北京目前的政策是违法的，社区民警现在对日租房和短租房的发现主要依靠物业楼管提供信息，同时日租房大都使用电子锁，通过这两个方面加强对日租房和短租房的治理。

（十）重点人员管控

本指标得分为80分。重点人员管控是公安机关依照有关规定对危害活动有嫌疑的人员实施重点管理的一项由内部掌握的基础工作。根据网络抓取文本可知，近年来，随着北京市经济建设的持续推进及流动人口数量的不断增加，重点人员的流动性越来越强，服务管理难度越来越大，任务越来越重。研判平安北京建设中重点人员的发展态势，北京市正积极探索重点人员动态管控的长效工作机制，改进以往重点人员管控中存在的制度性问题，补齐重点人员管控短板，有效规制重点人员的控制和管理，提高重点人员服务管理的综合能力。重点人员重在日常管控，社区民警J在访谈中表示："他们定期会和重点人员见面，谈话，个人基本情况定期考察；重点人员难管的是吸毒人员，反复性比较大，且重点人员找借口逃避检测等问题。"

（十一）重点青少年服务

本指标得分为80分。加强重点青少年服务管理，健全完善社会化帮扶体系是平安北京建设的重点工程。北京市建立了政府领导，民政部门牵头，公安、司法、人力社保等部门和共青团、妇联等群团组织信息共享、协调联动的工作机制，加快推进市、区两级重点青少年服务等重大项目建设，发挥社会组织资源配置平台作用，建立困境儿童和留守儿童信息采集登记与动态管理制度，把重点青少年服务的工作落到实处。对社区民警的访谈中，他们认为重点青少年相对较少，但管理的主要问题是各部门之间的协同配合问题，现在更多的是公安机关在做，而其他部门介入较少。

（十二）服刑人员帮扶

本指标得分为 90 分。北京市对服刑人员的帮扶主要体现在三个方面。第一，对社区服刑人员的帮扶矫正，北京市以调查评估为基本前提，以分类管理为关键环节，以调整重估为必要补充，制定个性化帮扶矫正计划，调动帮扶对象接受矫正的主动性和积极性，使其认罪伏法，进一步提升社区矫正的实际效果。第二，对监狱服刑人员的帮扶，北京市监狱对监管对象采取了诸如提高文化水平、培养职业技术等措施，为监管对象重新踏入社会提供了帮助，并且进行感化教育，让服刑人员感受到来自社会和家庭的关爱与温暖，重塑其价值取向及行为态度。第三，注重对服刑人员未成年子女的帮扶教育，北京市政府部门注重服刑人员未成年子女心理健康发展，在保障其正常接受义务教育的同时，还专门组织专业的心理疏导志愿活动，对服刑人员未成年子女进行心理健康疏导，促进其健康成长。

四　评估结论

总体得分超过 82 分，表明北京市平安建设中人口服务管理工作取得一定成效，但也暴露出一些问题。

（一）存在的主要问题

1. 流动人口信息登记共享不足

流动人口的信息是一个城市政府应该准确掌握的基本城市信息，是影响城市发展建设的重要变量，也是政府进行决策的基本参考因素。流动人口管理部门若具有较高的流动人口信息资源管理整合与共享运用能力，会极大地提高城市的流动人口管理水平，促进政府科学、严谨地制定政策，对平安北京的建设有深远的意义。

北京市在流动人口登记信息共享方面尚存不足之处，虽然北京市各级流动人口服务管理机构体系比较健全，但是各管理部门各自为政，流动人

口信息的登记分散在不同的管理部门，各部门的人口信息共享和联通不到位，没有形成流动人口信息管理的合力，形成流动人口信息的一座座"孤岛"，导致流动人口信息的反复登记核查，降低了流动人口信息的运用效率。

2. 出租房屋管理"短板效应"明显

北京市各部门虽然采取了各种专项整治措施，但是出租房屋的管理效果不甚理想，发生了大兴出租公寓火灾这样的恶性安全事故，反映出北京市出租房屋管理仍存在很多问题。

北京市出租房屋安全隐患排查不到位。出租房屋因为其人员流动频繁，租住人员安全意识淡薄。出租房屋也存在电器线路不规范，消防设施配备不达标，应急反应能力薄弱等问题，出租房屋的安全隐患严重。北京市有关部门虽然对此问题引起重视，并采取了专项措施，但是仍然存在安全隐患制度不健全，入户排查不到位的问题。

出租房屋管理方面最大的短板是对群租房、违法出租法律的认定问题。群租房是平安北京建设进程中的"顽疾"，为北京平安建设带来不利影响。追根溯源，有关群租房管理的法律制度的制定不够健全。群租房形式多样，对群租房、违法出租的界定如果不够清晰明确，便会造成有关部门在管理过程中只能专项整治而不能从宏观上根治群租房问题。

3. 特殊人群管理未形成合力

平安北京建设面临新形势、新问题，特殊人群与重点人员管理的薄弱环节和问题也凸显出来。特殊人群管理是一项需要社会各种力量协同作用的全局性工作，北京市特殊人群管理的实践中存在部门之间配合不佳，社会帮扶组织发展缓慢，缺乏拧成一股绳的管理合力等问题。公安派出所是管理重点人员的第一责任主体，社区矫正机构、单位保卫部门等机关也承担着社区矫正、社区帮教等具体的重点人员理任务。但是不同的管理主体对于重点人员管理的方式方法并不一致，仍然没有摆脱各自为战的陈旧管理方法，导致重点人员管理遇到了瓶颈，加大管理资本的投入却不能取得相应的预期效果，造成大量重点人员漏管等问题。

（二）完善建议

1. 加强流动人口信息登记的多部门共享

流动人口的登记信息本身是流动人口管理的难点，如果无法在北京市各部门间互联共享，则更加制约流动人口信息和信息应用系统的使用效果。因此，将分散在政府各部门的流动人口信息资源进行有效整合，加强各部门之间共享人口信息力度，将会有利于平安北京的人口服务管理。

若要建立流动人口信息共享制度，北京市政府应牵头，协调政府各部门、企事业单位进行研讨，探讨流动人口信息共享的内容、方式和范围，尽快建立流动人口信息的协作共享机制。搭起连接各部门的流动人口信息"孤岛"的桥梁，减少人力、物力、财力的浪费，使碎片化的流动人口信息整合成一个整体，提高流动人口信息对政府决策的利用参考价值。当前，居住证作为流动人口信息登记、管理和服务的抓手，北京市应加大居住证制度宣传力度，鼓励流动人口进行居住登记和申领居住证。[①] 各部门应该以居住登记或居住证为流动人口办理各项事务、进行管理和提供服务的要件，进而实现流动人口信息在部门之间共享。

2. 弥补出租房屋管理的"短板"

结合北京市出租房屋的安全现状与难点，北京市要采取针对性的措施避免出租房屋安全事故的发生。一是多部门联合行动，将入户排查安全隐患落到实处，实现入户排查全覆盖，避免安全死角的情况。二是加强对租住出租房屋人员的安全教育，提高他们的用电用火安全意识，增强出租房屋安全事故应急处置能力。

针对群租房、日租房、违法出租形式多样的情况，北京市政府要制定操作性强的规章制度保障出租房整治工作的进行。结合北京市的实际情况，加强出租房屋管理的法律保障，明确界定群租房、违法出租的形式、处罚主体和标准，完善出租房屋管理的结构，使违法出租现象无空可钻。

---

① 本次调查统计显示，北京市流动人口中有25.73%的流动人口未办理过居住证业务。

3. 优化特殊人群管理架构和创新管理方法

优化特殊人群的管理架构要从政府内外两方面着手。第一，北京市要细化特殊人群的管理网络，尤其要重视社区街道这一级的特殊人群管理工作，提高基层特殊人群管理部门对此项工作的重要性认识，提高特殊人群管理工作基本功，构建其层次分明、职权统一、协作一致的管理体系。第二，北京市应扩大特殊人群的管理主体范围，发挥社会公益组织的优势，充分调动各种社会力量，增强特殊人群对城市的认同感和归属感，为特殊人群重新融入社会营造宽缓柔和的社会环境。创新重点人员的管理办法应结合北京市社会管理的新形势与新兴科技技术，加强北京市重点人员动态监控管理，利用大数据共享平台，做好重点人员的动向监测系统。由于北京市流动人口庞杂、流动性强，重点人员的管理难点在于对流动重点人员的管理。对流动人口中重点人员需要进行实时监控，注重动态监控的反馈情况，做好定期走访、电话访问等基础性工作，打好重点人员管理的基础。

专题报告

Special Reports

B.7
平安北京建设保障调查报告

于小川 *

摘　要： "平安建设保障"一级指标之下设置了 5 项二级指标，包括
　　　　　"法治保障"、"人员保障"、"财务装备"、"科技支撑"和
　　　　　"宣传教育"。根据不同的内容和侧重点，5 项二级指标分别
　　　　　对应 14 项三级指标。具体而言，平安建设的法治保障、人员
　　　　　保障、财务装备、科技支撑等工作的开展十分扎实，为平安
　　　　　北京建设提供了有力的支撑。另外，应着力发挥平安北京建
　　　　　设的品牌效应，形成宣传和推进平安北京建设的良好社会氛
　　　　　围。

关键词： 法治保障　人员保障　财务装备　科技支撑　宣传教育

---

* 于小川，法学博士，中国人民公安大学治安学院讲师。

一 指标设置及评估标准

（一）指标设置

本次平安北京建设评估"平安建设保障"一级指标之下设置 5 项二级指标，分别为"法治保障"、"人员保障"、"财务装备"、"科技支撑"和"宣传教育"（见表 1）。5 项二级指标分别对应平安建设保障的 5 个支柱，根据不同的内容和侧重点划分，通过 14 项三级指标来考量每个支柱在平安建设中的保障作用是否充分发挥，从而判断平安建设保障在平安北京建设中的效能如何。

14 项三级指标主要考察平安建设地方性立法情况、平安北京建设规范性文件情况、北京警力配备情况、专业队伍建设情况、社会力量参与情况、平安建设经费投入情况、平安建设硬件设施建设情况、公共安全视频监控系统建设情况、大数据深度应用、信息资源共享融合情况、信息安全防护建设、是否将平安建设相关内容纳入领导干部培训、是否将平安建设相关内容纳入中小学教育、是否在全市范围内开展与平安建设有关的应急演练。平安建设保障部分的三级指标从法治保障、人员保障、财务装备、科技支撑、宣传教育等不同侧面反映平安建设保障情况是否满足平安北京建设的要求。

表 1　平安建设保障评估指标体系

一级指标权重	二级指标权重	三级指标权重
平安建设保障（10%）	法治保障（20%）	平安建设地方性立法情况（50%）
		平安北京建设规范性文件情况（50%）
	人员保障（20%）	北京警力配备情况（40%）
		专业队伍建设情况（30%）
		社会力量参与情况（30%）
	财务装备（25%）	平安建设经费投入情况（50%）
		平安北京建设硬件设施建设情况（50%）

续表

一级指标权重	二级指标权重	三级指标权重
平安建设保障（10%）	科技支撑（25%）	公共安全视频监控系统建设情况（25%）
		大数据深度应用（25%）
		信息资源共享融合情况（25%）
		信息安全防护建设（25%）
	宣传教育（10%）	是否将平安建设相关内容纳入领导干部培训（30%）
		是否将平安建设相关内容纳入中小学教育（30%）
		是否在全市范围内开展与平安建设有关的应急演练（40%）

（二）设置依据及评估标准

1. 二级指标设置依据

"平安建设保障"一级指标下的5项二级指标设置的主要依据是党的十九大报告中全面推进依法治国的要求（对应法治保障），《平安中国"十三五"规划》《北京市国民经济和社会发展第十三个五年规划纲要》和《关于全面深化平安北京建设的意见》中蕴含的对于平安建设保障的要求（对应人员保障、财务装备、科技支撑和宣传教育等）。

党的十九大报告指出坚持全面依法治国。全面依法治国是中国特色社会主义的本质要求和重要保障。必须把党的领导贯彻落实到依法治国全过程和各方面，坚定不移走中国特色社会主义法治道路，完善以宪法为核心的中国特色社会主义法律体系，建设中国特色社会主义法治体系，建设社会主义法治国家，发展中国特色社会主义法治理论，坚持依法治国、依法执政、依法行政共同推进，坚持法治国家、法治政府、法治社会一体建设，坚持依法治国和以德治国相结合，依法治国和依规治党有机统一，深化司法体制改革，提高全民族法治素养和道德素质。平安建设是一项复杂的系统工程。着眼北京经济社会发展大局，顺应社会建设进程，解放思想，勇于探索，推进建设平安北京应大力打造保障体系，为平安北京建设保驾护航。依据上述规定和要求，课题组将平安

建设保障的内容分为五类保障支撑。根据五类保障支撑在平安建设保障中的不同定位和功能，设置不同的权重，其中"法治保障"指标权重设定为20%，"人员保障"指标权重设定为20%，"财务装备"指标权重设定为25%，"科技支撑"指标权重设定为25%，"宣传教育"指标权重设定为10%。

2. 三级指标及评分标准

（1）平安建设地方性立法情况

①设置依据

平安建设地方性立法情况是考量平安建设法治保障的重要标准。法治是平安建设的重要保障。确保社会在快速深刻变革中既生机勃勃又井然有序，最根本的是要靠法治。习近平总书记明确指出，要把政法综治工作放在全面推进依法治国大局中来谋划，深入推进平安中国建设，发挥法治的引领和保障作用，坚持运用法治思维和法治方式解决矛盾和问题，提高平安建设现代化水平。

②评测方法

本指标满分100分，指标权重设定为50%，主要通过数据统计、网络检索、党政官方网站搜索（首都之窗、首都政法综治网等）、官方文件搜集等方式，检索北京市平安建设地方性立法情况。

③评分标准

通过检索，根据与上海市地方性立法统计比较，能够找到北京市平安建设地方性立法完善的依据，得100分；如果没有检索到相关信息，此项指标得0分。

（2）平安北京建设规范性文件情况

①设置依据

平安北京建设规范性文件情况是考量平安建设法治保障的重要标准。法律、法规和规章以外的规范性文件是一类《立法法》没有规定却在法律实践中对公民权利和义务产生重大影响的法律文件。

②评测方法

本指标满分100分，指标权重设定为50%，主要通过数据统计、网络检索、党政官方网站搜索（首都之窗、首都政法综治网等）、官方文件搜集等方式，检索北京市的平安建设规范性文件发布情况。

③评分标准

通过检索，根据与上海市地方性立法统计比较，能够找到北京市平安建设地方性立法完善的依据，得 100 分；如果没有检索到相关信息，此项指标得 0 分。

（3）北京警力配备情况

①设置依据

北京警力配备情况是考量平安北京建设人员保障的重要标准。习近平总书记在全国公安系统英雄模范立功集体表彰大会重要讲话中提出"对党忠诚、服务人民、执法公正、纪律严明"十六字总要求，作为今后公安工作的总战略、总纲领、总遵循和建警治警育警的座右铭。打造过硬的公安队伍前提是配齐配强警力。

②评测方法

本指标满分 100 分，指标权重设定为 40%，主要通过网络检索、党政官方网站搜索（首都之窗、首都政法综治网等）、官方文件搜集、电话咨询等方式，检索北京市的警力配备情况。

③评分标准

通过检索，能够找到北京市配齐警力情况的依据，得 100 分；如果没有检索到相关信息，此项指标得 0 分。

（4）专业队伍建设情况

①设置依据

专业队伍建设是考量平安北京建设人员保障的重要标准。全面提升民警履职能力包括以下内容：第一，推进执法规范化，提升执法公信力；第二，推动警务实战化，提高队伍战斗力；第三，实行练兵比武，推树先进典型；第四，规范辅警管理，激发辅警活力。

②评测方法

本指标满分 100 分，指标权重设定为 30%，主要通过网络检索、党政官方网站搜索（首都之窗、首都政法综治网等）、官方文件搜集、电话咨询

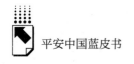

等方式，检索北京市警力队伍建设情况。

③评分标准

通过检索，能够找到北京市警力队伍建设规范、有序的依据，得100分；如果没有检索到相关信息，此项指标得0分。

（5）社会力量参与情况

①设置依据

社会力量参与是考量平安北京建设人员保障的重要标准。北京市历来重视发动群众维护治安秩序，从20世纪50年代的"街道积极分子"、二十世纪六七十年代的"红袖章大妈"到80年代的"小脚侦缉队"，北京市的群众一直积极参与社会治安防控。进入21世纪，北京市的全民治安更是呈现积极的发展态势，不仅保留了传统的人防优势，而且大量网友也纷纷加入，同时一些专业化的防范组织也发展起来。如"朝阳群众""西城大妈"是北京人防优良传统的延续，他们积极参与治安巡逻，提供各类线索，有效维护首都安全稳定；隐藏在网络中的"海淀网友"则通过网络举报，为民警提供了大量的破案线索，是公众通过网络参与社会治安治理的典型代表。2007年成立的"丰台劝导队"更是以有组织的形式积极参与基层社区治理，除了维护辖区治安秩序外，还积极参与各种社会乱象治理，为维护北京"首善之区"形象贡献了积极的力量。

②评测方法

本指标满分100分，指标权重设定为30%，主要通过网络检索、党政官方网站搜索（首都之窗、首都政法综治网等）、官方文件搜集、电话咨询等方式，检索北京市平安建设社会力量参与情况。

③评分标准

通过检索，能够找到北京市平安建设社会力量参与充分、得法的依据，得100分；如果没有检索到相关信息，此项指标得0分。

（6）平安建设经费投入情况

①设置依据

平安建设经费投入是考量平安北京建设财务装备的重要标准。平安北京建设面临的形势还比较严峻，环境错综复杂，要加大投入力度，夯实平安建设工作基础，做好平安建设工作必要、充足的物质保障。

②评测方法

本指标满分100分，指标权重设定为50%，主要通过网络检索、党政官方网站搜索（首都之窗、首都政法综治网等）、官方文件搜集、电话咨询等方式，检索北京市平安建设经费投入情况。

③评分标准

通过检索，能够找到北京市平安建设经费投入充足的依据，得100分；如果没有检索到相关信息，此项指标得0分。

（7）平安建设硬件设施建设情况

①设置依据

平安建设硬件设施建设情况是考量平安北京建设财务装备的重要标准。经济、社会的不断发展和城市规模的不断扩大对城市平安建设硬件设施配套建设提出了越来越高的要求。

②评测方法

本指标满分100分，指标权重设定为50%，主要通过网络检索、党政官方网站搜索（首都之窗、首都政法综治网等）、官方文件搜集、电话咨询等方式，检索北京市平安建设硬件设施建设情况。

③评分标准

通过检索，能够找到北京市已经建立完备的平安建设硬件设施的依据，得100分；如果没有检索到相关信息，此项指标得0分。

（8）公共安全视频监控系统建设情况

①设置依据

公共安全视频监控系统建设情况是考量平安北京建设科技支撑的重要标准。公共安全视频监控系统是机关、企事业单位通过计算机网络构建的互联互通、信息资源共享的动态监控体系。随着越来越多的视频监控系统与公安网络相连接，视频监控系统所发挥的作用也就越来越大。北京的社会治安面临诸多问题亟待解决，将隐患消灭在萌芽状态。在平安城市建设中，北京已

经有了十分完善的基础设施，这些如何与雪亮工程对接，协同合作，值得关注。雪亮工程之名源于"群众的眼睛是雪亮的"，具体来说，就是以各家各户的信息系统为基础，通过视频监控布点，形成针对城市及农村地区治安防控的监控项目。项目通过中心化和平台化，将视频图像信息系统纵向下延至县、乡、村的群众层面，利用系统拓展在安防、社会治理、智慧交通等领域的应用，实现治安防控全覆盖、无死角。

②评测方法

本指标满分100分，指标权重设定为25%，主要通过网络检索、党政官方网站搜索（首都之窗、首都政法综治网等）、官方文件搜集、电话咨询等方式，检索北京市公共安全视频监控系统建设情况。

③评分标准

通过检索，能够找到北京市已经建立完备的公共安全视频监控系统的依据，得100分；如果没有检索到相关信息，此项指标得0分。

（9）大数据深度应用

①设置依据

大数据深度应用是考量平安北京建设科技支撑的重要标准。如今大数据技术已经风靡全球，大数据技术的迅速发展让我们进入了信息时代发展的新阶段，也给我们的生活模式带来了重大变革，例如交通、医疗、居住、出国、购物、就业等方面，表明人们在了解世界的道路上更进一步，大数据技术势必影响平安北京建设的模式，使之进行新的规划，推动平安北京建设不断进行创新和改革。

②评测方法

本指标满分100分，指标权重设定为25%，主要通过网络检索、党政官方网站搜索（首都之窗、首都政法综治网等）、官方文件搜集、电话咨询等方式，检索北京市平安建设大数据深度应用的情况。

③评分标准

通过检索，能够找到北京市平安建设大数据深度应用的依据，得100分；如果没有检索到相关信息，此项指标得0分。

（10）信息资源共享融合情况

①设置依据

信息资源共享融合是考量平安北京建设科技支撑的重要标准。随着信息时代的到来，信息资源开始在经济社会发展中扮演越来越重要的角色，在平安北京建设领域，信息资源的开发利用和交流共享更是成为推动平安北京建设深入发展的关键因素。

②评测方法

本指标满分 100 分，指标权重设定为 25%，主要通过网络检索、党政官方网站搜索（首都之窗、首都政法综治网等）、官方文件搜集、电话咨询等方式，检索北京市平安建设信息资源共享融合的情况。

③评分标准

通过检索，能够找到北京市平安建设信息资源共享融合的依据，得 100 分；如果没有检索到相关信息，此项指标得 0 分。

（11）信息安全防护建设

①设置依据

信息安全防护建设是考量平安北京建设科技支撑的重要标准。信息安全是一个动态的过程，信息系统的安全状况是在不断变化的，是管理和技术有机结合的体系，两者互为补充。其总体上的安全状况是不断向下的，即风险是在随着时间的推移不断增加的。因此，必须通过安全审计的手段来定期提升系统的安全状况，通过安全评估和检测，发现和修复安全问题。使安全风险降低到可以接受并且可以被有效管理的范围。

②评测方法

本指标满分 100 分，指标权重设定为 25%，主要通过网络检索、党政官方网站搜索（首都之窗、首都政法综治网等）、官方文件搜集、电话咨询等方式，检索北京市信息安全防护建设。

③评分标准

通过检索，能够找到北京市平安建设信息安全防护建设的依据，得 100 分；如果没有检索到相关信息，此项指标得 0 分。

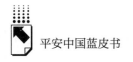

（12）是否将平安建设相关内容纳入领导干部培训

①设置依据

是否将平安建设相关内容纳入领导干部培训是考量平安北京建设宣传教育的重要标准。宣传教育是做人的工作。在平安北京建设中，人占据主导地位，是平安建设的主体。从一定意义上讲，要建设平安、和谐、有序的北京，关键在人，在于人的行为表现，在于领导干部的意识和行为表现。

②评测方法

本指标满分100分，指标权重设定为30%，主要通过网络检索、党政官方网站搜索（首都之窗、首都政法综治网等）、官方文件搜集、电话咨询等方式，检索北京市是否将平安建设相关内容纳入领导干部培训。

③评分标准

通过检索，能够找到北京市将平安建设相关内容纳入领导干部培训中的依据，得100分；如果没有检索到相关信息，此项指标得0分。

（13）是否将平安建设相关内容纳入中小学教育

①设置依据

是否将平安建设相关内容纳入中小学教育是考量平安北京建设宣传教育的重要标准。将平安建设相关内容纳入中小学教育，可以使参与者除了知法、懂法、守法外，还知道平安建设的重要性，了解安全常识，知道怎样预防事故，不断更新安全观念，树立现代安全意识，从而在参与活动过程中，能够在主观意识上约束和规范自己的行为，自觉遵守法律法规，维护社会治安秩序，保障安全。"思想是统帅，意识是关键。"人的意识问题解决了，就会带动平安北京建设整体工作的提升。

②评测方法

本指标满分100分，指标权重设定为30%，主要通过网络检索、党政官方网站搜索（首都之窗、首都政法综治网等）、官方文件搜集、电话咨询等方式，检索北京市是否将平安建设相关内容纳入中小学教育。

③评分标准

通过检索，能够找到北京市将平安建设相关内容纳入中小学教育的依据，得 100 分；如果没有检索到相关信息，此项指标得 0 分。

（14）是否在全市范围内开展与平安建设有关的应急演练

①设置依据

是否在全市范围内开展与平安建设有关的应急演练是考量平安北京建设宣传教育的重要标准。从已发生的突发事件看，民众均缺乏准备，包括心理准备、处置准备。特别是普遍缺乏类似日本民众预防应对地震的训练、演练，应对处置基本上依靠个体本能。但本能上的应对导致自救他救的慌乱与无序，会使危险进一步扩大。政府相关职能部门如公安、消防、交通行政等应急处置主体不管如何保持战备状态，其集结、到达的时间是处理危机的黄金时间，但是这一黄金时间却容易被浪费掉。在极短的时间内依靠外部力量救援处置以防止危险扩大，这在客观上十分困难，能有效预防和处置的时间极为短暂。因此，是否在全市范围内开展与平安建设有关的应急演练应是考量平安北京建设宣传教育的不可或缺的标准。

②评测方法

本指标满分为 100 分，指标权重设定为 40%，主要通过网络检索、党政官方网站搜索（首都之窗、首都政法综治网等）、官方文件搜集、电话咨询等方式，检索北京市是否在全市范围内开展与平安建设有关的应急演练。

③评分标准

通过检索，能够找到北京市在全市范围内开展与平安建设有关的应急演练的依据，得 100 分；如果没有检索到相关信息，此项指标得 0 分。

二 总体评估结果分析

平安北京建设保障总体得分为 98 分。其中，平安北京建设法治保障得分为 100 分，平安北京建设人员保障得分为 100 分，平安北京建设财务装备得分为 100 分，平安北京建设科技支撑得分为 100 分，平安北京建设宣传教育得分为 80 分。

（一）平安北京建设法治保障情况

本指标得分为 100 分。

通过网络抓取统计，自 2017 年 1 月 1 日至 2018 年 8 月 26 日，北京市共发布地方性法规、地方政府规章、地方政府工作文件共 2206 个，涉及平安建设的共有 161 个，占全部地方性立法数量的 7.3%（见表 2）。

表 2　北京市 2017~2018 年地方性立法情况统计

单位：个

名称	数量
北京市人大（含常委会）地方性法规	21
北京市人大（含常委会）地方规范性文件	25
北京市人大（含常委会）地方工作文件	34
北京市政府规章	34
北京市政府规范性文件	91
北京市政府工作文件	83
北京市其他机构规章	2
北京市其他机构规范性文件	1026
北京市其他机构工作文件	890
合计	2206

同期网络抓取数据显示，上海市共发布地方性法规、地方政府规章、地方政府工作文件共 3443 个，涉及平安建设的共有 172 个，占全部地方性立法数量的 5.0%（见表 3）。

表 3　上海市 2017~2018 年地方性立法情况统计

单位：个

名称	数量
上海市人大（含常委会）地方性法规	17
上海市人大（含常委会）地方规范性文件	11
上海市人大（含常委会）地方工作文件	25
上海市政府规章	37

续表

名称	数量
上海市政府规范性文件	193
上海市政府工作文件	177
上海市其他机构规范性文件	1334
上海市其他机构工作文件	1649
合计	3443

北京市全面贯彻落实中央关于平安建设的重大决策部署，深入学习贯彻习近平总书记系列重要讲话精神，在法治轨道上推进平安北京建设，不断提高平安北京建设法治化水平。因此，本指标得满分。

（二）平安北京建设人员保障情况

本指标得分为100分。

北京市配齐配强警力，创新加强群防群治工作，加强队伍建设。具体措施表现为：坚持警力下沉、拓宽入警比例；优化警力配置、推动拴心留人；全面提升民警履职能力、用好管好辅助警务人员；不断规范辅警管理、激发辅警活力；等等。

北京市在警力配备、专业队伍建设、社会力量参与领域均已建立了保障机制。因此，本指标得满分。

（三）平安北京建设财务装备情况

本指标得分为100分。

北京市在平安建设经费投入、平安建设硬件设施建设领域均已建立了保障机制。因此，本指标得满分。

（四）平安北京建设科技支撑情况

本指标得分为100分。

北京市在公共安全视频监控系统建设、大数据深度应用、信息资源

共享融合、信息安全防护建设领域均已建立了有效支撑。因此，本指标得满分。

（五）平安北京建设宣传教育情况

本指标得分为 80 分。

北京市平安建设在宣传教育方面是有所作为的，比如在全市范围内开展与平安建设有关的应急演练、创设"平安北京"微博等。但是，在平安建设纳入领导干部培训、中小学教育领域可以做得更好。因此，本指标得分"良"。

三　指标评估结果分析

（一）平安建设地方性立法情况

本指标得分为 100 分。

通过网络抓取统计，自 2017 年 1 月 1 日至 2018 年 8 月 26 日，北京市共发布地方性法规、地方政府规章、地方政府工作文件共 2206 个，涉及平安建设的地方性法规与政府规章有 18 个，其中社会治安防控领域地方性立法数量最多，为 15 个，安全生产领域的立法为 2 个，社会治理领域 1 个，矛盾纠纷化解领域 0 个，人口服务管理领域 0 个（见表 4）。

表 4　北京平安建设地方性法规与政府规章

种类	文件名称	实施时间
社会治理（1）	《北京市社区服务设施管理若干规定》（2018 年修改）	2018 年 2 月 12 日
社会治安防控（15）	《北京市人民代表大会常务委员会关于修改〈北京市烟花爆竹安全管理规定〉的决定》	2017 年 12 月 1 日
	《北京市烟花爆竹安全管理规定》（2017 年修正）	2017 年 12 月 1 日
	《北京市行政执法机关移送涉嫌犯罪案件工作办法》（2018 年修改）	2018 年 4 月 24 日
	《北京市人民政府关于修改〈北京市行政执法机关移送涉嫌犯罪案件工作办法〉的决定》	2018 年 4 月 24 日

续表

种类	文件名称	实施时间
社会治安防控(15)	《北京市人民政府关于废止〈关于所外执行劳动教养的暂行规定〉等19项规章的决定》	2018年2月13日
	《北京市公共信用信息管理办法》	2018年5月1日
	《北京市涉外宾馆卫星电视广播地面接收设施接收卫星传送境外电视节目管理规定》(2018年修改)	2018年2月12日
	《北京市查处非法客运若干规定》	2018年7月1日
	《北京市旅游条例》	2017年8月1日
	《北京市除四害工作管理规定》(2018年修改)	2018年2月12日
	《北京市实施〈卫星地面接收设施接收外国卫星传送电视节目管理办法〉若干规定》(2018年修改)	2018年2月12日
	《北京市人民防空工程和普通地下室安全使用管理办法》(2018年修改)	2018年2月12日
	《北京市禁止露天烧烤食品的规定》(2018年修改)	2018年2月12日
	《北京市人民防空工程和普通地下室安全使用管理办法》(2018年修改)	2018年2月12日
	《北京市快递安全管理办法》(2018年修改)	2018年2月12日
安全生产(2)	《北京市实施〈中华人民共和国防洪法〉办法》(2018年修正)	2018年3月30日
	《北京市农业机械安全监督管理规定》	2018年4月1日

同期网络抓取数据显示，上海市共发布地方性法规、地方政府规章、地方政府工作文件共3443个，涉及平安建设的地方性法规与政府规章有7个。其中，社会治安防控领域的地方性立法数量最多，为4个，人口服务管理领域3个，安全生产领域0个，社会治理领域0个，矛盾纠纷化解领域0个（见表5）。

表5　上海平安建设地方性法规与政府规章

种类	文件名称	实施时间
社会治安防控(4)	《上海市食品安全条例》	2017年3月20日
	《上海市印章刻制业治安管理办法》(2018年修正)	2018年1月4日
	《上海市公共信用信息归集和使用管理办法》(2018年修正)	2018年1月4日
	《上海市住宅物业消防安全管理办法》	2017年9月1日

续表

种类	文件名称	实施时间
人口服务管理(3)	《上海市居住证管理办法》	2018 年 1 月 1 日
	《上海市人民政府关于修改〈上海市实有人口服务和管理若干规定〉的决定》	2018 年 1 月 1 日
	《上海市实有人口服务和管理若干规定》(2017 年修正)	2018 年 1 月 1 日

从以上检索信息可以看出，北京市积极发挥法治的引领和保障作用，扎实推进平安北京建设。因此，本指标得满分。

（二）平安北京建设规范性文件情况

本指标得分为 100 分。

通过网络抓取统计，自 2017 年 1 月 1 日至 2018 年 8 月 26 日，北京市发布地方性法规、地方政府规章、地方政府工作文件共 2206 个，涉及平安建设的规范性文件有 151 个，其中安全生产领域规范性文件数量最多，为 69 个，社会治理领域规范性文件 26 个，社会治安防控领域规范性文件 40 个，矛盾纠纷化解领域规范性文件 9 个，人口服务管理领域规范性文件 7 个（见表 6）。

表 6　2017 ~ 2018 年北京平安建设地方规范性文件和政府工作文件

分类	文件名称	实施时间
社会治理(26)	《北京市社区服务设施管理若干规定》(2018 年修改)	2018 年 2 月 12 日
	《北京市人民代表大会常务委员会关于"扶持专业运营，发展居家养老服务业"情况及议案办理情况的报告》	2017 年 7 月 20 日
	《北京市人民政府办公厅印发〈关于加强多种形式消防队伍建设发展的意见〉的通知》	2017 年 1 月 6 日
	《北京市财政局、北京市民政局、北京市社会建设工作办公室关于通过政府购买服务支持社会组织培育发展的实施意见》	2017 年 10 月 17 日
	《北京市民政局印发〈关于贯彻落实社会组织抽查暂行办法的实施方案〉的通知》	2017 年 5 月 26 日
	《北京市民政局关于依法严厉打击非法社会组织活动的通告》	2018 年 2 月 9 日
	《北京市民政局、北京市财政局关于社会工作参与精准救助的实施意见》	2017 年 1 月 20 日

社会治理(20)	《北京市密云区人民政府办公室关于印发推进幸福晚年驿站建设的意见的通知》	2017 年 12 月 29 日
	《北京市海淀区人民政府办公室转发区文化委〈关于促进社会力量参与公共文化服务的实施意见〉的通知》	2018 年 5 月 30 日
	《北京市西城区人民政府关于印发北京市西城区街区公共空间管理办法(试行)的通知》	2017 年 12 月 15 日
	《北京市人力资源和社会保障局、北京市财政局、北京市人民政府国有资产监督管理委员会关于印发〈关于政府购买市属国有企业退休人员社会化管理服务实施办法〉的通知》	2017 年 9 月 15 日
	《北京市人民政府办公厅关于印发〈北京城市安全隐患治理三年行动方案(2018~2020 年)〉的通知》	2018 年 8 月 13 日
	《北京市突发事件应急委员会关于印发〈北京西站地区突发事件总体应急预案(2018 年修订)〉的通知》	2018 年 6 月 1 日
	《北京市延庆区人民政府办公室关于印发 2018 年缓解交通拥堵工作方案的通知》	2018 年 5 月 4 日
	《北京市人民政府办公厅关于切实做好"五一"假日期间安全工作的紧急通知》	2018 年 4 月 28 日
	《北京市海淀区人民政府办公室关于印发本区提升消防综合应急救援能力 2018 年度工作方案的通知》	2018 年 4 月 13 日
	《中共北京市委办公厅、北京市人民政府办公厅关于印发〈北京市落实食品安全党政同责的意见〉的通知》	2017 年 12 月 30 日
	《北京市住房和城乡建设委员会关于转发〈2017 年今冬明春火灾防控工作方案〉的通知》	2017 年 11 月 30 日
	《北京市人民政府办公厅印发〈关于加强火灾防控体系建设的意见〉的通知》	2017 年 11 月 3 日
	《北京市住房和城乡建设委员会关于印发〈北京市住房城乡建设系统落实党的十九大社会面火灾防控工作实施方案〉的通知》	2017 年 8 月 28 日
	《北京市卫生和计划生育委员会关于成立消防安全委员会的通知》	2017 年 9 月 5 日
	《北京市无证无照经营和"开墙打洞"治理工作联席会议办公室关于印发北京市无证无照经营和"开墙打洞"专项整治行动方案的通知》	2017 年 2 月 24 日
	《北京市民政局关于进一步加强和规范社会组织开展评比达标表彰活动的通知》	2017 年 7 月 12 日
	《北京市民政局关于 2017 年利用福利彩票公益金资助社会组织开展公益服务项目的通知》	2017 年 6 月 5 日

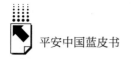

续表

分类	文件名称	实施时间
社会治理（20）	《北京市人民政府办公厅关于印发〈北京市危险化学品安全综合治理三年行动计划（2017年6月~2020年5月）〉的通知》	2017年6月9日
	《北京市西城区人民政府关于推进安全预防控制体系建设的实施意见》	2017年11月9日
社会治安防控（40）	《北京市国家安全局关于实施〈公民举报间谍行为线索奖励办法〉的通告》	2017年4月10日
	《北京市公安局关于印发保安服务许可和保安培训许可工作规范的通知》	2018年5月23日
	《北京市公安局关于印发公安派出所出具证明工作实施细则（试行）的通知》	2018年5月16日
	《北京市公安局公安交通管理局、天津市公安交通管理局、河北省公安厅交通管理局关于2018年春节假日期间京津冀地区高速公路禁止危险物品运输车辆通行的通告》	2018年2月15日
	《北京市公安局公安交通管理局关于对运载危险化学品车辆采取临时交通管理措施的通告》	2018年3月1日
	《北京市经济和信息化委员会、北京市交通委员会、北京市公安局公安交通管理局关于印发〈北京市自动驾驶车辆道路测试能力评估内容与方法（试行）〉和〈北京市自动驾驶车辆封闭测试场地技术要求（试行）〉的通知》	2018年1月1日
	《北京市委网信办、北京市公安局、北京市经济信息化委关于WannaCry勒索蠕虫出现变种及处置工作建议的通知》	2017年5月14日
	《北京市交通委员会、北京市环境保护局、北京市公安局公安交通管理局关于对部分载客汽车采取交通管理措施的通告》	2018年6月15日
	《北京市石景山区人民政府办公室关于印发〈加强电动自行车充电棚建设管理意见〉的通知》	2018年4月13日
	《北京市交通委员会、北京市公安局公安交通管理局、北京市经济和信息化委员会关于印发〈北京市关于加快推进自动驾驶车辆道路测试有关工作的指导意见（试行）〉和〈北京市自动驾驶车辆道路测试管理实施细则（试行）〉的通知》	2017年12月15日
	《北京市住房和城乡建设委员会关于加强轨道交通暗挖工程电动三轮车使用安全管理的通知》	2017年12月11日
	《北京市公安局关于加强北京地区低慢小航空器管理工作的通告》	2017年3月1日
	《北京市工商行政管理局关于加强旅游市场监管规范旅游市场秩序的意见》	2017年9月6日

续表

分类	文件名称	实施时间
社会治安防控（40）	《北京市城市管理委员会、北京市规划和国土资源管理委员会、北京市城市管理综合行政执法局关于开展集中清理建筑物天际线专项行动的通告》	2017 年 11 月 24 日
	《北京市工商行政管理局关于进一步严肃查处虚假违法广告行为的通知》	2017 年 7 月 7 日
	《北京市工商行政管理局关于贯彻落实 2017 年打击侵犯知识产权和制售假冒伪劣商品工作要点的通知》	2017 年 6 月 27 日
	《北京市工商行政管理局关于印发落实 2017 年网络市场监管专项行动工作方案的通知》	2017 年 6 月 29 日
	《北京市卫生和计划生育委员会关于印发〈北京市食品安全企业标准备案办法〉的通知》	2017 年 5 月 1 日
	《北京市卫生和计划生育委员会关于印发〈全市卫生计生系统开展可燃物清理专项行动工作方案〉的通知》	2017 年 2 月 3 日
	《北京市商务委员会关于做好典当行设立工作的通知》	2017 年 1 月 1 日
	《北京市教育委员会关于切实做好 2018 年学校食品安全管理工作的通知》	2018 年 2 月 26 日
	《北京市民防局关于进一步优化〈北京市固定资产投资项目结合修建人民防空工程审批流程〉的通知》	2018 年 1 月 1 日
	《北京市食品药品监督管理局关于印发〈北京市农村食品安全风险隐患排查整治行动方案〉的通知》	2017 年 8 月 23 日
	《北京市食品药品监督管理局关于印发北京市农村食品安全风险隐患排查整治行动方案的通知》	2017 年 8 月 23 日
	《北京市食品药品监督管理局关于印发〈北京市餐饮服务食品安全量化分级管理办法(2017 年第二版)〉的通知》	2017 年 8 月 21 日
	《北京市卫生计生委关于强化安全管理、防范暴力伤医事件案件发生的通知》	2017 年 4 月 20 日
	《北京市民防局关于进一步明确北京市防空地下室易地建设条件的通知》	2018 年 2 月 22 日
	《北京市门头沟区人民政府关于进一步加强烟花爆竹安全管理工作的通告》	2018 年 1 月 17 日
	《北京市昌平区人民政府关于加强烟花爆竹安全管理工作的通告》	2018 年 1 月 23 日
	《北京市顺义区人民政府关于进一步加强烟花爆竹安全管理工作的通告》	2018 年 1 月 15 日

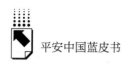

续表

分类	文件名称	实施时间
社会治安防控（40）	《北京市公安局关于办理2017年度养犬年检手续的通告》	2017年4月2日
	《北京市工商行政管理局关于做好2017年度烟花爆竹安全管理工作的通知》	2017年1月9日
	《北京市卫生计生委关于做好2017年全民禁毒宣传月毒品预防教育工作的通知》	2017年6月16日
	《北京市住房和城乡建设委员会关于转发〈2017年夏季消防检查工作方案〉的通知》	2017年5月4日
	《北京市人民政府办公厅关于清理杨柳絮防止发生火灾的紧急通知》	2017年5月2日
	《北京市防火安全委员会办公室关于防范杨柳絮火灾事故的紧急通知》	2017年5月1日
	《北京市防火安全委员会关于印发2017年夏季消防检查工作方案的通知》	2017年4月18日
	《北京市卫生和计划生育委员会关于印发〈卫生计生系统消防安全"大排查大整治大宣传大培训"专项行动暨"一带一路"国际合作高峰论坛火灾防控工作方案〉的通知》	2017年4月13日
	《北京市卫生和计划生育委员会关于印发〈2017年北京市卫生计生系统消防工作要点〉的通知》	2017年2月27日
	《北京市卫生和计划生育委员会转发〈国家卫生计生委关于做好卫生计生行业防范和处置非法集资工作的通知〉的通知》	2017年6月5日
安全生产（69）	《北京市文化娱乐场所经营单位安全生产规定》（2018年修改）	2018年2月12日
	《北京市园林绿化局关于印发突发事件应急救助等专项责任清单的通知》	2017年7月12日
	《北京市安全生产监督管理局、北京煤矿安全监察局关于对从事安全生产工作二十年以上人员颁发荣誉证书的意见》	2017年4月28日
	《北京市突发事件应急委员会关于印发〈突发事件现场指挥部设置与运行指导意见〉的通知》	2017年1月6日
	《北京市新闻出版广电局关于印发〈电影放映场所、出版物批发零售企业及印刷企业落实安全生产主体责任情况检查评估制度（试行）〉的通知》	2018年3月1日
	《北京市住房和城乡建设委员会关于印发〈2017年建筑施工安全生产和绿色施工管理工作要点〉的通知》	2017年1月6日
	《北京市教育委员会关于开展学校食品安全专项检查的通知》	2018年4月19日

分类	文件名称	实施时间
安全生产(69)	《北京市住房和城乡建设委员会关于印发〈2017 年北京市建设工程食品安全宣传周工作方案〉的通知》	2017 年 6 月 27 日
	《北京市住房和城乡建设委员会关于落实〈北京市高层建筑消防安全综合治理工作方案〉的通知》	2017 年 8 月 16 日
	《北京市朝阳区人民政府关于印发〈北京市朝阳区病媒生物预防控制管理办法〉的通知》	2018 年 7 月 12 日
	《北京市安全生产委员会关于印发〈北京市全面推行安全生产责任保险制度工作的实施意见〉的通知》	2017 年 7 月 10 日
	《北京市住房和城乡建设委员会关于印发〈北京市房屋建筑安全管理员管理办法〉的通知》	2018 年 1 月 2 日
	《北京市住房和城乡建设委员会关于加强汛期施工现场内土方堆放安全的通知》	2017 年 7 月 7 日
	《北京市城市管理委员会、北京市城市管理综合行政执法局关于严厉查处各类施工勘探作业破坏燃气管线违法行为的意见》	2017 年 7 月 12 日
	《北京市城市管理委员会关于印发城镇地下燃气管线自身结构性隐患排查治理工作管理规定(试行)的通知》	2017 年 2 月 15 日
	《北京市粮食局关于印发〈北京市粮食质量安全监管实施细则〉的通知》	2017 年 12 月 15 日
	《北京市粮食局关于"双随机一公开"监管工作细则的通告》	2017 年 12 月 27 日
	《北京市通州区人民政府办公室关于推动通州区小型工程施工现场安全网格化管理的实施意见》	2018 年 3 月 27 日
	《北京市昌平区人民政府关于推进安全预防控制体系建设的实施意见》	2018 年 2 月 26 日
	《北京市住房和城乡建设委员会关于全面加强本市建筑施工企业全员安全生产责任制工作的通知》	2017 年 12 月 14 日
	《中共北京市委、北京市人民政府印发〈关于进一步推进安全生产领域改革发展的实施方案〉的通知》	2017 年 11 月 9 日
	《北京市安全生产委员会关于印发〈北京市企业安全生产标准化建设管理办法〉的通知》	2017 年 11 月 18 日
	《北京市住房和城乡建设委员会关于北京市建筑施工企业 2017 年 9 月 21 日"三类人员"安全生产考核合格名单的通告》	2017 年 9 月 27 日
	《北京市住房和城乡建设委员会关于北京市建筑施工企业 2017 年 8 月 24 日"三类人员"安全生产考核合格名单的通告》	2017 年 9 月 6 日
	《北京市住房和城乡建设委员会关于开展物业管理行业安全生产专项治理行动的通知》	2017 年 8 月 30 日

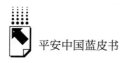

续表

分类	文件名称	实施时间
	《北京市工商行政管理局关于印发贯彻落实安全生产各项工作任务的方案的通知》	2017 年 8 月 18 日
	《北京市安全生产监督管理局关于印发〈北京市社会影响较大一般生产安全事故调查处理规定〉的通知》	2017 年 8 月 2 日
	《北京市园林绿化局关于开展安全生产大检查的通知》	2017 年 7 月 25 日
	《北京市住房和城乡建设委员会关于进一步强化建筑施工企业安全生产主体责任的通知》	2017 年 7 月 18 日
	《北京市安全生产委员会关于印发〈北京市城市安全风险评估试点工作方案〉和〈北京市安全风险管理实施办法（试行）〉的通知》[附：北京市安全风险评估规范（试行）、北京市生产安全事故应急能力评估规范（试行）、北京市生产安全应急资源调查规范（试行）]	2017 年 6 月 29 日
	《北京市安全生产监督管理局、北京市旅游发展委员会关于印发〈安全生产信用信息归集和共享工作合作备忘录〉的通知》	2017 年 6 月 22 日
安全生产（69）	《北京市东城区人民政府关于印发北京市东城区安全生产综合考核办法的通知》	2017 年 6 月 21 日
	《北京市住房和城乡建设委员会转发国务院安委会办公室关于贵州省成贵铁路七扇岩隧道建设工程"5·2"爆炸事故有关文件的通知》	2017 年 6 月 19 日
	《北京市安全生产监督管理局办公室关于印发〈北京市安全生产技术服务机构管理办法〉的通知》	2017 年 6 月 19 日
	《北京市住房和城乡建设委员会关于进一步加强建筑拆除工程安全生产和绿色施工管理工作的通知》	2017 年 6 月 15 日
	《北京市安全生产监督管理局办公室关于印发〈北京市安全生产信息化总体建设方案（2017 年 7 月～2020 年 7 月）〉的通知》	2017 年 6 月 12 日
	《北京市安全生产监督管理局办公室关于进一步加强安全生产举报与执法工作衔接的实施意见》	2017 年 6 月 7 日
	《北京市安全生产监督管理局关于修订印发〈北京市安全文化建设示范企业管理办法〉、〈北京市安全文化建设示范企业评定标准〉的通知》	2017 年 3 月 31 日
	《北京市住房和城乡建设委员会关于进一步加强全市建筑施工安全生产体验式培训教育工作的通知》	2017 年 3 月 3 日

续表

分类	文件名称	实施时间
安全生产(69)	《北京市安全生产监督管理局关于下达2017年度安全生产标准化创建任务的通知》	2017年2月20日
	《北京市人民政府办公厅关于印发〈北京市安全生产工作考核办法〉的通知》	2017年2月20日
	《北京市城市管理委员会关于印发城镇地下燃气管线自身结构性隐患排查治理工作管理规定(试行)的通知》	2017年2月15日
	《北京市安全生产监督管理局、北京煤矿安全监察局关于加强煤矿化解产能期间安全生产工作的意见》	2017年2月14日
	《北京市食品药品监督管理局关于进一步加强大中型和重点食品生产企业监管的通知》	2017年6月23日
	《北京市食品药品安全突发事件应急预案》(2017年修订)	2017年1月1日
	《北京市安全生产委员会办公室、天津市安全生产委员会办公室、河北省安全生产委员会办公室关于印发〈京津冀协同应对事故灾难工作纲要〉的通知》	2017年1月11日
	《北京市住房和城乡建设委员会关于2017年北京市建筑施工安全生产知识竞赛结果的通报》	2017年6月21日
	《北京市住房和城乡建设委员会关于印发〈2017年建筑工程施工现场安全监督执法检查重点〉的通知》	2017年2月27日
	《北京市住房和城乡建设委员会关于开展2017年建筑施工安全专项整治工作的通知》	2017年3月9日
	《北京市安全生产监督管理局办公室关于印发〈北京市百家危险化学品重点企业电气防爆安全检测工作实施方案〉的通知》	2017年5月4日
	《北京市安全生产委员会办公室关于在房山区派驻危险化学品安全监管工作专班的实施方案》	2017年1月1日
	《北京市延庆区人民政府办公室关于印发创建国家农产品质量安全区实施方案的通知》	2018年3月19日
	《北京市住房和城乡建设委员会、北京市财政局关于印发〈北京市物业服务企业落实安全生产责任制情况检查评估工作方案〉的通知》	2017年12月28日
	《北京市住房和城乡建设委员会关于认真学习宣传贯彻落实〈中共北京市委北京市人民政府关于进一步推进安全生产领域改革发展的实施方案〉的通知》	2017年12月11日
	《北京市住房和城乡建设委员会关于印发〈物业行业安全生产隐患排查要点〉的通知》	2017年11月28日

分类	文件名称	实施时间
安全生产(69)	《北京市住房和城乡建设委员会关于印发〈北京市住房城乡建设系统开展安全隐患大排查大清理大整治专项行动工作方案〉的通知》	2017 年 11 月 21 日
	《北京市住房和城乡建设委员会关于北京市建筑施工企业2017 年 10 月 26 日"三类人员"安全生产考核合格名单的通告》	2017 年 10 月 31 日
	《北京市住房和城乡建设委员会关于北京市建筑施工企业 2017年 7 月 20 日"三类人员"安全生产考核合格名单的通告》	2017 年 7 月 25 日
	《北京市住房和城乡建设委员会关于印发〈北京市建筑施工企业落实安全生产主体责任情况检查评估工作方案〉的通知》	2017 年 7 月 20 日
	《北京市住房和城乡建设委员会转发北京市安委会办公室关于认真贯彻落实市政府领导批示精神切实做好有限空间安全生产管理工作的通知》	2017 年 7 月 4 日
	《北京市住房和城乡建设委员会转发住房城乡建设部安委会办公室关于印发起重机械、基坑工程等五项危险性较大的分部分项工程施工安全要点的通知》	2017 年 6 月 15 日
	《北京市住房和城乡建设委员会关于北京市建筑施工企业 2017年 5 月 25 日"三类人员"安全生产考核合格名单的通告》	2017 年 6 月 5 日
	《北京市住房和城乡建设委员会关于印发〈2017 年建筑起重机械安全专项整治工作方案〉的通知》	2017 年 5 月 9 日
	《北京市住房和城乡建设委员会关于北京市建筑施工企业 2017年 4 月 20 日"三类人员"安全生产考核合格名单的通告》	2017 年 4 月 27 日
	《北京市住房和城乡建设委员会转发住房城乡建设部办公厅关于进一步加强建筑施工安全生产工作的紧急通知》	2017 年 4 月 25 日
	《北京市安全生产监督管理局关于公布北京市工业企业安全生产标准化(二级)示范企业名单的通知》	2017 年 4 月 24 日
	《北京市住房和城乡建设委员会关于表彰 2016 年度安全生产管理先进单位的通报》	2017 年 3 月
	《北京市安全生产监督管理局北京煤矿安全监察局关于开展 2017 年"双百工程"活动的通知》	2017 年 2 月 13 日
	《北京市住房和城乡建设委员会关于北京市建筑施工企业 2017年 1 月 19 日"三类人员"安全生产考核合格名单通告》	2017 年 1 月 24 日

续表

分类	文件名称	实施时间
矛盾纠纷化解 (9)	《北京市人力资源和社会保障局关于印发〈北京市劳动保障监察接待跨区域投诉举报案件管理办法〉的通知》	2017 年 8 月 1 日
	《北京市城市管理委员会关于印发北京市电网建设项目开展社会稳定风险评估暂行规定的通知》	2018 年 5 月 15 日
	《北京市人力资源和社会保障局、北京市财政局关于印发〈北京市劳动人事争议兼职仲裁员管理办法〉的通知》(2017 年修订)	2017 年 12 月 15 日
	《北京市人力资源和社会保障局关于印发〈北京市拖欠农民工工资"黑名单"管理暂行办法实施细则〉的通知》	2018 年 5 月 10 日
	《北京市人力资源和社会保障局关于印发〈北京市劳动人事争议调解组织工作办法〉的通知》	2017 年 11 月 8 日
	《北京市人力资源和社会保障局、天津市人力资源和社会保障局、河北省人力资源和社会保障厅关于印发〈京津冀地区拖欠劳动者工资异地投诉办法(试行)〉的通知》	2017 年 3 月 1 日
	《中共北京市委办公厅、北京市人民政府办公厅关于印发〈北京市信访工作责任制实施细则〉的通知》	2017 年 6 月 22 日
	《北京市司法局印发〈北京市司法局关于推进人民调解工作改革的意见〉的通知》	2017 年 10 月 31 日
	《北京市顺义区人民政府办公室关于设立顺义区行政调解组织的通知》	2018 年 3 月 29 日
人口服务管理 (7)	《北京市人力资源和社会保障局、北京市发展和改革委员会、中共北京市委宣传部等关于印发〈北京市积分落户操作管理细则(试行)〉的通知》	2018 年 4 月 11 日
	《北京市人力资源和社会保障局关于调整本市引进非北京生源毕业生和人员调京工作渠道的通知》	2017 年 2 月 21 日
	《北京市人力资源和社会保障局关于开展 2018 年来京务工人员就业状况抽样调查的通知》	2018 年 5 月 22 日
	《北京市财政局、北京市发展和改革委员会关于变更外国人永久居留证费收费项目名称的通知》	2018 年 3 月 15 日
	《北京市公安局、北京市人力社保局关于〈北京市工作居住证〉持有人申领〈北京市居住证〉有关事项的通知》	2017 年 1 月 4 日
	《北京市人力资源和社会保障局关于印发〈北京市引进人才管理办法(试行)〉的通知》	2018 年 2 月 28 日
	《北京市人力资源和社会保障局关于印发〈北京市引进非北京生源毕业生工作管理办法〉的通知》	2018 年 2 月 24 日

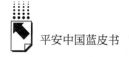

同期网络抓取数据显示，上海市共发布地方性法规、地方政府规章、地方政府工作文件 3443 个，涉及平安建设的规范性文件有 165 份，其中安全生产领域的规范性文件数量最多为 63 个，其次为社会治安防控领域的规范性文件 48 个，社会治理领域的规范性文件 30 个，人口服务管理领域的规范性文件 16 个，矛盾纠纷化解领域的规范性文件 8 个（见表 7）。

表 7　2017～2018 年平安建设上海地方规范性文件和政府工作文件

分类	文件名称	实施时间
社会治理(30)	《上海市民政、上海市社会团体管理局关于依法严厉打击非法社会组织活动的通告》	2018 年 3 月 9 日
	《上海市质量技术监督局关于印发局系统志愿服务队伍建设方案的通知》	2017 年 10 月 9 日
	《上海市老龄工作委员会办公室、上海市民政局关于开展本市 2017 年社区综合为老服务中心评估工作的通知》	2017 年 7 月 18 日
	《上海市黄浦区人民政府印发〈黄浦区新天地地区综合管理办法〉的通知(2018)》	2018 年 6 月 1 日
	《上海市黄浦区人民政府关于印发黄浦区豫园地区综合管理办法的通知》	2017 年 12 月 1 日
	《上海市人民政府办公厅关于印发〈上海市高层建筑消防安全综合治理工作方案〉的通知》	2017 年 8 月 24 日
	《中共上海市委办公厅、上海市人民政府办公厅关于本市改革社会组织管理制度促进社会组织健康有序发展的实施意见》	2017 年 8 月 3 日
	《上海市民政局关于同意宝山区友谊路街道宝林二村居委会等 3 个居委会和杨行镇泗塘村村委会为上海市居（村）委会"自治家园（社区民主协商示范点）"的批复》	2017 年 7 月 12 日
	《上海市民政局关于印发〈上海市社区老年人日间照护机构管理办法〉的通知》	2017 年 9 月 1 日
	《上海市民政局关于本市公建养老服务设施委托社会力量运营的指导意见（试行）》	2017 年 9 月 21 日
	《上海市人民政府办公厅关于转发市民政局制订的〈上海市社区养老服务管理办法〉的通知》	2017 年 5 月 1 日
	《上海市黄浦区人民政府办公室关于印发黄浦区推进智慧城区建设三年行动计划(2017～2019)的通知》	2017 年 6 月 9 日
	《上海市黄浦区人民政府办公室关于印发 2017 年黄浦区智慧城区建设工作要点的通知》	2017 年 6 月 9 日

分类	文件名称	实施时间
	《上海市民政局关于引导社会力量参与社会救助工作的意见》	2018 年 4 月 25 日
	《中共上海市委、上海市人民政府关于本市深化安全生产领域改革发展的实施意见》	2017 年 9 月 18 日
	《上海市民防办公室关于浦东新区人防结建工程配建面积新标准试点适用范围的公告》	2017 年 8 月 11 日
	《中共上海市委办公厅、上海市人民政府办公厅印发〈关于实行国家机关"谁执法谁普法"普法责任制的实施意见〉的通知》	2018 年 2 月 6 日
	《上海市社会团体管理局关于印发〈2018 年度本市社会组织抽查工作的实施方案〉的通知》	2018 年 4 月 20 日
	《上海市人民政府办公厅关于成立上海市智慧公安建设领导小组的通知》	2018 年 2 月 6 日
	《上海市人力资源和社会保障局、上海市民政局、上海市社会团体管理局关于开展第三届上海市先进社会组织评选表彰活动的通知》	2017 年 2 月 17 日
	《上海市民政局关于转发〈民政部办公厅关于全国志愿服务信息系统试运行的通知〉的通知》	2017 年 1 月 3 日
社会治理（30）	《上海市交通委员会关于印发〈上海交通行业保障"两节"安全专项治理行动方案〉的通知》	2017 年 12 月 12 日
	《上海市黄浦区人民政府办公室关于印发黄浦区高层建筑消防安全综合治理工作方案的通知》	2017 年 9 月 20 日
	《上海市卫生和计划生育委员会关于做好电气火灾综合治理工作的通知》	2017 年 7 月 12 日
	《上海市民政局关于印发 2018 年度社会救助和防灾减灾工作要点的通知》	2018 年 3 月 21 日
	《上海市民政局关于开展社会救助社会工作服务试点的通知（2017）》	2017 年 11 月 10 日
	《上海市民政局关于印发〈上海民政防灾减灾"十三五"规划〉的通知》	2017 年 10 月 31 日
	《上海市民政局关于对命名为 2016 年度"全国综合减灾示范社区"单位给予一次性补贴的通知》	2017 年 9 月 20 日
	《上海市民政局、上海市财政局关于印发〈关于在本市开展"救急难"工作的实施意见（试行）〉的通知》	2017 年 5 月 15 日
	《上海市民政局关于印发〈2017 年上海民政减灾救灾工作要点〉的通知》	2017 年 2 月 21 日

续表

分类	文件名称	实施时间
社会治安防控(48)	《上海市人民政府办公厅关于印发〈上海市人民防空建设发展"十三五"规划〉(社会公开版)的通知》	2018 年 4 月 12 日
	《上海市人民政府办公厅关于印发〈上海市危险化学品安全综合治理实施方案〉的通知》	2017 年 4 月 5 日
	《上海市食品药品安全委员会办公室关于印发〈建设市民满意的食品安全城市宣传工作计划〉的通知》	2017 年 6 月 30 日
	《上海市公安局关于修改〈关于安装、使用警报器和标志灯具的规定〉等 4 件行政规范性文件的通知》	2017 年 12 月 19 日
	《上海市体育局关于印发〈上海市体育局系统"谁执法谁普法"普法责任清单〉的通知》	2018 年 7 月 27 日
	《上海市食品药品监督管理局、上海市财政局关于印发〈上海市药品、医疗器械、化妆品违法行为举报奖励办法〉的通知》	2017 年 2 月 15 日
	《上海市食品药品监督管理局关于实施〈上海市药品、医疗器械、化妆品违法行为举报奖励办法〉若干问题的意见》	2017 年 1 月 4 日
	《上海市安全生产委员会办公室、上海市消防安全委员会办公室关于印发上海市大型商业综合体消防安全专项整治工作方案的通知》	2018 年 8 月 14 日
	《上海市民政局、上海市消防局关于印发〈上海市养老机构消防安全标准化管理评分细则(试行)〉的通知》	2018 年 6 月 12 日
	《上海市人民政府办公厅关于深入贯彻落实国务院办公厅印发的〈消防安全责任制实施办法〉的通知》	2018 年 5 月 24 日
	《上海市公安局关于印发〈上海公安机关强制隔离戒毒诊断评估实施细则〉的通知》	2018 年 5 月 1 日
	《上海市农业委员会关于印发〈上海市农业委员会网络与信息安全管理办法〉的通知》	2018 年 3 月 8 日
	《上海市公安局关于安装、使用警报器和标志灯具的规定》(2017 年修改)	2017 年 12 月 19 日
	《上海市住房和城乡建设管理委员会关于贯彻落实〈上海市高层建筑消防安全综合治理工作方案〉的通知》	2017 年 9 月 28 日
	《上海市住房和城乡建设管理委员会关于印发上海市住房城乡建设领域防范电气火灾综合治理工作方案的通知》	2017 年 8 月 8 日
	《上海市教育委员会关于开展教育系统电气火灾综合治理自查检查的通知》	2017 年 8 月 14 日
	《上海市徐汇区人民政府办公室关于转发区消防委办公室制定的〈徐汇区关于加强突出火灾隐患整治工作的实施方案〉的通知》	2017 年 5 月 17 日

分类	文件名称	实施时间
社会治安防控 (48)	《上海市食品药品监督管理局关于转发〈关于进一步严厉打击在食品中添加罂粟壳行为的通知〉的通知》	2017 年 5 月 10 日
	《上海市禁毒委员会关于进一步严厉打击在食品中添加罂粟壳行为的通知》	2017 年 4 月 8 日
	《上海市绿化和市容管理局关于做好本市垃圾堆放场所防火工作的通知》	2017 年 1 月 23 日
	《上海市民政局、上海市消防局关于印发〈上海市养老机构消防安全标准化管理评分细则(试行)〉的通知》	2018 年 6 月 12 日
	《上海市卫生和计划生育委员会关于切实做好反家庭暴力相关工作的通知》	2017 年 8 月 14 日
	《上海市工商行政管理局关于印发〈2017 年上海市工商和市场监管部门打击侵犯知识产权和制售假冒伪劣商品工作要点〉的通知》	2017 年 8 月 28 日
	《上海市徐汇区人民政府办公室关于转发区消防委办公室制定的〈徐汇区关于加强突出火灾隐患整治工作的实施方案〉的通知》	2017 年 5 月 17 日
	《上海市人民政府办公厅关于印发〈本市全面开展空中坠物安全隐患专项整治实施方案〉的通知》	2018 年 8 月 18 日
	《上海市人民政府关于延长〈上海市海上搜寻救助管理办法〉有效期的通知》	2018 年 6 月 29 日
	《上海市经济和信息化委员会、上海市公安局、上海市交通委员会关于印发〈上海市智能网联汽车道路测试管理办法(试行)〉的通知》	2018 年 2 月 22 日
	《上海市公安局关于对本市部分道路交通违法行为实行教育警告执法管理的规定》(2017 年修改)	2017 年 12 月 19 日
	《上海市徐汇区人民政府办公室关于转发区建设交通委制定的〈徐汇区非机动车(含共享自行车)规范化管理实施意见(试行)〉的通知》	2017 年 6 月 12 日
	《上海市工商行政管理局等部门关于印发上海市 2017 年网络市场监管专项行动方案的通知》	2017 年 7 月 28 日
	《上海市工商行政管理局关于印发〈2017 年上海市工商和市场监管部门打击侵犯知识产权和制售假冒伪劣商品工作要点〉的通知》	2017 年 8 月 28 日
	《上海市农业委员会、上海市公安局、上海市工商行政管理局等关于印发 2017 年上海市农资打假和监管工作要点的通知》	2017 年 8 月 15 日

续表

分类	文件名称	实施时间
社会治安防控 (48)	《上海市食品药品监督管理局关于转发〈关于进一步严厉打击在食品中添加罂粟壳行为的通知〉的通知》	2017 年 5 月 10 日
	《上海市禁毒委员会关于进一步严厉打击在食品中添加罂粟壳行为的通知》	2017 年 4 月 8 日
	《上海市环境保护局关于印发〈上海市环境违法行为举报奖励办法〉的通知》	2018 年 6 月 5 日
	《上海市卫生和计划生育委员会、上海市公安局、上海市食品药品监督管理局关于印发〈上海市打击无证行医部门办案配合工作的意见〉的通知》	2018 年 7 月 26 日
	《上海市人民政府办公厅贯彻国务院办公厅关于进一步加强"地沟油"治理工作意见的实施意见》	2017 年 11 月 27 日
	《上海市食品药品监督管理局关于印发食品、保健食品欺诈和虚假宣传整治工作实施方案的通知》	2017 年 11 月 30 日
	《上海市食品药品安全委员会办公室等关于印发〈上海市关于规范涉嫌食品药品安全犯罪案件检验评估认定工作的实施意见〉的通知》	2017 年 11 月 21 日
	《上海市卫生和计划生育委员会、上海市公安局、上海市中医药发展办公室关于印发〈上海市严密防控涉医违法犯罪维护正常医疗秩序工作方案〉的通知》	2017 年 12 月 16 日
	《上海市银监局办公室关于转发〈中国银保监会办公厅关于加强无线网络安全管理的通知〉的通知》	2018 年 6 月 26 日
	《上海市通信管理局关于开展 2018 年电信和互联网行业网络安全检查工作的通知》	2018 年 4 月 28 日
	《上海市民政局关于印发〈上海市社会福利机构今冬明春火灾防控工作方案〉的通知》	2017 年 12 月 14 日
	《上海市教育委员会、上海市禁毒委员会办公室、上海市未成年人保护委员会办公室关于做好 2017 年大中小学毒品预防教育十项重点工作的通知》	2017 年 4 月 12 日
	《上海市黄浦区人民政府办公室关于印发黄浦区危险化学品安全综合治理实施方案的通知》	2018 年 1 月 12 日
	《上海市卫生和计划生育委员会等关于印发〈上海市防范和打击无证行医三年行动计划(2018～2020 年)〉的通知》	2018 年 8 月 1 日
	《上海市食品药品安全委员会关于印发〈2018 年上海市食品安全重点工作安排〉的通知》	2018 年 7 月 11 日
	《上海市食品药品监督管理局关于加强夏季食品安全监管落实食物中毒防控工作的通知(2018)》	2018 年 5 月 4 日

续表

分类	文件名称	实施时间
安全生产(63)	《上海市食品药品监督管理局关于组织开展 2017 年学校食品安全专项检查的通知》	2017 年 6 月 1 日
	《上海市农业委员会关于延长〈上海市农业委员会关于农业机械安全监督管理行政处罚的裁量基准(试行)〉有效期的通知》	2017 年 12 月 22 日
	《上海市安全监管局、市环境保护局关于切实加强企业安全环保联动管控工作的通知》	2018 年 6 月 7 日
	《上海市质量技术监督局关于印发〈突发事件应急预案管理实施办法〉的通知》	2017 年 10 月 11 日
	《上海市黄浦区人民政府办公室关于印发田子坊地区应急管理单元突发事件应急预案的通知》	2017 年 9 月 8 日
	《上海市人民政府办公厅关于加快本市应急产业发展的实施意见》	2017 年 8 月 1 日
	《上海市安全监管局转发应急管理部关于明察暗访江西省钢铁企业重大生产安全事故隐患排查治理专项行动工作情况的通报》	2018 年 6 月 1 日
	《上海市住房和城乡建设管理委员会进一步加强城市安全运行和安全生产工作的通知》	2017 年 11 月 24 日
	《上海市住房和城乡建设管理委员会关于发布〈建设工程施工现场消防安全管理要点〉的通知》	2018 年 6 月 8 日
	《上海市体育局关于印发〈上海市高危险性体育项目(游泳)经营许可实施办法〉的通知》	2018 年 6 月 1 日
	《上海市体育局关于印发〈上海市高危险性体育项目(攀岩)经营许可实施办法〉的通知》	2018 年 6 月 1 日
	《上海市质量技术监督局关于开展石油化工行业、危险化学品领域特种设备专项监督检查的通知》	2018 年 5 月 21 日
	《上海市人民政府关于印发〈上海市实施生产安全事故报告和调查处理条例的若干规定〉的通知(2018)》	2018 年 7 月 1 日
	《上海市住房和城乡建设管理委员会关于发布本市建筑施工企业办理安全生产许可证人员配置标准细则的通知》	2017 年 5 月 1 日
	《上海市住房和城乡建设管理委员会关于印发〈装配整体式混凝土结构工程施工安全管理规定〉的通知》	2017 年 4 月 1 日
	《上海市农业机械化管理办公室关于开展农机安全大检查的通知》	2017 年 8 月 8 日
	《上海市畜牧兽医办公室关于开展全市畜禽屠宰行业安全生产大检查的紧急通知》	2017 年 9 月 4 日

续表

分类	文件名称	实施时间
安全生产(63)	《上海市绿化和市容管理局关于印发〈工程泥浆车安全运输管理规范(试行)〉的通知》	2017 年 4 月 27 日
	《上海市交通委员会关于进一步加强道路危险货运行业安全管理人员专业知识和能力建设的通知》	2017 年 3 月 14 日
	《上海市食品药品监督管理局关于下发〈运用信息技术手段加强餐饮单位风险甄别和精细化监管工作指导意见〉的通知》	2017 年 9 月 20 日
	《上海市食品药品监督管理局关于加强本市餐饮环节河豚鱼经营行为监管的通知》	2017 年 5 月 31 日
	《上海市旅游局关于做好本市暑期旅游安全工作的通知》	2017 年 7 月 4 日
	《上海市食品药品监督管理局关于发布〈上海市食品安全事故报告和调查处置办法〉的通知》	2017 年 12 月 1 日
	《上海市食品药品监督管理局关于发布〈上海市食品生产加工小作坊监督管理办法〉的通知》	2017 年 10 月 25 日
	《上海市黄浦区人民政府办公室印发关于加强黄浦区安全生产监管执法的实施意见的通知》	2018 年 5 月 16 日
	《上海市嘉定区人民政府关于批转〈嘉定区 2018 年安全生产工作意见〉的通知》	2018 年 3 月 12 日
	《上海市人民政府办公厅关于加强本市安全生产监管执法的实施意见》	2018 年 1 月 1 日
	《上海市质量技术监督局关于开展特种设备安全大检查的通知》	2017 年 8 月 3 日
	《上海市住房和城乡建设管理委员会关于修订本市园林绿化施工企业安全生产许可证管理规定的通知(2017)》	2017 年 5 月 26 日
	《上海市国有资产监督管理委员会关于转发市安委会办公室关于贯彻落实〈国务院安委会办公室关于实施遏制重特大事故工作指南全面加强安全生产源头管控和安全准入工作指导意见〉的实施意见的通知》	2017 年 5 月 10 日
	《上海市安全生产监督管理局关于印发上海市企业安全风险分级管控实施指南(试行)的通知》	2017 年 6 月 1 日
	《上海市教育委员会关于加强中小学幼儿园公共安全教育的指导意见》	2017 年 10 月 31 日
	《上海市食品药品安全委员会办公室关于印发〈上海市食品安全风险研判和风险预警工作制度〉的通知》	2018 年 7 月 3 日
	《上海市食品药品监督管理局关于发布〈上海市食品安全事故报告和调查处置办法〉的通知》	2017 年 12 月 1 日

分类	文件名称	实施时间
	《上海市卫生和计划生育委员会关于转发〈市安委会办公室关于开展 2018 年上海市"安全生产月"活动的通知〉的通知》	2018 年 6 月 26 日
	《上海市安全监管局关于做好 2018 年"安全生产月"应急演练活动的通知》	2018 年 6 月 19 日
	《上海市住房和城乡建设管理委员会关于开展上海市住房城乡建设管理系统 2018 年"安全生产月"活动的通知》	2018 年 5 月 22 日
	《上海市交通委员会关于开展 2018 年上海交通行业"安全生产月"活动的通知》	2018 年 5 月 18 日
	《上海市交通委员会关于印发〈2018 年上海交通行业安全生产工作要点及其目标任务分解表〉的通知》	2018 年 3 月 28 日
	《上海市交通委员会关于印发〈上海交通行业安全生产宣传教育"七进"活动基本规范〉的通知》	2018 年 3 月 2 日
	《上海市安全生产委员会办公室关于开展建筑施工安全专项治理行动的通知》	2018 年 6 月 22 日
	《上海市经济和信息化委员会关于集中开展 2018 年电力安全大检查的通知》	2018 年 7 月 18 日
安全生产(63)	《上海市交通委员会关于开展本市公路隧道安全风险防控专项行动的通知》	2018 年 4 月 9 日
	《上海市金山区人民政府办公室关于印发〈上海市金山区处置内河交通事故应急预案〉的通知》	2018 年 4 月 2 日
	《上海市交通委员会关于印发〈2016 年上海交通行业安全生产工作总结和 2017 年工作要点〉的通知》	2017 年 2 月 21 日
	《上海市旅游局关于做好本市暑期旅游安全工作的通知(2018)》	2018 年 6 月 11 日
	《上海市旅游局关于做好 2018 年本市旅游安全工作的通知》	2018 年 3 月 28 日
	《上海市旅游局关于做好今冬明春本市旅游安全工作的通知》	2017 年 12 月 18 日
	《上海市旅游局关于印发〈上海市开展旅游安全四大专项行动的实施方案〉的通知》	2017 年 5 月 15 日
	《上海市安全生产监督管理局关于贯彻落实〈危险化学品生产储存企业安全风险评估诊断分级指南(试行)〉的通知》	2018 年 7 月 25 日
	《上海市安全生产监督管理局关于 2018 年上半年上海市安全生产事故隐患排查治理信息系统使用情况的通报》	2018 年 7 月 20 日
	《上海市安全生产委员会办公室关于进一步加强近期本市高发性事故防范工作的通知》	2018 年 7 月 3 日

分类	文件名称	实施时间
安全生产（63）	《上海市人民政府关于同意 2018 年度安全生产监督检查工作计划的批复》	2018 年 1 月 22 日
	《上海市黄浦区人民政府办公室转发区安委办关于 2017 年度安全生产履职考核情况的通报》	2018 年 1 月 11 日
	《上海市住房和城乡建设管理委员会关于做好党的十九大期间房屋市政工程安全生产工作的通知》	2017 年 10 月 13 日
	《上海市卫生和计划生育委员会关于做好近期各项安全生产工作的通知》	2017 年 7 月 24 日
	《上海市住房和城乡建设管理委员会、上海市安全生产监督管理局关于进一步加强建设工程施工安全生产工作的紧急通知》	2017 年 7 月 2 日
	《上海市食品药品监督管理局关于开展 2017 年局系统"安全生产月"活动的通知》	2017 年 6 月 12 日
	《上海市卫生和计划生育委员会关于转发〈市安委会办公室关于开展 2017 年上海市"安全生产月"活动的通知〉的通知》	2017 年 6 月 9 日
	《上海市住房和城乡建设管理委员会关于开展 2017 年上海市住房城乡建设管理系统"安全生产月"活动的通知》	2017 年 5 月 25 日
	《上海市国有资产监督管理委员会关于进一步做好 2017 年安全生产工作的指导意见》	2017 年 3 月 6 日
	《上海市人民政府办公厅关于转发市安委会办公室制订的〈上海市安全生产"十三五"规划〉的通知》	2017 年 1 月 24 日
	《上海市教育委员会关于开展校车安全隐患排查整治专项行动的紧急通知》	2017 年 5 月 22 日
矛盾纠纷化解（8）	《上海市质量技术监督局关于印发 2017 年信访工作要点的通知》	2017 年 3 月 20 日
	《上海市司法局、上海市人民政府信访办公室关于印发〈关于加强人民调解参与信访矛盾纠纷化解工作的意见〉的通知》	2018 年 6 月 29 日
	《上海市卫生和计划生育委员会关于印发〈上海市卫生计生系统依法分类处理信访诉求清单〉的通知》	2017 年 12 月 27 日
	《上海市环境保护局关于印发〈上海市环保领域通过法定途径处理的信访投诉请求清单〉的通知》	2017 年 8 月 9 日
	《上海市农业委员会关于印发〈上海市农业领域通过法定途径分类处理信访投诉请求清单〉的通知》	2017 年 8 月 1 日
	《上海市交通委员会关于试行〈上海市交通运输领域通过法定途径分类处理信访矛盾清单〉的通知》	2017 年 7 月 28 日

分类	文件名称	实施时间
矛盾纠纷化解（8）	《上海市国家税务局、上海市地方税务局关于发布〈上海市税务行政复议和解调解实施办法〉的公告（2017）》	2017 年 11 月 21 日
	《中共上海市委政法委员会、上海市高级人民法院、上海市司法局等关于印发〈关于加强人民调解员队伍建设的实施意见〉的通知》	2018 年 7 月 6 日
人口服务管理（16）	《上海市人力资源和社会保障局关于延长〈关于持有上海市居住证人员申办本市常住户口若干问题的处理意见〉有效期的通知》	2017 年 12 月 20 日
	《上海市公安局关于延长〈上海市户口事项办理程序规定（试行）〉有效期的通知》	2018 年 6 月 26 日
	《上海市公安局关于印发〈上海市常住户口管理规定〉的通知》	2018 年 5 月 1 日
	《上海市人民政府关于印发〈上海市居住证积分管理办法〉的通知（2017）》	2018 年 1 月 1 日
	《上海市人力资源和社会保障局关于宣布〈关于来沪就业人员申办上海市居住证若干事项的通知〉等 3 个文件失效的通知》	2018 年 1 月 1 日
	《上海市人民政府关于印发修订后的〈上海市居住证申办实施细则〉的通知（2017）》	2018 年 1 月 1 日
	《上海市民政局、上海市财政局关于调整本市孤儿基本生活保障标准的通知》	2018 年 1 月 1 日
	《上海市人民政府关于加强本市困境儿童保障工作的实施意见》	2017 年 5 月 20 日
	《上海市人民政府办公厅转发市民政局关于上海市儿童福利院集中养育成年孤儿回归社会安置工作实施意见的通知》	2017 年 2 月 1 日
	《上海市徐汇区人民政府关于印发〈徐汇区区筹公共租赁住房申请对象准入标准（试行）〉的通知》	2017 年 2 月 1 日
	《上海市人民政府办公厅转发市财政局等五部门制订的〈关于本市支持农业转移人口市民化的若干意见〉的通知》	2017 年 5 月 1 日
	《上海市浦东新区人民政府印发〈关于持永久居留身份证外籍高层次人才创办科技型企业试行办法〉的通知》	2018 年 4 月 3 日
	《上海市人民政府办公厅转发市教委等四部门关于来沪人员随迁子女就读本市各级各类学校实施意见的通知（2018）》	2018 年 1 月 1 日
	《上海市黄浦区人民政府办公室关于印发加强黄浦区困境儿童保障工作实施方案的通知》	2017 年 11 月 9 日

续表

分类	文件名称	实施时间
人口服务管理（16）	《上海市未成年人保护委员会关于印发〈2017年上海市未成年人保护工作要点〉的通知》	2017年2月10日
	《上海市卫生和计划生育委员会关于印发〈2017年上海市计划生育基层指导（流动人口计划生育服务管理）工作要点〉的通知》	2017年3月17日

从以上检索信息可以看出，北京市自觉把平安北京建设放在全面推进北京法治建设的大局中来推进。因此，本指标得满分。

（三）北京警力配备情况

本指标得分为100分。

北京市公安局总结提炼各地合理调配警力调配的工作方法，从警力配备、领导职数、激励政策等入手，制定科学有效的政策措施，确保警力的基本稳定，充分激发现有警力的最大效能。每年招收新警、补充新鲜血液（见表8），2016年、2017年，北京市公安局通过机关警力直接前置、系统内前置等方式，为基层补充警力13000余人，其中，6700余人直接补充派出所。在此基础上实行"两队一室"新的警务运行机制，打破原有警区制，设立社区警务队、打击办案队和综合指挥室，实现社区警务合成作战，基层警力回归社区。

表8　北京市公安局招警人数统计

单位：人

种类 ＼ 年度	2018	2017	2016	2015	2014
公务员招录	100	700	3000余	—	—
文职辅警补录	397	330	200	—	—
公务员特警招录	—	—	—	210	300
公安交通勤务辅警	800	—	—	—	—
流动人口管理员（朝阳分局）	2217	—	—	—	—
流动人口管理员（东城分局）	372	—	—	—	—
警务辅助人员（劳务派遣）	516	—	—	—	—
辅警（顺义分局）	—	22	—	—	—
辅警（平谷分局）	—	38	—	—	—
辅警（怀柔分局）	—	29	—	—	—

北京市公安局继续认真落实公安部有关规定，按照精简机关、充实基层、贴近实战的要求，坚持警力下沉，把机关的部分民警精简到基层，对新招录和转业安置新民警原则上全部先安排到基层工作，使基层的实有警力在总警力中有较大占比，缓解基层民警老龄化问题。调整警力布局，在警力使用上进一步向基层倾斜。另外，加强与公安院校的合作，招录警校毕业生充实基层，提高基层活力、创造力和战斗力。

从以上信息可以看出，北京市配齐配强警力，为平安北京建设提供了有力的警力保障。因此，本指标得满分。

（四）专业队伍建设情况

本指标得分为 100 分。

基层工作是公安工作的基石，只有充分调动基层民警工作的积极性，充分挖掘队伍潜力，才能担负起平安北京建设的重大政治使命和社会责任。把有限的警力资源充分利用好，是新形势下提高队伍素质，完成公安工作任务的前提和保障，也是平安北京建设事业始终保持活力的源泉。北京市平安建设专业队伍概况见表9。

表9　北京市平安建设专业队伍概况

年度	事件	内容或职能
2017	京津冀警方首次执法办案协作联席会	通过了《关于建立执法办案协作联席会议机制的意见》《京津冀跨区域办案协作框架协议》
2017	"旅游警察"成立	旅游市场专项整治
2018	北京市大兴分局巡防队	成立十年来在辖区协助警方开展巡逻防控、反恐处突、视频巡控、地上地下一体化勤务等工作

从以上信息可以看出，北京市积极探索平安北京建设专业队伍创新机制。因此，本指标得满分。

（五）社会力量参与情况

本指标得分为 100 分。

2015 年 4 月，中办、国办联合下发《关于加强社会治安防控体系建设的意见》。在该意见中着重提及在社会治安防控中扩大公众的参与度，充分发展壮大平安志愿者、社区工作者、群防群治工作的新机制和新模式，促进治安志愿者队伍专业化和职业化。在平安北京建设中，北京市建立了专群结合的多元化防控力量。目前北京形成了以公安、武警专业力量，保安、巡防队等职业力量，以志愿者、治保积极分子等为主的三支多元化防控力量（见表 10），根据不同勤务模式，三者有效结合，整体联动，形成了一整套有效的运行机制。因此，本指标得满分。

2015 年部分城区群防群治力量信息见表 11，2015 年首都群防群治力量占常住人口比例见表 12。

表 10　2015 年首都群防群治力量统计

人员组成	人数（万人）	平均年龄（岁）	人员组成详情	职能
职业力量	35	43.5	保安员巡防队员	参与大型活动安保 社情民意收集
协助力量	20	56.5	停车管理员 环卫员、交通引导员	安全隐患排查 矛盾纠纷化解 法律宣传服务
志愿者力量	85	58	居民群众实名注册	治安巡逻防控 流动人口服务
总计	140	52.3	—	城市秩序维护 社区公益服务等

表 11　2015 年部分城区群防群治力量信息

区　域	面积（平方公里）	常住人口（万人）	群防群治力量（万人）	举报线索（万件）
西城	50.7	130.2	7	3.1
朝阳	470.8	395	19	21
海淀	426	369.4	17	2.1
丰台	306	232	11	1.2
东城	41.8	90.5	11.97	1.5

表 12 2015 年首都群防群治力量占常住人口比例

单位：万人，%

区 域	常住人口	群防群治力量	占比
北 京	2170	138	6.4
城六区	1283	70	5.5
郊十区	887	68	7.7

（六）平安建设经费投入情况

本指标得分为 100 分。

根据公安部统计数据，2018 年部门预算中，公共安全（类）支出 972327.63 万元，占 76.98%（见图 1）。公共安全支出（类）公安（款）治安管理（项）2018 年预算为 53650.31 万元，比 2017 年执行数增加 15.70 万元，增长 0.03%。

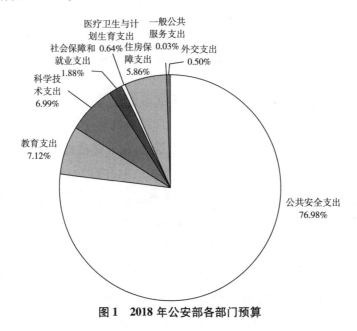

图 1 2018 年公安部各部门预算

公安部 2017 年一般公共预算当年拨款支出 1092165.89 万元，比 2016 年执行数（2016 年财政拨款预算年初批复数与年度预算调整数之和）减少

41832.51 万元。2017 年部门预算中，公共安全（类）支出 823597.99 万元，占 75.41%（见图 2）。

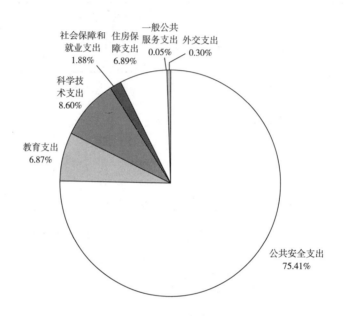

图 2　2017 年公安部各部门预算

根据《北京市公安局 2018 年财政预算信息》，2018 年收入预算 659483.57 万元，比 2017 年 669724.11 万元减少 10240.54 万元，下降 1.53%，主要原因是 2018 年收入中继续使用的财政性结转资金比 2017 年减少 64390.12 万元。其中，财政拨款 651447.29 万元，比 2017 年 597403.24 万元增加 54044.05 万元，主要原因是根据公安业务工作需要，加大对公安科技建设投入，增加居住证制作发放和应用等项目经费；其他资金 2104.70 万元，比 2017 年 1859.73 万元增加 244.97 万元，主要原因是将北京警察学院在校学生等单位的警用被装费纳入其他收入预算安排。2018 年部门预算支出方向及主要情况是：公共安全支出 574157.80 万元。主要是维护公共安全、开展公安事务及日常管理的支出，包括行政运行、治安管理、刑事侦查、经济犯罪侦查、出入境管理、居民身份证管理等支出。

北京市在经费支出方面为平安北京建设提供了坚实的物质基础,不断开创平安北京建设的新局面。因此,本指标得满分。

(七)平安建设硬件设施建设情况

本指标得分为 100 分。

经检索,北京市公安局延庆分局执法记录仪采购金额 38.37 万元。北京市平安建设硬件设施完备。因此,本指标得满分。

(八)公共安全视频监控系统建设情况

本指标得分为 100 分。

2016 年 10 月全国综治"江西会议",时任书记孟建柱再次指出,完善社会治安防控体系,核心是提高整体效能,中央将公共安全视频监控系统建设纳入"十三五"规划和国家安全保障能力建设规划,部署开展"雪亮工程"建设。"雪亮工程"发生在智能终端设备大规模普及的环境下,在北京的"雪亮网格",依据"北京通"的采集进行可视化指挥系统、视频摘要、人脸识别、电子围栏等新技术,加强对吸毒人员、易肇事肇祸精神病人、刑释解教人员等重点人群的分析研判,实现实时预警、即时推送。现在北京,通过"雪亮工程"与智慧北京建设和网格化管理的深度融合,推动了资源共享、部门联动、重心前移,形成了"天上有云、中间有网、地上有格"的全方位管理体系,使网格化管理更加精细、公共管理更加高效、公共服务更加便捷,公众安全感和治安满意度进一步提升。通州区公共安全视频监控系统建设情况见表 13。

表 13　通州区公共安全视频监控系统建设情况

时间	破案总数	命案破案率	秩序类警情	社区警情	街头警情
2013～2016	2.1 万	100%	同比下降 73.1%	同比下降 28.6%	同比下降 47.9%

北京市公共安全视频监控系统建设已取得了丰硕成果,为平安北京建设提供了科技支撑。因此,本指标得满分。

（九）大数据深度应用

本指标得分为 100 分。

北京市做好首都安全稳定工作，认真贯彻落实中央的新部署新要求，按照创新社会治理、建设平安中国的总体安排，进一步拓展平安建设领域、丰富平安建设内涵，努力在更高起点上全面深化平安北京建设。因此，本指标得满分。2017 年北京市公安局大数据深度应用概况见表14。

表14　2017 年北京市公安局大数据深度应用概况

东城公安分局体育馆路派出所	将"两队一室"民警录入统一警务平台	指挥室可以实时定位 迅速出警
海淀公安分局	"一站式"办案	涉案财务管理 涉案未成年人社工帮教 刑事速裁
北京市公安局	15 个单位 16 个执法办案管理中心 全部实行信息化管理,将大数据技术应用办案	

（十）信息资源共享融合情况

本指标得分为 100 分。

北京市平安建设在信息资源共享融合方面走在前面，并将它贯彻到基层、社区。因此，本指标得满分。2017 年东城区分局体育馆路派出所社区警务室信息资源共享融合情况（见表15）。

表15　2017 年东城区分局体育馆路派出所社区警务室信息资源共享融合情况

"7×24 小时"工作机制	接待群众 302 人	就近处警 278 起	调处纠纷矛盾 135 件
报备签到功能	民警或辅警通过网址链接即可点击进入系统进行报备		
定位调度功能	应对突发事件迅速调集警力　进一步提升了快速处置能力		
轨迹记录平台	管理员可通过路线信息及发案情况有针对性开展防控工作		
3D 地图功能	便于民警对社区情况和警情现场准确掌控		

微型消防站	消防站与警务室建立联动关系 及时将各类信息与民警共享 全面提升防火、灭火能力
居住登记卡办理点	方便商户等部分群众就近办理,也方便了与群众的沟通
外语及治安警务志愿者	涉外纠纷等警情的快速高效处置

(十一)信息安全防护建设

本指标得分为 100 分。

随着互联网经济的迅猛发展,各类危害关键信息基础设施的活动和行为日益猖獗。例如,攻击、侵入、干扰、破坏关键信息基础设施;非法获取、出售或者未经授权向他人提供可能被专门用于危害关键信息基础设施安全的技术资料等信息,未经授权对关键信息基础设施开展渗透性、攻击性扫描探测;明知他人从事危害关键信息基础设施安全的活动,仍然为其提供互联网接入、服务器托管、网络存储、通信传输、广告推广、支付结算等帮助等。一些重点单位运行、管理的网络设施和信息系统,一旦遭到破坏、丧失功能或者数据泄露,可能严重危害国家安全、国计民生、公共利益的。北京是首都,中央和首都政府机关、能源、金融、交通、水利、卫生医疗、教育、社保、环境保护、公用事业等单位云集;国防科工、大型装备、化工、食品药品等科研生产单位密集;也集中了国家广播电台、电视台、通讯社等新闻单位。电信网、广播电视网、互联网等信息网络,以及提供云计算、大数据和其他大型公共信息网络服务的公司、组织众多,例如京东、腾讯网、搜狗、360 公司、今日头条、一点资讯、58 同城、快手、千龙网等网站。所以北京的关键信息基础设施安全问题尤为突出。2017 年北京市网络与信息安全信息通报中心的职责与作用见表 16。

表 16　2017 年北京市网络与信息安全信息通报中心职责与作用

职责	监测网络安全状况 预警网络安全风险 通报网络安全信息 处置网络安全事件
作用	推动形成"以公安机关为核心,政府职能部门、重要行业主管部门为成员,专家组和技术支持单位参加的网络安全通报预警和应急处置体系"

北京市已经在社会治安综合治理、社会治理、平安建设领域均建立了党委领导责任制，明确了社会治理责任的第一责任主体就是各级党委，并且提出了责任制的具体要求。因此，本指标得满分。

（十二）是否将平安建设相关内容纳入领导干部培训

本指标得分为 70 分。

经检索，未发现将平安建设相关内容专门纳入领导干部培训。

平安北京建设相关内容在各类会议或培训中经常被阐释、强调，未发现以单列课程形式纳入领导干部培训体系恰恰是因为它太重要了，应属于日常功课。在未来，不排除被专门列入培训体系的可能。

未检索到将北京市将平安建设相关内容纳入领导干部培训的内容，但确实不能因此得出领导干部培训中未涉及相关内容。因此，本指标得 70 分。

（十三）是否将平安建设相关内容纳入中小学教育

本指标得分为 70 分。

未检索到将北京市将平安建设相关内容纳入中小学教育，但确实不能因此得出中小学教育中未涉及相关内容。因此，本指标得 70 分。

（十四）是否在全市范围内开展与平安建设有关的应急演练

本指标得分为 95 分。

北京市在全市范围内开展多次与平安建设有关的应急演练（见表 17），极大地宣传了平安北京建设，但在规模上似乎缺少发展的空间。因此，扣 5 分，本指标得 95 分。

表 17　2018 年全市范围内与平安建设有关的消防演练

演练区域	演练内容
顺义消防支队联合北京现代汽车有限公司开展大型消防应急演练	检验重点单位微型消防站处置能力、企业员工自救能力、联动力量协同作战能力，同时增强官兵"灭大火、打恶战"能力
丰台支队组织方庄地区学校开展消防演练	重点强调学会如何预防火灾、如何在火场自救逃生、如何选择逃生路线

续表

演练区域	演练内容
朝阳支队走进亮马桥外交办公大楼开展双语消防安全培训和灭火救援演练	微型消防站队员按照"1～3"分钟处置程序,组织现场人员疏散和练习初期火灾的扑救 由朝阳支队宣传员用英语向参加活动的外交人员进行"中国火警电话是多少、如何使用灭火器及如何火场逃生"等知识点的培训
石景山区举行施工工地消防安全现场会暨灭火救援演练	现场观摩了灭火救援演练,模拟工地现场突发火情

四 评估结论

（一）存在的主要问题

近年来,北京的平安建设进入了快速发展时期,取得了一些成绩,积累了一些经验。但与此同时,北京平安建设也面临许多亟待解决的问题。其中,缺乏用于评价和量化平安建设成果的评估指标体系已经成为影响和阻碍北京平安建设进程的最大障碍。

我国已经开始了法治评估体系构建的理论研究和实践探索,各地区的社会、经济水平发展状况存在差异,地区文化差异也不尽相同,平安建设又不同于法治建设。因此,思考和探索如何构建一个基于北京平安建设实际和建设现状,同时兼具描述、对比、评价、预测功能而又科学、合理、规范、全面的平安北京建设评估指标体系对于引导平安建设方向和推动平安北京建设进程具有重要的现实意义。

就平安北京建设保障体系而言,成绩是主要的,法治保障、人员保障、财务装备、科技支撑工作等方面都十分坚实,为平安北京建设提供了有力的支撑。不足之处也是显而易见的,通俗讲就是"做得多,说得少"。而平安北京建设宣传教育方面的短板势必阻碍平安北京建设的长远发展。

（二）完善建议

平安建设只有进行时，没有完成时，只有更好，没有最好，提高平安建设保障水平任重而道远。在宣传教育方面，尤其要加大力气、下大功夫，打造平安北京建设品牌。

首先，要把平安北京建设品牌思维和品牌理念贯穿于平安北京建设的全过程，树立平安北京思维，提高运用平安北京思维方式推进平安北京建设的能力。

其次，推树平安北京建设先进典型。围绕平安北京建设各项基础工作，及时发现、推树和表彰工作表现突出的基层系统先进典型，充分激发平安北京建设的工作积极性和主动性；将先进典型纳入系统专业人才库，进一步丰富人才队伍，推动平安北京建设可持续发展。

最后，要加强宣传和培训。首都干部要带头学习平安北京建设、拥护平安北京建设，带头崇尚平安北京建设、坚守平安北京建设，做平安北京建设的表率。健全平安北京建设的宣传教育机制，推动落实"谁建设平安北京谁宣传平安北京建设"的宣传责任制，加强对以国家工作人员和青少年为重点的平安北京建设宣传教育，广泛开展群众性平安北京文化建设，增强平安北京建设的宣传教育实效。在全社会形成宣传和推进平安北京建设的良好环境。

B.8
北京市安全感调查报告

周延东*

摘　要：　北京整体安全感状况相对较好，其中"校园安全感"最好，"公共场所安全感"和"社区安全感"次之，"单位安全感"最低。通过列联关系分析发现，北京城区、郊区或城乡接合部的整体安全感状况要低于远离郊区的乡镇和农村地区；从社区类型来看，安全感最差的社区类型是"城中村或棚户区社区"和"老城区"。另外，北京市居民的社区安全感、公共空间安全感、单位安全感状况与整体安全感呈现正相关关系。针对现实困境，建议加强嵌入"日常生活"的治安防控，构建北京社区安全检测体系，并充分发挥市场企业治安资源、正式民间组织、非正式民间组织、精英治安资源以及非专业化治安行政组织资源在北京整体安全治理中的能动作用。

关键词：　安全感　北京　治安资源

一　指标设置及评估标准

（一）指标设置

平安北京建设评估"安全感"一级指标之下设置五项二级指标，分别

---

*　周延东，博士，中国人民公安大学治安学院讲师，硕士研究生导师。

为"总体安全感""公共场所安全感""单位安全感""社区安全感""校园安全感"（见表1）。五项指标分别从公众对于首都安全状况的总体感受，公众对车站、广场、公园、商场等公共场所环境安全状况的客观指标与主观感受，公众对所在工作单位环境安全状况的客观指标与主观感受，公众对所居住的社区环境安全状况的客观指标与主观感受，公众对中小学校园环境安全状况的客观指标与主观感受出发来分析北京的安全感状况。

表1 安全感评估指标体系

一级指标权重	二级指标权重	三级指标权重
安全感(20%)	总体安全感(40%)	公众对于首都安全状况的总体感受(100%)
	公共场所安全感(15%)	公众对车站、广场、公园、商场等公共场所环境安全状况的客观指标与主观感受(100%)
	单位安全感(15%)	公众对所在工作单位环境安全状况的客观指标与主观感受(100%)
	社区安全感(15%)	公众对所居住的社区环境安全状况的客观指标与主观感受(100%)
	校园安全感(15%)	公众对中小学校园环境安全状况的客观指标与主观感受(100%)

二级指标"总体安全感"下设置了"公众对于首都安全状况的总体感受"一项三级指标，该指标从总体上衡量北京市居民的安全感状况。

二级指标"公共场所安全感"下设了"公众对车站、广场、公园、商场等公共场所环境安全状况的客观指标与主观感受"一项三级指标。三级指标分别从公共场所的盗窃情况、对北京非密闭公共空间的主观安全感受、医院的整体安全防范能力、交通场站的安全防范能力（包括地铁站、公交站、火车站、汽车站、飞机场）来反映北京居民公共场所安全感状况，"公共场所的盗窃情况"可反映北京公共空间的整体安全防范能力，"对北京非密闭公共空间的主观安全感受"可反映出北京居民对公共场所安全感的整体主观评价，"医院的整体安全防范能力"可以反映出北京易受侵犯的单位安全防范情况，"交通场站的安全防范能力"可反映出北京市易受袭击的公共场所安全防范能力。

二级指标"单位安全感"下设了"公众对所在工作单位环境安全状况的客观指标与主观感受"一项三级指标。三级指标分别从单位的视频监控体系、过去五年是否发生过安全生产事故、生产事故发生之后是否被追责、是否组织应急演练、是否设有应急救援队伍、是否对岗位进行定期安全检查、是否开展过安全警示教育来反映单位的整体安全感状况。"单位的视频监控体系"可反映现代技术防范系统在单位的使用情况,"过去五年是否发生过安全生产事故"可以反映过去五年北京市单位的单位安全实际情况,"生产事故发生之后是否被追责"能够反映出北京安全生产事故发生后的责任追究情况,"是否组织应急演练"可反映出北京单位安全生产事故预防情况,"是否设有应急救援队伍"可反映出北京安全生产救援专业化程度,"是否对岗位进行定期安全检查"反映单位有关负责人对安全生产事故的重视情况,"是否开展过安全警示教育"反映北京安全生产培训情况。

二级指标"社区安全感"下设了"公众对所居住的社区环境安全状况的客观指标与主观感受"一项三级指标。三级指标分别从社区内部的违法犯罪情况(包括杀人、性侵或猥亵、入室盗窃、一般盗窃、抢劫或抢夺、电信诈骗、非法集资、邪教活动、传销、涉黄行为、涉赌行为、涉毒行为、打架斗殴、破坏公私财物)、对社区夜间的整体安全状况感受、对社区治安状况的总体评价来反映社区的整体安全感状况。"社区内部的违法犯罪情况"可以反映北京社区安全的客观情况,"对社区夜间的整体安全状况感受"可反映北京易受侵害时段的安全感状况,"对社区治安状况的总体评价"可反映出北京居民对社区安全的整体主观评价。

二级指标"校园安全感"下设了"公众对中小学校园环境安全状况的客观指标与主观感受"一项三级指标。三级指标分别从校园内部的安全问题(包括幼儿园、中小学、大学)和校园开展安全教育情况展开。"校园内部的安全问题"可反映北京校园安全的现实情况,"校园开展安全教育情况"可反映北京校园安全预防情况以及学校对校园安全的重视程度。

（二）设置依据及评估标准

1. 二级指标设置依据

（1）总体安全感

2014 年，北京市委市政府下发的《关于全面深化平安北京建设的意见》中提到：北京市将全面落实社会治安综合治理的各项措施，到"十二五"末，努力实现严重刑事案件、重大公共安全事故、重大群体性事件等得到有效控制，群众安全感稳中有升，首都安全稳定总体状况进入良性循环轨道；到 2020 年，努力实现"三升、三降、三个不发生"，即社会治理能力、治安防控水平、群众安全感满意度明显提升，严重刑事案件、重大公共安全事故、重大群体性事件明显下降，坚决防止发生危害国家安全和政治稳定的重大暴力恐怖事件、重大政治事件、重大个人极端事件；确保平安建设各项工作位于全国前列，使首都成为全国最安全、最稳定的地区之一。

（2）公共场所安全感

2015 年中办、国办联合印发《关于加强社会治安防控体系建设的意见》，明确提出加强社会面治安防控网建设，具体包括根据人口密度、治安状况和地理位置等因素，科学划分巡逻区域，优化防控力量布局，加强公安与武警联勤武装巡逻，建立健全指挥和保障机制，完善早晚高峰等节点人员密集场所重点勤务工作机制，减少死角和盲区，提升社会面动态控制能力。加强公共交通安保工作，强化人防、物防、技防建设和日常管理，完善和落实安检制度，加强对公交车站、地铁站、机场、火车站、码头、口岸、高铁沿线等重点部位的安全保卫，严防针对公共交通工具的暴力恐怖袭击和个人极端案（事）件。

（3）单位安全感

2015 年中办、国办联合印发《关于加强社会治安防控体系建设的意见》，明确提出加强机关、企事业单位内部安全防控网建设，具体包括按照预防为主、突出重点、单位负责、政府监管的原则，进一步加强机关、企事业单位内部治安保卫工作，严格落实单位主要负责人治安保卫责任制，完善巡逻检查、守卫防护、要害保卫、治安隐患和问题排查处理等各项治安保卫制度。加强单位内部技防设施建设，普及视频监控系统应用，实行重要部位、易发案部位全覆盖。

2016年《中共中央国务院关于推进安全生产领域改革发展的意见》，明确提出坚持安全发展，坚守发展决不能以牺牲安全为代价这条不可逾越的红线，以防范遏制重特大生产安全事故为重点，坚持安全第一、预防为主、综合治理的方针，加强领导、改革创新，协调联动、齐抓共管，着力强化企业安全生产主体责任，着力堵塞监督管理漏洞，着力解决不遵守法律法规的问题，依靠严密的责任体系、严格的法治措施、有效的体制机制、有力的基础保障和完善的系统治理，切实增强安全防范治理能力，大力提升我国安全生产整体水平，确保人民群众安康幸福、共享改革发展和社会文明进步成果。

（4）社区安全感

2015年中办、国办联合印发《关于加强社会治安防控体系建设的意见》，明确提出加强村（社区）治安防控网建设，具体内容包括以网格化管理、社会化服务为方向，健全基层综合服务管理平台，推动社会治安防控力量下沉。把网格化管理列入城乡规划，将人、地、物、事、组织等基本治安要素纳入网格管理范畴，做到信息掌握到位、矛盾化解到位、治安防控到位、便民服务到位。因地制宜确定网格管理职责，纳入社区服务工作或群防群治管理，通过政府购买服务等方式，加强社会治安防控网建设。

（5）校园安全感

2015年中办、国办联合印发《关于加强社会治安防控体系建设的意见》，明确提出要完善幼儿园、学校、金融机构、商业场所、医院等重点场所安全防范机制，强化重点场所及周边治安综合治理，确保秩序良好。

2. 三级指标及评分标准

（1）首都安全状况的总体感受

①设置依据

2014年，北京市委市政府下发的《关于全面深化平安北京建设的意见》。

②评测方法

本指标满分100分，指标权重设定为40%，根据问卷调查结果进行定

量分析。

③评分标准

通过德尔菲法向专家咨询意见的方式对问卷涉及的问题进行赋分，之后根据被调查者的回答情况测量出首都安全感状况的总体感受。

（2）公共场所安全感

①设置依据

2015年中办、国办联合印发《关于加强社会治安防控体系建设的意见》。

②评测方法

本指标满分100分，指标权重设定为15%，根据问卷调查结果进行定量分析。

③评分标准

通过德尔菲法向专家咨询意见的方式对问卷涉及的问题进行赋分，之后根据被调查者的回答情况测量出北京公共场所安全感状况。

（3）单位安全感

①设置依据

2015年中办、国办联合印发《关于加强社会治安防控体系建设的意见》。

2016年《中共中央国务院关于推进安全生产领域改革发展的意见》。

②评测方法

本指标满分100分，指标权重设定为15%，根据问卷调查结果进行定量分析。

③评分标准

通过德尔菲法向专家咨询意见的方式对问卷涉及的问题进行赋分，之后根据被调查者的回答情况测量出北京单位安全感状况。

（4）社区安全感

①设置依据

2015年中办、国办联合印发《关于加强社会治安防控体系建设的意见》。

②评测方法

本指标满分 100 分，指标权重设定为 15%，根据问卷调查结果进行定量分析。

③评分标准

通过德尔菲法向专家咨询意见的方式对问卷涉及的问题进行赋分，之后根据被调查者的回答情况测量出北京社区安全感状况。

（5）校园安全感

①设置依据

2015 年中办、国办联合印发《关于加强社会治安防控体系建设的意见》。

②评测方法

本指标满分 100 分，指标权重设定为 15%，根据问卷调查结果进行定量分析。

③评分标准

通过德尔菲法向专家咨询意见的方式对问卷涉及的问题进行赋分，之后根据被调查者的回答情况测量出北京校园安全感状况。

二 总体评估结果分析

从表 2 可知，一级指标"安全感"的得分为 83.19 分，反映了北京整体安全感状况相对较好。从二级指标得分可以看出，"校园安全感"的得分最高，表明北京市校园安全工作要明显好于公共场所、社区和单位的安全防范工作。"公共场所安全感""社区安全感"两项二级指标的得分近似，均略高于一级指标的得分，显示出北京公共场所安全防控工作、社区安全防控工作效果相对较好，但提升空间较大。得分最低的二级指标是"单位安全感"，得分为 77.93 分，严重影响了"安全感"的总体评价。过低的评价得分反映出平安北京建设中，单位安全感成为安全感工作的最大短板，为此，要加强单位安全生产工作，完善安全生产管理制度的建设。

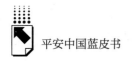
表 2　安全感评估结果

一级指标			二级指标			三级指标		
指标名称	指标权重(%)	指标得分	指标名称	指标权重(%)	指标得分	指标名称	指标权重(%)	指标得分
安全感	20	83.19	总体安全感	40	81.97	公众对于首都安全状况的总体感受	100	81.97
			公共场所安全感	15	85.46	公众对车站、广场、公园、商场等公共场所环境安全状况的主观感受	100	85.46
			单位安全感	15	77.93	公众对所在工作单位环境安全状况的主观感受	100	77.93
			社区安全感	15	83.26	公众对所居住的社区环境安全状况的主观感受	100	83.26
			校园安全感	15	89.37	公众对中小学校园环境安全状况的客观指标与主观感受	100	89.37

三　指标评估结果分析

（一）北京整体安全感状况分析

1. 北京整体安全感描述分析

笔者根据"平安北京建设发展评估调查"的统计数据，运用 STATA 软件对安全感数据进行描述分析和相关分析，发现北京市的整体安全感状况较好。其中，被调查对象感到北京"非常安全"的占比 37.59%、"比较安全"的占比 53.99%、"一般及以下"占比 8.41%，如果我们将感到"非常安全"和"比较安全"两项进行合并，定义为"感到安全"，则北京居民"感到安全"的占比为 91.58%，呈现良好态势。同时，笔者对居住在不同的地域类型和不同社区的安全感状况进行了列联分析，以发现北京不同地域和不同社区的安全状况差异（见表 3）。

表3　北京不同地域安全感状况

单位：%

安全感状况 地域类型	好	比较好	一般及以下
城区	40.31	50.16	9.53
郊区或城乡接合部	33.14	60.08	6.78
远离郊区的乡镇	68.42	15.79	15.79
农村	45.45	45.45	9.09

从表3列联分析结果来看，北京城区、郊区或城乡接合部的整体安全感状况要低于远离郊区的乡镇和农村地区，其中，安全感最差的为"郊区或城乡接合部"。如果将城区、郊区或城乡接合部、远离郊区的乡镇和农村放在同一平台上，则会出现安全感"凹陷"形态，笔者在一个城乡接合部社区中进行访谈的过程中，村民王强讲道："我居住的小区属于城乡接合部，社区环境简直是乱七八糟，垃圾清理得也不及时，大门没人管，门禁也没有，车随便停靠，那居住环境没法儿说了，楼体的墙面也都掉皮了。外来人口特别多，都是打工的，也没有人管理，连我自己感觉安全都成问题。由于社区环境恶劣，许多居民干脆将房屋出租出去，等我自己有条件了也准备搬出去。"

从表4分析结果来看，居住在不同社区类型居民的整体安全感存在一定的差异。其中，安全感最差的社区类型是"城中村或棚户区"，感觉"好"的比重仅占11.11%；老城区的整体安全感也相对较差，"未经改造的老城区"和"经过改造的老城区"的居民选择"一般及以下"的比重分别占到11.32%和16.52%。

表4　北京不同社区安全感状况

单位：%

安全感状况 社区类型	好	比较好	一般及以下
商品房社区	38.15	55.26	6.60
经济适用房社区	37.08	56.18	6.74
机关事业单位社区	40.33	53.04	6.63
工矿企业社区	36.11	55.56	8.33

续表

安全感状况 社区类型	好	比较好	一般及以下
未经改造的老城区	32.08	56.60	11.32
经过改造的老城区	35.65	47.83	16.52
城中村或棚户区	11.11	33.33	55.56
城乡接合部	43.33	50.00	6.67
农村社区	33.33	58.33	8.33

2. 社区安全感、公共空间安全感、单位安全感与北京整体安全感之间的相关关系

为了探寻北京社区安全感、公共空间安全感、单位安全感与北京整体安全感之间的相关关系，笔者对这三个变量与北京整体安全感进行了列联分析和卡方检验。

从表5的统计结果来看，感到社区安全状况"好"的居民认为北京整体安全感"非常安全""比较安全""一般及以下"的比例分别为69.85%、28.66%、1.49%；感到社区安全状况"比较好"的居民认为北京整体安全感"非常安全""比较安全""一般及以下"的比例分别为31.31%、64.90%、3.80%；感到社区安全状况"一般及以下"的居民认为北京整体安全感"非常安全""比较安全""一般及以下"的比例分别为14.46%、62.46%、23.08%。从整体态势上看社区安全感与整体安全感密切相关，对其进行卡方检验，P值等于0.000，这说明社区安全感越好，其整体安全感越好，呈现显著相关关系。

表5　北京社区安全感与北京整体安全感之间的关系

单位：%

变量	评价	北京整体安全感		
		非常安全	比较安全	一般及以下
北京社区安全感	好	69.85	28.66	1.49
	比较好	31.31	64.90	3.80
	一般及以下	14.46	62.46	23.08

注：卡方检验为 Pearson chi2 (4) = 315.6697, Pr = 0.000。

从表6的统计结果来看，感到单位安全状况"好"的居民认为北京整体安全感"非常安全""比较安全""一般及以下"的比例分别为46.96%、48.66%、4.38%；感到单位安全状况"比较好"的居民认为北京整体安全感"非常安全""比较安全""一般及以下"的比例分别为27.11%、66.30%、6.59%；感到单位安全状况"一般及以下"的居民认为北京整体安全感"非常安全""比较安全""一般及以下"的比例分别为17.20%、65.61%、17.20%。从整体态势上看单位安全感与整体安全感密切相关，对其进行卡方检验，P值等于0.000，也同样说明，在单位中感到越安全，则其整体安全感就越好，呈现显著相关关系。

表6　北京单位安全感与北京整体安全感之间的关系

单位：%

变量	评价	北京整体安全感		
		非常安全	比较安全	一般及以下
北京单位安全感	好	46.96	48.66	4.38
	比较好	27.11	66.30	6.59
	一般及以下	17.20	65.61	17.20

注：卡方检验为 Pearson chi2（4）=72.3076，Pr=0.000。

从表7的统计结果来看，感到公共空间安全状况"好"的居民认为北京整体安全感"非常安全""比较安全""一般及以下"的比例分别为44.09%、49.10%、6.81%；感到公共空间安全状况"比较好"的居民认为北京整体安全感"非常安全""比较安全""一般及以下"的比例分别为25.66%、69.91%、4.42%；感到公共空间安全状况"一般及以下"的居民认为北京整体安全感"非常安全""比较安全""一般及以下"的比例分别为20.25%、63.71%、16.03%。从整体态势上看公共空间安全感与整体安全感密切相关，对其进行卡方检验，P值等于0.000，这说明公共空间安全感与北京整体安全感也呈现显著相关关系。

表7　北京公共空间安全感与北京整体安全感之间的关系

单位：%

变量	评价	北京整体安全感		
		非常安全	比较安全	一般及以下
北京公共空间安全感	好	44.09	49.10	6.81
	比较好	25.66	69.91	4.42
	一般及以下	20.25	63.71	16.03

注：卡方检验为 Pearson chi2 (4) = 66.8140, Pr = 0.000。

　　简言之，社区安全感、单位安全感和公共空间安全感越好，则居民的整体安全感就越好。因此，不断加强这三个方面的防控能力，对于提升北京整体安全感具有重要意义。

（二）北京单位整体安全感状况

　　在单位安全感状况部分，主要从两个方面展开：一是对北京单位整体安全感状况进行描述分析，进而对北京单位整体安全感情况做出阐释说明；二是对单位安全生产防范状况与北京市整体安全感的相关关系进行分析，以说明单位安全生产防范状况对北京市整体安全感的影响程度。

1. 北京单位整体安全感描述分析

　　笔者运用 STATA 软件对单位整体安全情况进行了简要描述分析，通过数据统计发现，本次调查对象有固定职业的占 71.19%。在这 71.19% 的有固定工作的人员中，认为自己所在单位视频监控系统"非常有效""比较有效""一般及以下"分别占比 48.87%、32.46%、18.67%；认为自己所在单位过去五年"发生过""未发生过""不清楚是否发生过"安全生产事故的比例分别为 9.13%、74.61%、16.25%；在填答发生过安全生产事故的被调查对象中认为相关责任人"被追责""未被追责""不清楚"的比例分别为 56%、14.67%、29.33%；在"单位是否组建过专业应急队伍"的问题上，有 70.65% 的被调查者认为自己所在单位"组建了应急队伍"，另外的 29.35% 被调查者认为自己所在的单位"未组建过应急队伍"。在"单位是否定期对各岗位的安全状况进行检查"的问题上，有84.91%的被调查者认为单位"定期对各岗位的安全状况进行检查"，有15.09%的被调查者认为单位"未定期对各岗位的安全状况进行检查"；在"单位是否开展过安全警示教育"的问题上，有83.94%的被调查者认为自己所在单位"开展过安全警示教育"，16.06%的被调查者认为自己所在单位"未开展过安全警示教育"。从单位安全感的描述性分析结果来看，北京单位整体安全状况较好，但在单位定期安全检查、应急队伍建设、安全教育、食品监控体系等安全防范工作方面仍有较大的可提升空间。

2. 单位安全生产防范状况与北京市整体安全感的相关关系

在数据调查统计过程中，笔者将单位监控系统、单位组织应急演练活动情况、单位是否组建应急队伍、对岗位的安全检查情况以及单位是否定期开展安全警示教育等五个问题进行整合赋值，产生名为"单位安全生产防范情况"的变量，并将其与北京市居民整体安全感进行列联分析（见表8）。

表8 北京单位安全生产防范情况与北京居民整体安全感之间的关系

单位：%

变量	评价	北京居民整体安全感		
		非常安全	比较安全	一般及以下
北京单位安全 生产防范情况	好	30.59	59.22	10.20
	比较好	16.44	73.97	9.59
	一般及以下	39.29	54.81	5.89

注：卡方检验为 Pearson chi2（4）＝20.1735，Pr＝0.000。

表8的列联分析结果显示，认为单位安全生产防范情况"好"的居民认为北京整体安全感"非常安全""比较安全""一般及以下"的占比分别为30.59%、59.22%、10.20%；认为单位安全生产防范情况为"比较好"的居民认为北京整体安全感"非常安全""比较安全""一般及以下"的占比分别为16.44%、73.97%、9.59%；认为单位安全生产防范情况为"一般及以下"的居民认为北京整体安全感"非常安全""比较安全""一般及

以下"的占比分别为 39.29%、54.81%、5.89%。从整体态势上来看，社区安全防范工作开展得越好，居民的整体安全感越强。对其进行卡方检验，P 值等于 0.000，这说明北京单位安全防范工作与北京整体安全感状况呈现显著相关关系。

（三）北京公共场所整体安全感状况

在北京公共空间整体安全感状况部分，主要从三个方面展开：一是对北京公共场所整体安全感状况进行描述分析；二是对北京公共空间的防控力量进行描述分析；三是对街道面防控力量、特种行业管理水平、进京治安卡口与北京市整体安全感的相关关系进行分析。

1. 北京公共空间整体安全感描述分析

在问卷设计过程中，课题组设计了四个问题来考量居民的公共场所整体安全感状况，分别是"近五年内您的贵重财物是否在公共场所遗失""夜晚独自在大街上行走是否会感到害怕""医院的整体安全防范情况如何""感觉交通场站的安全防范能力是否充足"。笔者针对这四道问题对问卷数据进行统计分析得到如下结果：在"近五年内您的贵重财物是否在公共场所遗失"问题上，选择"遗失过"的占比 13.45%，"未遗失过"的占比 86.55%；在"夜晚独自在大街上行走是否会感到害怕"问题上，选择"不害怕"的占比 70.73%，"不太害怕"的占比 9.42%，"一般"的占比 12.84%，"比较害怕"的占比 5.75%，"非常害怕"的占比 1.25%；在"医院的整体安全防范情况如何"问题上，选择安全防范能力"强"的占比 42.13%，安全防范能力"一般"的占比 53.43%，安全防范能力"弱"的占比 4.44%；由于"交通场站的安全防范能力是否充足"问题涉及地铁站、公交站、火车站、汽车站、飞机场等五个交通场站，故采取表格的形式进行展示分析（见表 9）。从四个问题的描述分析结果来看，北京市的公共空间整体安全感较好。但数据也直接反映出在医院、公交站、汽车站等场域的安全感指数较低。为此，提升居民公共空间整体安全感需要着重从这几个场域入手。

表9 交通场站力量是否充足

单位：%

交通场站类别	是	否	没去过
地铁站	88.18	5.49	6.33
公交站	71.84	23.44	4.72
火车站	86.26	5.99	7.76
汽车站	71.37	14.44	14.19
飞机场	83.28	3.13	13.60

2. 北京公共空间的防控力量描述分析

北京公共空间的防控力量涉及国家正式防控力量、社会组织防空力量、特种行业防空力量、危险易损场所防空力量等。笔者根据调查问卷所涉及的问题，对北京市上述几种公共空间防控力量进行描述分析。在问卷中国家公共空间防控力量主要通过"在街道上见到警察或警车的频率"进行考量，调查对象填答"经常见到""偶尔见到""见不到"的比例分别为44.71%、45.88%和9.41%。问卷中社会组织防控力量主要通过"在街道上见到带有红袖标志愿者的频率"进行考量，被调查者填答"经常见到""偶尔见到""见不到"的比例分别为51.30%、39.08%、9.62%。问卷中特种行业防控力量主要通过"入住酒店的登记情况"来考量，被调查者填答"所有人均需登记""同行人员一人或少数人登记""无须登记""未住过"比例分别为57.47%、3.27%、0.17%、39.09%。问卷中危险易损场所防控力量主要通过"在银行汇款过程中有确认程序的比率"这一问题进行考量，填答"都会有""大多数会有""一般""偶尔会有""不会有""未办理"的比例分别为60.72%、10.89%、3.27%、1.59%、1.93%、21.61%。通过数据分析显示，北京公共空间整体安全防控力量较强，国家正式防控力量与社会组织防控力量尚有进一步提升的空间。

3. 街道面防控力量、特种行业管理水平、进京治安卡口与北京市整体安全感的相关关系分析

为了探寻街道面防控力量、特种行业管理水平、进京治安卡口与安全感

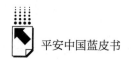

之间的关系，在数据调查统计过程中，笔者将街道面见到治安志愿者情况、街道面见到警察情况、旅店业管理情况、快递业管理情况以及进京交通卡口安全检查情况五个问题进行分别赋值，产生了三个变量，分别为"街道面防控力量""特种行业管理水平""进京治安卡口"，并将其与北京市居民整体安全感进行列联分析。

首先，对街道面防控力量与北京居民公共场所安全感之间的相关数据进行分析，调查数据显示（见表10），认为北京街道面防控力量做得"好"的居民感到"非常安全""比较安全""一般及以下"的比例分别为60.38%、10.59%、29.03%；认为北京街道面防控力量做得"比较好"的居民感到"非常安全""比较安全""一般及以下"的比例分别为76.07%、9.12%、14.81%；认为北京街道面防控力量做得"一般及以下"的居民感到"非常安全""比较安全""一般及以下"的比例分别为79.78%、8.09%、12.13%。从整体态势上来看，街道面安全防范工作开展得越好，北京居民的公共空间安全感越强。对其进行卡方检验，P值小于0.000，说明北京街道面防控力量与北京居民公共场所安全感之间呈现显著相关关系。

表10　北京街道面防控力量与北京居民公共场所安全感之间的关系

单位：%

变量	评价	北京居民公共场所安全感		
		非常安全	比较安全	一般及以下
北京街道面防控力量	好	60.38	10.59	29.03
	比较好	76.07	9.12	14.81
	一般及以下	79.78	8.09	12.13

注：卡方检验为 Pearson chi2 (4) =50.2847，Pr=0.000。

其次，对特种行业与北京居民公共场所安全感之间的相关数据进行分析（见表11），调查数据显示，认为北京特种行业管理做得"好"的居民感到"非常安全""比较安全""一般及以下"的比例分别为

72.70%、8.40%、18.90%；认为北京特种行业管理做得"比较好"的居民感到"非常安全""比较安全""一般及以下"的比例分别为69.21%、9.21%、21.58%；认为北京特种行业管理做得"一般及以下"的居民感到"非常安全""比较安全""一般及以下"的比例分别为70.12%、10.59%、19.29%。从整体态势上看，特种行业管理情况与公共空间安全感关系不大。对其进行卡方检验，P值等于0.696，说明特种行业管理情况与公共空间安全感不相关，在访谈的过程中，居民常常表示对于特种行业不太了解，在入住登记的问题中，有大量的调查对象填答没有住过，对数据造成了一定影响，所以，这一数据不能支持两者之间存在显著相关关系。

表 11　北京特种行业管理与北京居民公共场所安全感之间的关系

变量	评价	北京居民公共场所安全感		
		非常安全	比较安全	一般及以下
北京特种行业管理	好	72.70	8.40	18.90
	比较好	69.21	9.21	21.58
	一般及以下	70.12	10.59	19.29

注：卡方检验为 Pearson chi2（4） ＝ 2.2167，Pr ＝0.696。

最后，对进京交通卡口与北京居民公共场所安全感之间的相关数据进行分析（见表12），调查数据显示，认为北京交通卡口做得"好"的居民感到"非常安全""比较安全""一般及以下"的比例分别为74.74%、6.63%、18.63%；认为北京交通卡口工作做得"比较好"的居民感到"非常安全""比较安全""一般及以下"的比例分别为64.98%、11.91%、23.10%；认为北京交通卡口工作做得"一般及以下"的居民感到"非常安全""比较安全""一般及以下"的比例分别为69.82%、11.06%、19.12%。从整体态势上看，北京进京交通卡口工作与公共空间安全感关系密切。对其进行卡方检验，P值等于0.022，小于0.05，说明进京交通卡口工作情况与公共空间安全感显著相关。

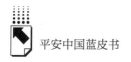

表 12 北京进京交通卡口与北京公共场所安全感之间的关系

变量	评价	北京居民公共场所安全感		
		非常安全	比较安全	一般及以下
北京交通卡口工作	好	74.74	6.63	18.63
	比较好	64.98	11.91	23.10
	一般及以下	69.82	11.06	19.12

注：卡方检验为 Pearson chi2（4）＝11.4352，Pr＝0.022。

（四）北京社区整体安全感状况

在北京社区整体安全感状况部分，主要从四个方面展开：一是对北京社区整体安全感状况进行描述分析；二是对社区居民对社区民间社会治安组织认可程度进行描述分析；三是对社区内居民之间以及居民与社区治理主体的熟悉程度进行描述分析；四是社区警务工作、社区居委会工作、社区人防、社区技防、社区居民熟悉程度等五个变量与社区整体安全感之间的相关关系进行分析。

1. 北京社区整体安全感状况描述分析

针对北京社区安全感整体情况的问题，笔者经统计数据分析，认为北京社区整体安全感"很好"的居民占比28.19%、"比较好"的居民占比44.45%、"一般及以下"的占比27.36%，将"很好"和"比较好"进行合并，其比重为72.64%，这说明北京市社区居民整体安全感状况比较好，但依然具有很大的提升空间。

在社区安全感状况的描述中，笔者还对北京社区内部纠纷发生和化解情况进行了统计分析，北京市社区内纠纷的类型统计结果为：被调查对象认为社区内存在"婚姻家庭纠纷"的占比21.43%，认为社区内发生"邻里纠纷"的占比32.30%，认为社区内发生"房屋、宅基地纠纷"的占比8.29%，认为社区内发生"损害赔偿纠纷"的占比9.72%，认为社区内"无以上任何纠纷"的占比57.74%。从中可以发现北京市社区内部矛盾纠纷相对较少,其中以"婚姻家庭纠纷"和"邻里纠纷"为主。由于社区民警、社区居委会、社区业委会、物业公司、治安志愿者、相关社区居民等六个主体化解纠纷情况涉及问题较多,故以表格形式呈现(见表13)。从中可以发现,在社区内部纠纷化解中,社区民警和社区居委会发挥了主要作用,其中认为社区民警和社区居委会化解纠纷有效的占比分别为51.91%和47.47%。另外四个主体在化解纠纷上表现一般,相对表现最好的是"相关社区居民",但化解纠纷有效占比仅为33.11%。这说明以社区民警和社区居委会为代表的治理主体在纠纷化解领域发挥了重要作用,但整体效能较低,需要补齐其他各治理主体在纠纷化解中的"短板效应"。

表13 社区民警等六个主体化解纠纷情况

单位:%

主体	有效	一般	无效	未参与
社区民警	51.91	27.60	4.40	16.09
社区居委会	47.47	32.69	4.90	14.95
社区业委会	25.00	31.97	9.35	33.67
物业公司	30.37	31.64	15.06	22.93
治安志愿者	31.98	35.62	9.90	22.50
相关社区居民	33.11	35.82	9.85	21.22

2. 社区居民对社区民间社会治安组织认可程度描述分析

笔者从两个维度统计社区居民对社区民间社会治安组织认可程度,并展开描述分析。一是社区居民对民间社会治安组织工作效果的认可程度;二是对不同社区治安组织的认可程度。

从表14统计结果来看,社区居民对民间社会治安组织工作效果是比较认可的,尤其是在巡逻防控领域。但在提供破案线索和矛盾纠纷化解问题上,社区居民对民间社会治安组织评价相对较低,这表明民间社会组织未来工作应重点关注提供破案线索和纠纷化解进一步提升能力。

表14　社区居民对民间社会治安组织工作效果的认可程度

单位：%

类型	好	一般	不好	没有
巡逻防控	53.45	40.02	4.26	2.27
提供破案线索	34.22	47.45	6.11	12.23
矛盾纠纷化解	40.36	43.18	6.18	10.27

从表15分析结果来看，在北京七大民间社会治安组织中被认可度和知名度最高的是"朝阳群众"和"西城大妈"。被调查者中对"朝阳群众"和"西城大妈"的认可度分别为48.19%和45.35%，不知道"朝阳群众"和"西城大妈"的比例最低，为35%左右，这说明"朝阳群众"和"西城大妈"这两个社会组织的品牌效应十分明显。而北京另外五个民间社会治安组织认可度则相对较低，相比之下，得分最高的是"东城守望者"，认可度为33.73%，同时，"不知道"比例最低的也是"东城守望者"，但比例依然达到了47.22%，这说明北京社会治安组织工作可提升空间依旧较大。

表15　社区居民对不同民间社会治安组织的认可程度

单位：%

治安志愿组织	认可	一般	不认可	不知道
西城大妈	45.35	17.23	1.69	35.73
东城守望者	33.73	17.71	1.35	47.22
丰台劝导队	31.81	15.78	1.69	50.72
海淀网友	32.80	15.89	1.94	49.37
朝阳群众	48.19	15.39	1.43	34.99
石景山老街坊防消队	31.55	14.93	1.70	51.82

3. 社区居民之间以及居民与社区治理主体的熟悉程度分析

居民之间熟悉程度包含五个等级，依次是"基本都认识""大部分认识""大约认识一半""认识一小部分""基本不认识"。这五个等级占比依次为12.51%、19.18%、11.51%、41.37%、15.43%，这说明北京社区居民之间社会资本存量较低。居民与社区治理主体之间的熟悉程度由于涉及问题较多，故以表格形式呈现（见表16）。

表16　居民与社区治理主体之间的熟悉程度

单位：%

治理主体	熟悉	比较熟悉	一般	不太熟悉	不熟悉
社区民警	18.68	9.63	16.08	19.77	35.85
居委会主任	31.77	13.63	14.38	15.13	25.08
物业管理人员	28.39	14.57	20.02	13.23	23.79
业委会人员	13.17	7.73	13.51	16.31	49.28
网格长	10.76	5.59	8.14	13.90	61.61

从表16的统计结果来看，北京市社区居民对居委会主任和物业管理人员的熟悉程度要远高于另外三个治理主体。其中，熟悉程度最低的是业委会人员和网格长，这说明业委会工作和网格长制度虚化问题比较严重，也反映出社区警务工作、业委会工作以及网格长工作尚有提升空间。谈到社区警务工作，梅园社区的社区民警张生安讲道："现在北京社区警务工作跟以前相比确实是好多了，但是依然存在不少问题，一个是我们派出所虽然搞了改革，但是上面的各业务部门还是按照原来的考核体系来考核，各自布置各自的任务，比如说前一段时间要求普查全市视频监控情况，各业务主管部门在不同的时间点上有不同要求，有的要求上报位置、有的要求上报朝向、有的要求上报品牌等，这就去了三趟，严重浪费了警力，压缩了我们在社区当中落实各项工作的时间和精力。再一个就是作为社区民警，都是靠个人去协调保安、流管员和治安志愿者等，没有相应的协调机制，这就导致做起工作来很不顺畅，特别是像我们这样的老旧社区，原来都是单位负责的，现在单位在物质、资金等各个方面都不管了，所以开展每一项社区安全防控的工作都很困难。"

可见，警务管理机制和运行体系成为当前的社区警务工作没有落到实处的重要因素。因此，社区警务工作的落实开展是一项系统工程，需要整个警务部门的协调配合，不能只针对社区警务工作谈社区警务工作。

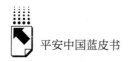

4. 五大变量与社区整体安全感之间的相关关系分析

为了深入了解社区警务工作、社区居委会工作、社区人防、社区物防、社区居民熟悉程度等五个变量与社区整体安全感之间的关系，笔者对着五个变量与社区整体安全感情况进行列联分析。

第一，对社区居委会工作与社区整体安全感进行相关分析，认为社区居委会工作开展得"好"的居民认为社区"非常安全""比较安全""一般及以下"分别占比48.47%、38.27%、13.27%；社区居委会工作开展得"比较好"的居民认为社区"非常安全""比较安全""一般及以下"分别占比24.15%、52.66%、23.19%；社区居委会工作开展得"一般及以下"的居民认为社区"非常安全""比较安全""一般及以下"分别占比11.72%、39.78%、48.50%。从整体态势上看，北京社区居委会工作与北京社区整体安全感关系密切。对其进行卡方检验，P值等于0.000，说明北京社区居委会工作情况与北京社区居民整体安全感显著相关（见表17）。

表17 北京社区居委会工作与北京社区整体安全感之间的关系

单位：%

变量	评价	北京居民社区整体安全感		
		非常安全	比较安全	一般及以下
北京社区居委会工作	好	48.47	38.27	13.27
	比较好	24.15	52.66	23.19
	一般及以下	11.72	39.78	48.50

注：卡方检验为 Pearson chi2（4）＝195.2875，Pr＝0.000。

第二，对社区警务工作与社区整体安全感进行相关分析，回答社区警务工作开展得"好"的居民认为社区"非常安全""比较安全""一般及以下"分别占比42.16%、44.12%、13.73%；回答社区警务工作开展得"比较好"的居民认为社区"非常安全""比较安全""一般及以下"分别占比21.55%、46.96%、31.49%；回答社区警务工作开展得"一般及以下"的居民认为社区"非常安全""比较安全""一般及以下"分别占比20.79%、43.73%、35.48%。从整体态势上看，北京社区警务工作与北京社区整体安全感关系密切。对其进行卡方检验，P值等于0.000，说明北京社区警务工作情况与北京社区居民整体安全感显著相关（见表18）。

表18 北京社区警务工作与北京社区整体安全感之间的关系

单位：%

变量	评价	北京居民社区整体安全感		
		非常安全	比较安全	一般及以下
北京社区警务工作	好	42.16	44.12	13.73
	比较好	21.55	46.96	31.49
	一般及以下	20.79	43.73	35.48

注：卡方检验为 Pearson chi2（4）=86.4591，Pr=0.000。

第三，对社区人防工作与社区整体安全感进行相关分析，回答社区人防工作开展得"好"的居民认为社区"非常安全""比较安全""一般及以下"分别占比32.44%、43.47%、24.09%；回答社区人防工作开展得"比较好"的居民认为社区"非常安全""比较安全""一般及以下"分别占比18.66%、48.19%、33.15%；回答社区人防工作开展得"一般及以下"的居民认为社区"非常安全""比较安全""一般及以下"分别占比30.00%、38.89%、31.11%。从整体态势上看，北京社区人防工作与北京社区整体安全感关系密切。对其进行卡方检验，P值等于0.000，说明北京社区人防工作情况与北京社区整体安全感显著相关（见表19）。

表19 北京社区人防工作与北京社区整体安全感之间的关系

单位：%

变量	评价	北京居民社区整体安全感		
		非常安全	比较安全	一般及以下
北京社区人防工作	好	32.44	43.47	24.09
	比较好	18.66	48.19	33.15
	一般及以下	30.00	38.89	31.11

注：卡方检验为 Pearson chi2（4）= 86.4591，Pr=0.000。

第四，对社区物防工作与社区整体安全感进行相关分析，回答社区物防工作开展得"好"的居民认为社区"非常安全""比较安全""一般及以下"分别占比 63.67%、28.72%、7.61%；回答社区物防工作开展得"比较好"的居民认为社区"非常安全""比较安全""一般及以下"分别占比 24.19%、58.06%、17.74%；回答社区物防工作开展得"一般及以下"的居民认为社区"非常安全""比较安全""一般及以下"分别占比 11.11%、42.26%、46.63%。从整体态势上看，北京社区物防工作与北京社区整体安全感关系密切。对其进行卡方检验，P 值等于0.000，说明北京社区物防工作情况与北京社区整体安全感显著相关（见表 20）。

表 20　北京社区物防工作与北京社区整体安全感之间的关系

单位：%

变量	评价	北京居民社区整体安全感		
		非常安全	比较安全	一般及以下
北京社区物防工作	好	63.67	28.72	7.61
	比较好	24.19	58.06	17.74
	一般及以下	11.11	42.26	46.63

注：卡方检验为 Pearson chi2（4）=86.4591，Pr=0.000。

第五，对社区居民熟悉程度与社区整体安全感进行相关分析，回答社区居民熟悉程度"高"的居民认为社区"非常安全""比较安全""一般及以下"分别占比 46.00%、34.67%、19.33%；回答社区居民熟悉程度"比较高"的居民认为社区"非常安全""比较安全""一般及以下"分别占比 34.93%、41.48%、23.58%；回答社区居民熟悉程度处在"一般及以下"的居民认为社区"非常安全""比较安全""一般及以下"分别占比 23.11%、47.07%、29.83%。从整体态势上看，北京与北京社区整体安全感关系密切。对其进行卡方检验，P 值等于0.000，说明北京社区居民熟悉程度与北京社区整体安全感显著相关（见表 21）。

表 21　北京社区居民熟悉程度与北京社区整体安全感之间的关系

单位：%

变量	评价	北京居民社区整体安全感		
		非常安全	比较安全	一般及以下
北京社区居民熟悉程度	高	46.00	34.67	19.33
	比较高	34.93	41.48	23.58
	一般及以下	23.11	47.07	29.83

注：卡方检验为 Pearson chi2（4）＝39.5302，Pr＝0.000。

社区人防工作、社区物防工作开展得越好，社区居民关系越紧密。因此，做好社区安全治理工作，提升居民安全感，要从社区警务、居委会工作、人防、物防和提升居民熟悉程度等方面进行努力。

（五）北京学校安全感

在北京校园整体安全感状况部分，主要分为两个脉络展开：一是对北京校园整体安全感状况进行描述分析；二是对北京校园开展的安全教育情况进行分析。

1.北京校园整体安全感状况分析

本次调查中有 51% 的被调查对象有孩子或近亲属的孩子在北京上学，其中幼儿园占比 32.24%、中小学占比 49.67%、大学占比 18.09%。为了直观地反映北京市幼儿园、中小学、大学各自面临的不同安全隐患，故将所有安全隐患呈现在列表中（见表 22）。从中可以看出北京校园整体安全系数较高，按照不同类型校园安全状况由高到低排名依次是幼儿园、中小学校园、大学校园。幼儿园整体安全状况最好，其中最主要的安全问题是"校园食品安全行为"，在被调查对象中，有 11.79% 的被调查者认为幼儿园存在食品安全问题，其他安全问题尚不显著。中小学校园安全存在一定问题，在被调查对象中，认为存在"中小学心理健康危机""校园斗殴、欺凌行为""校园周边文化娱乐场所引发的不安全行为""校园食品安全""校园盗窃行为"的比例均超过10%，占比分别为13.65%、12.75%、12.37%、10.65%以及10.24%；大学某些安全问题同样较为突出，大学校园安全问题，主要体现在存在"校园盗窃行为""人际关系危机""大学生心理健康危机""校园文化娱乐场所引发的不安全行为""校园欺诈行为""校园食品安全问题""校园基础设施安全""校园斗殴、欺凌行为""传销行为"等，其比例均超过10%，占比分别为 34.55%、29.09%、23.64%、20.81%、17.27%、14.68%、13.76%、12.73%、11.82%。表22反映出的安全隐患应是北京市校园安全接下来的工作重点。可见，大学校园呈现安全隐患种类多、形势复杂的特点，应成为北京校园安全治理的重心所在。

表22　北京幼儿园、中小学、大学校园安全情况

单位：%

学校类别	有无下列校园安全问题	有（比例）	无（比例）
幼儿园	教师体罚虐待学生行为	3.09	96.91
	猥亵儿童行为	1.035	98.97
	校园食品安全行为	11.79	88.21
	校园基础设施安全	6.15	93.85
	上学期间走失	2.05	97.95
中小学	校园斗殴、欺凌行为	12.75	87.25
	教师体罚学生行为	6.02	93.98
	性侵或性骚扰行为	1.67	98.33
	校园周边文化娱乐场所引发的不安全行为	12.37	87.63
	校园盗窃行为	10.24	89.76
	校园欺诈行为	2.73	97.27
	中小学心理健康危机	13.65	86.35
	校园食品安全	10.65	89.35
	校园基础设施安全	6.83	93.17
	上学期间走失	1.41	98.59

学校类别	有无下列校园安全问题	有（比例）	无（比例）
大学	校园斗殴、欺凌行为	12.73	87.27
	性侵或性骚扰行为	6.36	93.64
	校园文化娱乐场所引发的不安全行为	20.81	79.09
	校园盗窃行为	34.55	65.45
	校园欺诈行为	17.27	82.73
	人际关系危机	29.09	70.91
	大学生心理健康危机	23.64	76.36
	国外敌对势力渗透	7.27	92.73
	涉及邪教问题	5.45	94.55
	传销行为	11.82	88.18
	大学生涉黄	9.09	90.91
	大学生涉毒	5.50	94.50
	大学生涉赌	7.27	92.73
	校园食品安全问题	14.68	85.32
	校园基础设施安全	13.76	86.24

2. 北京校园开展安全教育情况分析

为了掌握北京市学校安全教育开展情况，笔者对涉及学校教育的问题进行列联分析，发现在被调查对象中有92.19%的人认为学校"开展过安全教育"，7.81%的人认为学校"未曾开展安全教育"。其中被调查者认为幼儿园"开展过安全教育"的占比为88.14%，"未开展过安全教育"的占比为11.86%；被调查者认为中小学"开展过安全教育"的占比为94.08%，"未开展过安全教育"的占比为5.92%；被调查者认为大学"开展过安全教育"的占比为93.27%，"未开展过安全教育"的占比为6.73%。对不同校园类型的安全教育情况比重进行排序，依次是中小学、大学和幼儿园。可以发现，北京市校园安全教育情况整体较好，但仍需加强，尤其是幼儿园的安全教育。

四　提升北京安全感的对策建议

（一）嵌入"日常生活"的治安防控

当前，我国安全治理实践探索主要聚焦在应急管理制度、管理机制和管理技术等方面，而从日常生活维度探索安全治理体系还十分薄弱，实践基础和经验总结都很不足。对此，笔者尝试以日常生活的异化困境为切入点，在系统梳理总结安全治理基本理念的基础上，提出如下具体实践建议。

1. 构建"主动预防"的实践机制

日常生活视野下安全治理体系的构建，要从"传统被动应对"迈向"积极主动预防"的应急管理机制。具体来讲，一是要更加注重基础防范工作，如社区民警、社区干部、物业人员、业委会委员以及相关社区居民要更加重视社会大众日常生活状态，深入了解其人员情况、家庭结构、风俗习惯以及社会关系等内容，为主动预防控制奠定基础；二是要摆脱传统安全治理将重点放在"犯罪人员和犯罪行为"的被动打击状况，着眼于"限制犯罪发生的机会"，强调将"防止犯罪"作为核心目标，而不是仅仅对犯罪进行反映；三是要主动挖掘日常生活表面信息的深层次原因，通过多元路径搜集日常生活琐碎信息，分析相关日常生活可能产生的社会治安问题，并探寻此类问题发生发展根源，最终通过安全治理体系的预防阶段展开阻断犯罪成因和切断风险源发展等具体策略。综上所述，深入挖掘日常生活风险是本研究的关键步骤，从社会治安应急基础信息采集实践来看，人的活动遍布社会领域的方方面面，但概括起来主要包括吃、住、行、消、乐等方面。如供水、供电、供气信息；住房、住宿信息，交通差旅信息；消费、娱乐活动信息；银行、电信、网络信息等等。通过政府各部门、社会组织以及相关企业保持紧密沟通联系，实现信息关联共享，在充分利用统计分析和数据挖掘技术对各类统计和个体活动信息进行动态分析研判之外，要不断拓展信息来源路径，发现、梳理和分析异常情况，为北京安全治理提供基础信息支撑。

2. 强调"基层控制权威"的实践策略

列菲伏尔分析认为，日常生活长期受具有高度概括解释框架或属于高等文化层次的结构主义、功能主义的钳制。因此，如果要在日常生活视野下构建北京安全治理体系，就需要提升基层控制权威，增强基层组织对社会大众日常生活实践的控制能力，反思批判性地挖掘日常生活风险因素，规训可能产生越轨或失范行为的日常生活实践。具体来讲，一是要提升以社区居委会或村委会为代表的社区自治组织的治理权威，适当增强社区居委会在集体资产、公共事务以及公益事业等方面的资源配置权力，提升居民对于社区自治组织的依赖性，为社区安全治理奠定基础。① 二是构建以公安民警为引领的安全治理"差序共治"格局，要摆脱"都管、都不好好管"的工作困境，建议建立公安民警对保安、流管员和治安志愿者的业务指导和考核奖惩机制，充分发挥公安民警在社会治安应急基层管理中的引领作用，形成"责任主体明确、多元协调参与"治理体系。在社区内要完善社区警务室等用以办公商讨、化解问题和交流信息的空间场所，增强社区警务室对于居民的吸引力，提升社区警务工作服务能力，及时掌握社区安全风险信息，提升社区安全治理水平。

3. 探索"以服务促安全"的实践路径

迈向日常生活的北京安全治理体系建设，社会大众是关键承载者，而社会大众是否能够在日常生活风险识别防控中发挥作用取决于其日常生活安全感和满意度。所以，我们认为，促进资源整合并提供理性利益

---

① 周延东：《形象、权力与关系："村改居"社区安全空间治理新框架》，《社会建设》2017年第4期。

服务是推进社区安全治理体系的重要步骤。具体来讲，一是通过推进公共设施建设，促进社会大众在日常生活公共空间的逗留时间，增加相互沟通交往，构建现代熟人社区，实现社会大众参与社区安全治理；二是提升对于社会大众日常生活需要的理性服务水平，融合政府、企业和社会组织，提供"物美价廉"的法律咨询、基础医疗、居家养老、青少年培训和家政服务等，进而促进社会大众日常生活与社区安全治理紧密相连；三是要有序构建社会大众网络信息平台，促进一定地域空间内社会大众的沟通互动，社区安全治理体系要适应社会大众日常生活网络化和信息化的变迁，从其网络生活中识别风险源，并对其进行有效预防控制。

总而言之，北京安全治理体系不能只是依托高等文化层次、稳定结构框架和专业科学技术等专家系统。这种全面控制导致日常生活的殖民化，陷入更深层次的安全危机。对此，要充分借鉴日常生活理论基础，推进社区安全治理体系从"抽象结构"迈向"本土实践"，跳出专家系统风险迷笼，融合嵌入社会大众日常生活实践，挖掘社会治安风险，并通过主动预防、提升基层控制权威和以服务促安全等具体策略为北京安全治理体系的构建奠定理论基础和实践指导。

（二）构建北京社区安全检测体系

针对北京基层社区存在的安全隐患问题，课题组成员在实地调查的基础上，借鉴"街道眼理论"、"防卫空间理论"和"环境设计预防犯罪理论"（CPTED），反复梳理、总结和讨论，尝试构建了"村改居"社区安全检测体系（见表23）。具体包括"社区空间整体安全状况"、"社区公共空间安全状况"、"社区空间家居安全状况"、"社区警务室"和"社区安全治理的互动条件"等五大方面。挖掘北京基层社区中存在的安全困境和隐患，为北京基层社区安全治理提供了可操作的实践指导体系。

表 23 社区安全检测指标体系

社区整体安全状况	◎社区关键区域是否整洁有序(社区大门、社区广场、楼栋门前、健身娱乐区域等)
	◎有无在公共区域中乱搭乱建行为
	◎有无堆放杂物、垃圾现象(如生活废品、建筑垃圾等)
	◎垃圾箱是否及时清理并保持整洁
	◎基础设施是否存在破损失修情况(如楼栋门窗,地面砖石,健身器材及其他设施等)
	◎绿化植被是否及时修剪,保持整洁美观
	◎有无流浪汉人员、精神病人员在社区中逗留、居住
	◎是否有效对流浪动物进行管控
	◎是否存在饲养犬只导致社区环境污染行为
	◎有无乱贴小广告和乱涂乱画现象
	◎有无乱写宣传语、广告语等现象
	◎电线是否存在漏电、老化、杂乱现象
	◎照明设施是否完好(是否过暗或过亮)
	◎是否存在堵塞消防通道现象

社区公共空间安全状况	(一)围墙		◎是否是"栅栏式"的围墙("栅栏式"围墙有利于监视外围动态)
			◎围墙高度是否过低
			◎围墙是否容易攀爬(围墙周边是否有树木、堆放物和垃圾桶等容易攀爬的物品,栅栏是否有容易攀爬的雕饰)
			◎围墙是否离楼栋过近(违法犯罪分子容易从围墙直接进入)
	(二)社区出入口	社区大门	◎是否设置有社区名字的标识牌(制造边界感)
			◎是否安装视频监控设备(监控外来人员出入情况)
			◎有无门禁,是否正常运行
			◎门禁系统是否有信息读取功能(把握社区人员居住情况)
			◎照明设施是否良好,灯光过暗或过亮都不利于观察、监视
			◎出入口是否人车分流
			◎是否与主干道直接相连,是否做出防护和提示措施
			◎是否设置减速带
			◎是否设有保安员
			◎传达室观察视角是否开阔
			◎在可见社区大门的视线范围内是否有椅子、花坛、台阶、旗杆底座等便于小憩的地方(形成自然监视作用)
		楼栋单元门	◎有无可视频的门禁系统,是否可正常使用
			◎有无监控系统,是否正常运行
			◎照明设施是否良好运行

续表

	（三）社区交通	◎人行道与车行道是否有连接风险点 ◎是否在关键部位(出入口、拐弯处等)设置减速带 ◎拐弯处是否有反光镜 ◎地面停车场与娱乐休息的空间是否隔离分开 ◎社区道路和停车场是否安装视频监控设备(监控可能发生交通事故、矛盾纠纷、偷盗车辆、恶意划车行为等) ◎机动车驶入是否采用门禁系统(如电子识别系统); ◎社区道路是否通过设计成"蛇形"或"锯齿形"弯道、设置减速带、建造花坛或交错种植树木等措施,造成不容易通过的视觉效果,降低车辆行驶车速 ◎人行道是否平整、防滑(人行道路面不能使用卵石、砂子、碎石以及凹凸不平的材质,表面过于光滑的大理石也不适用于步行空间)
社区公共空间安全状况	（四）走廊与楼梯	◎是否安装视频监控设备 ◎是否有堆放杂物、垃圾现象 ◎照明设施是否良好运行 ◎墙面是否整洁(是否有乱贴小广告、乱涂乱画现象) ◎电线是否存在漏电、老化、杂乱现象 ◎是否配置消防器材 ◎是否宽敞明亮(促进邻里相互沟通) ◎是否张贴准确清晰的紧急疏散示意图
	（五）公共互动空间 (增强社区居民在公共空间的逗留时间,促进交流互动,构建熟人社区,提升社区安全监控能力)	◎有无会议室 ◎有无文化娱乐活动室(如图书阅览室、茶室等) ◎有无健身活动场所 ◎有无儿童游乐场(是否采用沙地、塑胶等保护性地面) ◎有无小广场 ◎有无小商铺 ◎有无可以如小花园、小凉亭等休闲娱乐的空间 ◎有无可供休憩的区域(如板凳、台阶等) ◎长椅背后是否有可供倚靠的设计(如绿化带、石柱等,有倚靠设计可以减少视线不能监控的空间范围,不易从背后遭到侵害,增强安全感) ◎社区中石凳、花坛等设施建材的外露部分是否做了磨边或防护处理 ◎是否安装视频监控设备(监控可能产生的矛盾、纠纷和冲突)
社区空间家居安全状况		◎是否使用高级别门锁 ◎门是否设置"猫眼" ◎是否有"猫眼"反窥探防护装置 ◎有无防盗窗、防盗窗质量是否良好

社区空间家居安全状况	◎窗台是否摆放杂物(防止高空坠物) ◎是否安装燃气监控装置 ◎是否安装防火报警装置 ◎是否安装防盗报警装置 ◎是否使用电源"空气开关" ◎电源插座质量是否合格,是否存在漏电现象 ◎是否存在自行乱搭乱接电线情况 ◎是否违规使用超大功率电器 ◎贵重物品是否妥善保管 ◎家中有小孩子,窗户是否有防护措施 ◎家中有小孩子,电源插座是否设置防护措施 ◎家中有小孩子,家居摆设是否有防护措施(陈列架及其摆放物品是否稳定、家具是否有棱角) ◎刀具、剪刀等利器是否藏好(防止小孩子触碰,也防止激情犯罪) ◎家中有老年人,是否有老年人防护装置(如可以观测老年人心率功能的手环或智能床,在卧室或厕所是否设置报警装置)	
社区警务室	◎开放时间、开放频率是否能够满足社区居民的需求 ◎是否及时公开通报辖区发案类别、作案手段、作案人行为特征等治安情况 ◎是否设置用以办公商讨、化解问题和交流信息的空间(如接待桌椅) ◎社区民警是否熟悉社区基础信息和重点信息(重点人口、出租房屋、治安物品、社区纠纷、矛盾冲突集中的事件等) ◎是否提供微波炉、热水机等简易服务设施 ◎是否组织开展警察职业体验系列活动、家居安全检测活动等(增强社区警务对于居民的吸引力,促进警民互动沟通,掌握更多社区安全风险信息源,提升社区安全控制能力)	
社区安全治理的互动条件	(一)社区活动组织	◎是否设置宣传展板,并及时更新发布社区安全动态。 ◎是否设置社区警务微信群等网络平台,加强沟通交流 ◎是否组织"兴趣爱好""老乡会""职业发展共享会"等活动 ◎是否积极吸纳退休干部、律师和教师等社区精英参与到社区安全治理活动中(要赋予其平安卫士、调解专员等荣誉身份,提升积极性)
	(二)社区服务(通过服务增加社区居民对于社区的依赖感和归属感,了解安全民情,为推动社区安全奠定基础)	◎是否有社区卫生室 ◎是否有法律咨询服务 ◎是否有青少年培训服务 ◎是否有居家养老服务 ◎是否有家政服务 ◎是否设置纯净水处理机、速递易(代收快递)等便民设施

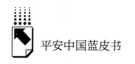

（三）发挥市场企业治安资源在北京整体安全治理中的能动性

随着城镇化和房地产市场的发展，越来越多的北京农村社区转变为城镇社区，单位制社区转变为商品房社区，城市郊区衍生出大量城乡接合部、城中村变成流动人口居住区。这导致北京社区内部治安形势的日益多元化、复杂化，单纯依靠国家专业治安力量远远不能满足社会治安治理的需求，要充分挖掘和发挥社会治安资源。如果政府依然忽视或者怀疑市场、社会力量介入北京社区安全治理的能力，更多地从"行使权力"的维度看待村改居社区的治安治理，就会导致政府政策不被公众理解，政府行为得不到公众认同。因此，如何应用好社会治安资源是北京社区治安治理的关键议题。以社会治安资源治理主体为标准，可以将社会治安资源分为市场企业治安资源、民间组织治安资源、社会精英治安资源与非专业化治安行政组织资源等四种类型。

企业一般是指以营利为目的，运用各种生产要素（如土地、劳动力、资本、技术和企业家才能等），向市场提供商品或服务，实行自主经营、自负盈亏、独立核算的法人或其他社会经济组织。在社会治安治理中，按照企业经营业务类型，可以将其分为专业化治安治理企业与非专业化治安治理企业。

专业化的治安治理企业是指以"预防和治理违法犯罪，化解不安定因素，维护社会治安持续稳定"为主要业务范围的企业，如保安公司等。非专业化的治安治理企业是指在自己经营的业务范围内能够为社会治安治理提供一定的人力、物力、技术和信息等资源的企业，如互联网公司为公安机关提供相关数据信息、社区物业公司参与社区治安治理工作等。另外，无论是专业化治安治理企业，还是非专业化治安治理企业，都需要在确保自身企业安全有序的前提下运行，进而为社会整体治安秩序提供保障。

首先，发挥专业化治安治理企业在北京社区安全治理中的作用。以营利为目标的团体或组织参与到社会治安治理中在我国有着悠久的历史，如古代的"镖局"，便是一种专门提供保护财物或人身安全服务的营利性机构。随着社会生活日益复杂，镖局承担的工作也越来越广泛，不但承接保送一般私家财物，地方上缴的饷银亦靠镖局运送。此外，由于镖局同各地都有联系或设有分号，一些汇款业务也由镖局承当。后来，看家护院、保护银行等也常常依托镖局。

在国外，这种以营利为目的，提供安全服务的活动被称为"私人安全活动"。在古代罗马城，从夜间警戒治安员时代开始，逐步发展成为一种专门从事私人安全活动的行业类型，这种接受客户委托提供监视、看管、资金运输以及人身保护等确保生命和财产安全服务的经济活动都属于私人安全活动。在现代北京整体安全治理中，最为典型的专业化治安治理企业就是保安公司。随着北京农村社区转变为城镇社区、单位制社区转变为商品房社区、城市郊区衍生出大量城乡接合部，城市中心区出现了城中村，社区内的治安治理迫切需要市场力量的参与合作。同时，随着市场经济的迅猛发展，出现了大量的民营企业和大财产公司，这些单位安全保障工作也同样需要市场力量的参与合作。保安服务业能够满足北京社区、单位等组织的安全防范需求，保障社区居民和单位的生命财产安全，提高北京社区的治安防范工作的整体水平。

其次，注重非专业化治安治理企业在北京整体安全治理中的作用。除了专业化治安治理企业在北京社区安全治理中发挥了重要作用外，更广泛的非专业化治安治理企业对于维护村改居社区的治安秩序也具有重要意义，我们以北京村改居社区为例进行分析。非专业治安治理企业在北京村改居社区安全治理中的功能主要表现在两个方面。一方面，村改居社区的原有集体企业和新办企业要以内部保卫部门为载体，确保企业良性有序运行，不为社会治安秩序"添麻烦"。具体来讲，村改居社区的原有集体企业和新办企业要根据企业规模、经营内容、业务范围等具体状况，设置专职或兼职的安全保卫队伍。具体的工作内容可以包含如下几个方面：对单位人员进行治安保卫的宣传教育；指导本单位内部治安保卫组织的工作；组织实施治安保卫工作，确保要害部位的安全，维护正常秩序；协助公安机关调查本单位发生的案件。另一方面，各企业要依托自身业务优势，村改居社区提供必要的人力、

物力、技术和信息等支撑，助力社会治安秩序的形成。如物业管理公司在为村改居社区提供各项服务的过程中，具有人力、物力、技术和信息等全方位的优势，这就需要充分发挥物业管理公司在社区安全防范、矛盾纠纷化解、基础信息采集等社区治安治理中的重要作用，保障社区安全有序，进而为整体社会治安秩序提供保障。

最后，激活北京社区中存在的民间组织治安资源。人们常常将民间组织与社会组织概念相混淆。社会组织概念有广义和狭义之分，广义的社会组织是指人们从事共同活动的所有群体形式，包括氏族、家庭、秘密团体、政府、军队和学校等。狭义的社会组织是为了实现特定的目标而有意识地组合起来的社会群体，如企业、政府、学校、医院、社会团体等。广义社会组织与狭义社会组织的区别在于：狭义社会组织是指组织内部各职位、各个部门之间是正式确定的、有比较稳定的关系模式的组织，而那些没有正式制度化的、内部成员间自发形成的各种非正式群体及其相互关系则不在狭义社会组织范围之内。

民间组织的概念也有广义和狭义之分，广义的民间组织是指除党政机关、企事业单位以外的社会中介性组织。狭义的民间组织是指由各级民政部门作为登记管理机关并纳入登记管理范围的社会团体、民办非企业单位和基金会等类型的社会组织。因此，狭义的民间组织是不包括那些"没有正式登记确定"的组织。从广义的范围来看，社会组织包括国家政府组织和民间组织，社会治安资源是与国家治安资源相对应的概念。因此，我们在此采用广义上的"民间组织"概念进行梳理分析。民间组织可以分为正式民间组织和非正式民间组织。无论是正式的，还是非正式的，都是社会治安资源的重要组成部分。对于北京整体安全治理而言，除了国家政府推动行政或市场企业力量之外，要充分发挥民间组织的力量，推动其通过市场手段或社会动员的方式来为北京整体安全治理提供公共安全产品和公共安全服务。

（四）注重正式民间组织在北京整体安全治理的关键作用

正式民间组织包括社会团体、民办非企业单位和基金会三种类型。

社会团体是指由中国公民自愿组成，为实现会员共同意愿，按照其章程开展活动的非营利性社会组织。以社会团体为代表的社会治安资源在北京整体安全治理中的作用日益明显。笔者以老年人协会为例进行分析，在我国老年人协会是社区中广泛存在的一种社会团体，这种社会团体的主要职能包括调解社区内部的矛盾纠纷、关爱社区内的孤寡老人、组织开展老年人活动、增加社区内部的非正式社会控制等。在北京社区安全治理中要充分发掘类似于老年人协会这样的社会团体功能，使它们参与社区安全治理的全过程。

民办非企业单位是指企业事业单位、社会团体和其他社会力量以及公民个人利用非国有资产举办的，从事非营利性社会服务活动的社会组织。西方国家民办非企业单位在社会治安治理中积累了大量经验。其中，芝加哥大西南社区发展公司最为典型，这一机构主要工作是改善日益疏离的邻里关系，大西南社区发展公司致力于修复日益恶化的居民住房，振兴恶化的商业街区，坚持不懈地寻求高品质住房、经济发展和不同种族、民族、阶层之间的平衡。面对越来越复杂的专业技术要求，聘请了大量专业人士为组织服务，对社区安全治理发挥了重要促进作用。虽然民办非企业单位在我国安全治理领域的参与和发展还较为薄弱，但也逐渐呈现蓬勃发展态势，如北京市朝阳区社会发展促进中心是一家民营非营利性社会组织，该组织打造出创新性社区平安公益服务项目——朝阳群众"小橘灯"，该项目从"平安""养老""环保"这三个社区最为迫切需要解决的问题入手，再配合一系列相关活动和专业服务，让社区居民真切感受到"小橘灯"带来的温暖和关爱，从而逐渐提升大家对社区的归属感以及内心的安全感。为此在现代北京面临安全治理资源困境的情况下，要充分发挥非营利性社会服务活动的社会组织的作用，为北京安全治理社区注入发展的活力。

基金会是指利用自然人、法人或者其他组织捐赠的财产，以从事公益事业为目的而成立的非营利性法人。如社会治安综合治理基金会、见义勇为奖励基金会、禁毒基金会、青少年发展基金会等都对社会治安秩序的维护发挥了重要作用。如较早成立的深圳市社会治安基金会，主要职能是为激励见义勇为、挺身而出与违法犯罪分子做斗争的勇士，慰问、抚恤在同违法犯罪分

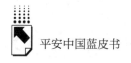

子做斗争中光荣牺牲、负伤的人员及其家属，奖励、褒扬在维护社会治安中做出突出贡献的人员和单位，建立并完善维护社会治安的物质保障机制，促进社会主义精神文明建设和社会治安稳定。基金会组织作为重要的社会安全治理的民间组织，拥有非常丰富的资源，在北京安全治理整体物质保障缺失，安全精神文明建设不足的情况下，北京基层社区、单位应充分吸取基金会组织的资源，进而促进北京社区、单位的安全治理工作继续向前发展。

（五）强调非正式民间组织治安力量

非正式民间组织是指组织内部成员间自发形成的各种非正式群体及其相互关系。非正式民间组织一般来源于血缘关系、地缘关系、业缘关系和趣缘关系等。例如，宗族组织在传统社会治安治理中发挥了重要作用。所谓"家族"或"宗族"是由父系血缘关系组成的各个家庭，在祖先崇拜及宗法观念的规范下组成的社会群体。一般而言，古代社会家族或宗族具有血缘、家庭、聚族而居、统一组织管理等四个基本的构成要素。传统中国社会是宗法社会，国家政治是宗族政治。家族与宗族是中国固有的历史状态和传统色彩，有关中国的任何方面都无法绕开这一历史特征。宗族组织是中国乡村社会固有的一种社会力量，无论承认与否，宗族组织都会对乡村社会的治理产生重要影响。同时，作为一种保守力量，宗族是保证乡村社会稳定的基础力量，因此，在中国传统社会，不论地方行政组织如何细密，统治机能如何有效，基层社会的秩序仍多仰赖血缘族群来维系。

无论是国外还是国内，非正式民间组织对社会治安治理都具有重要意义。从国际上来看，以英国卡克霍尔特"邻里守望"组织为例。邻里守望作为一种自愿行为，参加"邻里守望"的社区居民在自己家的窗户上贴上"邻里守望"的标志，参加此活动的街坊四邻就可以相互注意、相互关照，以免遭受犯罪的侵害。社区成员意识到参与"邻里守望"的益处，开始逐渐加入。这种经历"由小到大"的社区自愿组织建立过程具有良好的效果。据英国内务部调查结果，在样板社区，"邻里守望"活动使犯罪减少了3/4，英国罗秀迪尔的卡克霍尔特实施邻里守望计划三年后，几乎所有的社区居民都参加了这一计划，社区安全治理取得了明显的效果。再以美国圣地亚哥的城市高地地区建立的"邻里同盟"为例。"邻里同盟"的主要内容是提供"门对门"的服务范围和召开社区会议。其中，门对门的服务是指由一定数量街区的流动居民组织起来的若干个社区组织，他们互相探访并熟识，从而使居民能够积极地与警方合作并参与解决犯罪问题。如他们能够主动地收集犯罪的有关数据，确定犯罪和问题发生的地点等。召开会议则由警署的长官和社区组织者负责，目的是培训居民解决问题的能力以及教授社区组织的相关技巧，使居民与社区负责人和政府官员相熟识。如居民通过邻里同盟的方法解决了社区的吸毒问题，居民在有违法问题的地点举行会议，联系财产所有人、签署请愿书、引进外部资源、组织巡逻队等。

2015年4月，在中办、国办联合印发的《关于加强社会治安防控体系建设的意见》中指出，要充分发展壮大平安志愿者、社区工作者、群防群治工作的新机制和新模式，促进治安志愿者队伍专业化和职业化。意见强调，要进一步拓宽群众参与社会治安防控的渠道，依法保障人民群众的知情权、参与权、建议权、监督权。落实举报奖励制度，对于提供重大线索、帮助破获重大案件或者有效制止违法犯罪活动、协助抓获犯罪分子的，给予重奖。在此背景下，各地纷纷组建以社区治安志愿者为核心人员的"人防网"。其中，北京的"四大神秘组织"影响广泛，分别是"朝阳群众"、"西城大妈"、"海淀网友"和"丰台劝导队"。

"朝阳群众"由来自北京朝阳区的居民组成，曾参与破获多起明星吸毒等大案、要案，在打击违法犯罪和维护社会治安中发挥的重要作用。"朝阳群众"的身影随处可见，他们可能是商场超市里身穿制服的保安，可能是身穿志愿者服装戴着红袖标的"小脚侦缉队"，还可能是晨练遛弯买菜时所见的一个个平凡的路人。他们作为非正式的民间组织力量广泛地发挥作用。

　　"西城大妈"是一个囊括了西城区各类平安志愿服务团队的联盟，由于年长的女性在群防群治志愿者中占的比重最大，基层民警也将这个群体戏称为"西城大妈"。西城位于北京的中心城区，在 50 平方公里的地域中，活跃着 7 万余群防群治力量，7 万人中有 5 万余人都是实名注册的治安志愿者，其余的则包括了小区里的部分停车员、巡防队员、单位保安甚至是保洁员。这些民间力量在自己日常的生活和工作中，发现可疑情况，都会第一时间向警方提供线索。

　　"海淀网友"隐藏在网络中，随时随地向警方提供各类线索，办案民警很少见过他们的庐山真面目。自 2016 年 1 月，"海淀网友"互动平台正式上线运行，可将疑似违法犯罪线索以文字、照片或视频的方式在线举报，并通过平台与警方实时沟通。"海淀网友"这一京城著名的"情报组织"的设立，又多了一个信息采集的平台。平台内有"线索举报""网友说吧""精彩时刻""小薇说事""精彩活动""个人中心"等六大栏目，初步实现了情况收集、线索举报、在线互动、资讯推送、意见反馈、在线鼓励等功能。其中，"线索举报"是该平台的核心功能。举报信息经过初检后，会按照警务类线索和非警务类线索进行分类流转。警务类线索由警方负责处理，非警务类线索则会通过西城区城市管理指挥中心转递给相关责任部门处理。

　　"丰台劝导队"的队伍主要由社区干部、居委会工作人员、社区离退休居民、治保积极分子和社区志愿者组成，利用劝导队队员人熟、地熟、事熟的优势，同社区民警、社区居委会工作人员共同开展环境治理、矛盾化解、治安维护等工作。北京丰台劝导队依靠群众实现了社区环境干净、邻里和谐、治安良好。

　　随着城镇化和房地产市场的发展，在越来越多的北京农村社区转变为城镇社区，单位制社区转变为商品房社区，城市郊区衍生出大量城乡接合部，城中村涌入大量外来人口的情况下，原有的北京基层社区社会关系网络发生了重大变化，社区成员之间的关系逐步"疏离化"，出现了涂尔干所认为的从"机械团结"向"有机团结"转变。在这种转变中基于原有熟人关系的非正式社会控制势必式微，为此在北京社区中要加强非正式民间组织的建设，发挥非正式社会组织对社区安全风险的预防和控制功能。

（六）充分利用社区安全治理中的精英治安资源

"精英"一词最早出现在 17 世纪的法国，意为"精选出来的少数"或"优秀的人物"。社会精英在权力、财富、声望、知识和社会关系等方面有独特而丰富的优势，对社会发展和社会稳定都发挥举足轻重的作用。陈淼等人以南宋为例探讨了乡村精英在传统社会治安治理实践中的作用。乡村精英可大致分为宗族长老、富民、士人和僧侣四类。其一，宗族长老。宗族作为有共同祖先，由数量不等的家庭所组成的集合体，对中国古代社会的发展，尤其是乡村社会的发展起举足轻重作用。乡村社会中的宗族组织是维系古代中国社会有序发展的支柱性力量。在宗族组织中，一些年纪较大、德高望重的长者处于领导地位。这些长老通过管理宗族组织，进而影响乡村社会治安治理的具体事务。其二，富民。富民就是指在乡村社会中经济实力中等以上的阶层。这些富民由于有较强的经济实力，能够承担乡村社会治理中的费用开支，同时又具有极强的号召力，所以在赈济邻里、兴修水利、捐资助学和促进乡村社会和谐有序方面发挥重要的作用。其三，士人。士人一般指通过科举考试已经获得功名或者正在争取功名的读书人，也包括一些在乡村教学的读书先生、寄居山野的隐士，还包括一些丁忧赋闲或告老还乡的官员。这些士人的普遍特点是具有较高的文化程度，在乡村社会治安治理和纠纷调解中具有较高的威望和地位。其四，僧侣。以佛教和道教为主的宗教类型在中国传统社会得到进一步发展，广为流行，深入民心，并建立了大量的寺庙和道观。由于宗教信仰在乡村社会中具有不可忽视的感召力，再加上佛教和道教的教义有救济贫民、普度众生的内容，众多的僧人和道士也在安全保卫、教育规训等内容中发挥独特的作用。

其中，以家族长老和士绅为代表的乡村精英往往处于领导和主体地位，他们一方面与国家行政力量相互联系和配合，弥补行政力量在参与乡村具体事务中的控制不足；另一方面又整合普通村民的各种利益，协调冲突与矛盾，使得乡村日常事务能够有序开展，有利于乡村社会的良性发展。其中，"维护乡村治安"与"处理乡间纠纷"是乡村精英的重要责任。以宗族长老为领导者的宗族组织，在面对外部势力，如流寇、盗贼等危险时，若官府无法提供有效的保护，便会将乡村中的有生力量组织起来，维护乡村的治安，保护乡民的安全。乡村精英在乡村社会各种纠纷诉讼的调处中发挥重要作用，首先是宗族内的长老在宗族内部对纠纷诉讼进行调处，他们利用自身的身份、威望等尽量将纠纷解决在宗族内部，免于将其上报至官府，维护整个宗族的声誉。参与调处诉讼纠纷的还包括一些士人、儒士。比如南宋初年婺源县的李缯，早年习二程之学，是婺源道学派的开拓者，常常调理乡里，治理家务。这种宗族长老、士人都将处理乡间的纠纷诉讼看作修德之事，态度十分积极。

现代社会，人员流动产生社区成员结构的复杂性，城市社区内不存在乡村社区中由宗族、乡约和乡绅所构成的传统社会治理模式所构成的基本要素。改革开放以来，计划经济体制向市场经济体制的转变进程造成了中国社会阶层的巨大变化，但是人们对于精英标准的界定并没有发生根本性的变化，拥有财富、文化水平、社会权威仍然是现代社会精英的重要条件。一般而言，现代社会精英自我意识强烈、行动能力突出并且比其他社区居民拥有更多的权威性资源（如经济资源、政治资源、社会资源和文化资源等），在社会治安治理参与实践中，社会精英的公益精神也是必不可少的。社会精英不仅是受宏观社会结构影响的被动者，更是不断进行组织创新和制度创新的能动者，他们与社会居民直接面对面接触，是进行自治动员和促进公共参与的主要力量。例如政府官员、教师、警察、律师等等。虽然有些人具有特别的职业身份，但他们在社会中发挥作用时是作为社会治安资源而存在的，这些人手中或多或少掌握不同类型的治安资源且对社会治安治理工作也比较热心，对于维护社会治安稳定有序具有积极作用。笔者以北京村改居型社区为例进行论述，在北京村改居型社区中存在大量的社区精英，这些社区精英来自两个方面。一方面是原有乡村社会的精英群体，这些群体包括乡村中原来的"大社员""村民组长"等。另一方面是随着村改居型社区变为商品房社区，大量的社会精英进入村改居型社区，他们拥有非常丰富的社会资源，可以成为村改居型社区安全建设的中坚力量。为此在村改居型社区安全治理过程中既要发挥传统的乡村社区精英的作用，也要注重村改居之后加入的在社区内形成的新兴社区精英的力量。

在社会治安资源体系中，以社区精英为代表而形成的业主委员会具有十分重要的意义。业主委员会是指由物业管理区域内业主代表组成，代表业主的利益，向社会各方反映业主意愿和要求，并监督物业管理公司管理运作的一个民间组织。业主委员会的成立，不需要政府部门的审批，只需到所辖区的政府房管部门备案即可。业主委员会一般有两种产生方式：一是由业主或业主大会选举，依照《物权法》《物业管理条例》以及各地的相关办法依照程序产生；二是对于较大的小区，业主先以楼为单位选举各自楼委会，然后每个楼委会推选代表，集中形成业委会。这种方式形成的业委会主要负责楼间共有的管理；而楼委会则负责楼内共有的管理。在社会治安治理中，业主委员会的领导者要充分代表广大业主的利益，通过对物业管理服务的有效监督、密切与政府部门的联系、调解物业及业主之间的纠纷，帮助业主维护自身权益，提高业主的满意度和对社区的认同感。为了保证业主委员会有效运行，一般来讲：一是给予业主委员会成员适当的报酬，通过理性利益报酬保证和加强业主委员会成员参与社会治安治理的热情；二是不断吸收有法律知识、矛盾纠纷化解等专业技能的业主加入业主委员会，提升业主委员会参与社会治安治理的水平；三是不断完善各项规章制度，突破业委会法律困境，在制度化的规范下有序运行。但是随着城镇化和房地产市场的发展，越来越多的北京农村社区转变为城镇社区，单位制社区转变为商品房社区，城市郊区衍生出大量城乡接合部社区，城中村变成了涌入大量外来人口的社区，业主委员会对于这些社区居民来说是一种陌生事物，在原社区中他们表达在集体中利益主要通过向单位反映情况、向村级两委反映等渠道，向外表达利益也主要是通过这些渠道，但是当他们

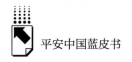

所生活的社区发生转变之后，原来表达利益的渠道发生了重大变化，为此要根据北京不同社区的实际情况进行有区别的社区业主委员会建设，使其真正融入北京社区居民的日常生活，发挥其在社区安全治理中的功能。

（七）充分发挥非专业化治安行政组织资源

在国家治安资源体系中，主要指如综治办、公安机关、城管部门等专业部门，在社会治安资源体系中，人们往往想到的是市场企业、民间组织、社会精英等治安资源力量。因此，无论在国家治安资源中，还是在社会治安资源中，非专业化治安行政组织常常被两者同时遗忘，如工业和信息化部门、金融部门、食品药品监管部门等。从性质上讲，它们虽然属于国家行政体系，但在实践运作过程中，它们与社会治安资源的参与形式十分相似，常常作为重要的合作力量参与社会治安治理。例如，《最高人民法院　最高人民检察院　公安部　工业和信息化部　中国人民银行　中国银行业监督管理委员会关于防范和打击电信网络诈骗犯罪的通告》指出，工业和信息化部门要负责电信企业立即开展一证多卡用户的清理，对同一用户在同一家基础电信企业或同一移动转售企业办理有效使用的电话卡达到5张的，该企业不得为其开办新的电话卡。电信企业和互联网企业要采取措施阻断改号软件网上发布、搜索、传播、销售渠道，严禁违法网络改号电话的运行、经营。电信企业要严格规范国际通信业务出入口局主叫号码传送，全面实施语音专线规范清理和主叫鉴权，加大网内和网间虚假主叫发现与拦截力度，立即清理规范一号通、商务总机、400等电话业务，对违规经营的网络电话业务一律依法予以取缔，对违规经营的各级代理商责令限期整改，逾期不改的一律由相关部门吊销执照，并严肃追究民事、行政责任。移动转售企业要依法开展业务，对整治不力、屡次违规的移动转售企业，将依法坚决查处，直至取消相应资质。此外，电信企业、银行、支付机构和银联，要切实履行主体责任，对责任落实不到位导致被不法分子用于实施电信网络诈骗犯罪的，要依法追究责任。各级行业主管部门要落实监管责任，对监管不到位的严肃问责。对因重视不够，防范、打击、整治措施不落实，导致电信网络诈骗犯罪问题严重的地区、部门、国有电信企业、银行和支付机构，坚决依法实行社会治安综合治理"一票否决"，并追究相关责任人的责任。其实，这些非专业化的治安行政组织在社区安全治理中会起到非常重要的作用，它们与社会治安资源和其他专业化国家治安资源一同支撑社区安全治理工作。以民政部门和劳动就业部门为例，它们虽然并不是专业化的国家治安资源，却在社区安全治理中发挥重大的作用。我国民政部门的一项重要工作就是在社会中开展扶贫工作，这项工作直接对接的是社会中的弱势群体，弱势群体的生活因种种原因处在国家贫困线之下，而这项工作开展的绩效将直接关系到这些弱势群体的生活状态，开展得好将会对社区安全产生促进作用，开展得不好可能会恶化社区的安全状况。社会保障部门在社区安全治理中的作用也是极为突出的，如社区中的监狱释放人员、吸毒人员、游手好闲者，如果他们长期处于失业状态将会对社区安全稳定造成冲击，为此社会保障部门的工作也直接关系到社区安全治理的效果。

此外，对于社会治安资源的挖掘和使用，要十分重视社区居委会的作用，社区居委会既不是社会团体法人也不是机关法人，而是居民自我管理、自我教育、自我服务的基层群众性自治组织。然而，与其他社会资源相比，社会居委会更多地具有"国家"属性，当前诸多社区居委会扮演了国家政府任务的"执行者角色"，更多地代表了政府意志。导致其主动治理和主动服务的能力较弱，没有形成理想的治安治理效果。因此，社区居委会要充分体现社区安全治理的主体地位，严格依法履行自治管理职能，积极协调处理涉及社区成员利益的相关事项，整合资源，共驻共建，增强管理和维护社区集体资产的能力，组织筹措社区公益事业和公共事务的发展基金，为社区安全治理奠定良好的经济基础。具体来讲，《中华人民共和国城市居民委员会组织法》明确规定，居民委员会承担民间调解、治安维护等任务，居民委员会根据需要可设立人民调解、治安保卫等委员会。社区居委会在维护社区治安方面具有不可推卸的责任和义务，具有其他组织不可替代的作用。社区

居委会的主要治安职责包括：承担宣传宪法、法律、法规和国家的政策；维护居民的合法权益，向居民会议负责并报告社区治安工作；组织居民落实居民会议关于加强社区治安、维护社区稳定的决定，及时调解社区内发生的民间纠纷，化解社区矛盾，设立人民调解、治安保卫等委员会；指定专人负责有关社区治安的工作；协助人民政府和派出机关做好与居民利益有关的社会治安、治安联防、青少年教育、社区矫正、安置帮教等工作。为此，在社区安全治理过程中要充分发挥非专业化治安行政组织在社区安全治理中的作用，注重非专业化治安行政组织在提升北京整体安全感中的价值。

参考文献

周延东：《形象、权力与关系："村改居"社区安全空间治理新框架》，《社会建设》2017 年第 4 期。

罗伯特·E. 帕克：《城市：有关城市环境中人类行为研究的建议》，杭苏红译，商务印书馆，2016。

何淼、张鸿雁：《城市社会空间分化如何可能——西方城市社会学空间理论的中国意义》，《探索与争鸣》2011 年第 8 期。

杨敏：《作为国家治理单元的社区》，《社会学研究》2007 年第 4 期。

郑振：《空间：一个社会学的概念》，《社会学研究》2010 年第 5 期。

顾至欣、顾海玲：《犯罪预防性环境设计与居住区安全性的提升》，转引自郑振《空间：一个社会学的概念》，《社会学研究》2010 年第 5 期。

刘能：《重返空间社会学：继承费孝通先生的学术遗产》，《学海》2014 第 4 期。

周延东、郭星华：《家文化对社区安全治理的启示与实践》，《新视野》2016 年第 1 期。

胡联合：《政治学最高法则下的中产阶层"稳定器"构建战略——兼与张翼先生商榷》，《社会科学》2009 年第 1 期。

周延东、宫志刚：《2016 年中国社会治安形势分析报告》，载自李培林、陈光金、张翼《2017 年中国社会形势分析与预测》，社会科学文献出版社，2016。

郑震：《空间：一个社会学的概念》，《社会学研究》2010 年第 5 期。

何淼、张鸿雁：《城市社会空间分化如何可能——西方城市社会学空间理论的中国意义》，《探索与争鸣》2011 年第 8 期。

顾至欣、顾海玲：《犯罪预防性环境设计与居住区安全性的提升》，《城市问题》

2012 年第 1 期。

陈占江：《空间、认同与社会秩序——转型期城中村问题研究》，《学习与实践》2010 年第 3 期。

许叶萍、石秀印：《城市化中的空间社会分层与中国机理》，《北京社会科学》2016 年第 11 期。

附　　录

Appendices

B.9

附录1：平安北京建设发展评估（2018）指标得分

附表1　平安北京建设发展评估（2018）指标得分

一级指标(得分)	二级指标(得分)	三级指标(得分)
社会治理(86.93)	党委领导治理(100)	是否建立党委领导责任制(100)
		市委常委会会议是否讨论平安建设议题(100)
	政府主导治理(100)	市政府在平安北京建设中的定位是否明确(100)
		是否定期召开全市平安建设相关会议(100)
		政府相关部门是否公开平安建设相关信息(100)
		是否将平安建设纳入年度考核(100)
	人民团体、社会组织、企事业单位参与社会治理(65.5)	人民团体参与社会治理情况(70)
		社会组织参与社会治理情况(70)
		企事业单位参与社会治理情况(55)

续表

一级指标（得分）	二级指标（得分）	三级指标（得分）
社会治理（86.93）	首都群防群治（79.44）	群防群治力量参与情况（89.35）
		群防群治品牌建设情况（64）
		群防群治成果（80.17）
社会治安防控（85.22）	社会治安防控网建设情况（82.03）	社会面治安防控（84.54）
		重点行业治安防控（89.30）
		乡镇（街道）和村（社区）治安防控（52.83）
		机关、企事业单位内部安全防控（89.11）
		信息网络防控（85.82）
		首都外围防控（91.71）
	社会治安防控效果（90）	刑事警情数量（90）
		治安警情数量（90）
		刑事案件数量（立案、结案）（90）
		治安案件数量（立案、结案）（90）
安全生产（79.89）	安全生产责任体系（96.89）	党委政府领导责任是否明确（100）
		部门监管责任是否落实（100）
		企业主体责任是否落实（100）
		责任追究制度是否落实（87.55）
	安全生产风险防控机制（97.74）	政府是否建立实施安全风险评估与论证机制（100）
		是否制定生产安全事故隐患分级和排查治理标准（100）
		企业是否定期开展风险评估和危害辨识（90.95）
		是否开展重点领域隐患排查治理（矿、危险物品等）（100）
	安全生产指标完成情况（35）	亿元GDP生产安全事故死亡（100）
		工矿商贸就业人员十万人生产安全事故死亡率（0）
		煤矿百万吨死亡率（0）
		道路交通车祸死亡率（0）
		火灾（消防）十万人口死亡（100）
	安全生产应急救援能力（80.62）	是否建立安全生产应急救援指挥平台（100）
		应急救援联动机制（100）
		安全生产应急救援队伍建设（62.46）
		安全生产应急救援保障能力（60）
	安全文化建设（89.15）	是否定期开展安全警示教育（78.3）
		是否将安全生产纳入干部培训内容（100）

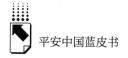

续表

一级指标(得分)	二级指标(得分)	三级指标(得分)
矛盾纠纷化解(78.6)	社会矛盾源头预防和排查化解(95.57)	是否定期开展矛盾纠纷排查化解(100)
		矛盾纠纷排查分级负责制度建设情况(100)
		矛盾纠纷排查督办回访制度(100)
		群众利益表达渠道是否畅通(82.26)
	矛盾纠纷多元调解(88.7)	矛盾纠纷多元调解组织建设情况(92.92)
		矛盾纠纷多元调解覆盖范围(100)
		矛盾纠纷多元调解创新(100)
	重大决策社会稳定风险评估(52.09)	重大决策社会稳定风险评估机制体系建设情况(100)
		重大决策社会稳定风险评估的覆盖范围(100)
矛盾纠纷化解(78.6)	重大决策社会稳定风险评估(52.09)	重大决策社会稳定风险评估是否纳入首都立法情况(0)
		重大决策社会稳定风险评估落实情况(8.35)
	信访法治化建设(70)	信访网络综合服务平台建设情况(100)
		逐级上访制度建设情况(100)
		信访地方性立法情况(0)
人口服务管理(82.71)	常住人口调控(100)	常住人口数量变化(100)
		常住人口增速变化(100)
	流动人口登记与管理(84)	流动人口基础信息采集登记(75)
		流动人口动态监测制度(90)
		流动人口数量变化(90)
	居住证制度实施情况(83.49)	居住证办理是否便民(86.98)
		居住证持有者享受公共服务情况(80)
	出租房屋治理(42.64)	出租房屋管理制度建设(55.27)
		违法出租治理效果(30)
	特殊人群服务管理(83)	重点人员管控(80)
		重点青少年服务(80)
		服刑人员帮扶(90)
平安建设保障(98)	法治保障(100)	平安建设地方性立法情况(100)
		平安北京建设规范性文件情况(100)
	人员保障(100)	北京警力配备情况(100)
		专业队伍建设情况(100)
		社会力量参与情况(100)
	财务装备(100)	平安建设经费投入情况(100)
		平安建设硬件设施建设情况(100)

续表

一级指标(得分)	二级指标(得分)	三级指标(得分)
平安建设保障(98)	科技支撑(100)	公共安全视频监控系统建设情况(100)
		大数据深度应用(100)
		信息资源共享融合情况(100)
		信息安全防护建设(100)
	宣传教育(80)	是否将平安建设相关内容纳入领导干部培训(70)
		是否将平安建设相关内容纳入中小学教育内容(70)
		是否在全市范围内开展与平安建设有关的应急演练(95)
安全感(83.19)	总体安全感(81.97)	公众对于首都安全状况的总体感受(81.97)
	公共场所安全感(85.46)	公众对车站、广场、公园、商场等公共场所环境安全状况的主观感受(85.46)
	单位安全感(77.93)	公众对所在工作单位环境安全状况的主观感受(77.93)
	社区安全感(83.26)	公众对所居住的社区环境安全状况的主观感受(83.26)
	校园安全感(89.37)	公众对中小学校园环境安全状况的主观感受(89.37)

B.10

附录2：平安北京建设发展评估（2018）调查问卷

平安北京建设发展评估（2018）调查问卷

尊敬的先生/女士：

您好！非常感谢您参加我们的调查，本调查旨在了解当前平安北京建设实际情况，进一步加强和完善平安北京建设。本次调查是不记名的，回答无所谓对错，也不会影响他人对您的评价，您可以完全根据自己的实际情况作答。如果遇到不好回答或不适用的情况，请以最相近的场景或最接近的情况作答即可。本次调查结果仅供研究，我们将严格遵守《统计法》相关规定，绝不会泄露您的任何个人信息。感谢您的支持与配合！

中国人民公安大学

"平安北京建设发展评估课题组"

2018 年 6 月

样本点村/居委会编码：☐☐☐☐☐☐☐☐☐☐（调查员不填写）

个人编码：☐☐☐☐☐（调查员不填写）

以下部分由调查员填写：

受访者地址：＿＿＿＿区＿＿＿＿乡镇/街道＿＿＿＿村/居委会

调查员（签名）：＿＿＿＿联系电话：＿＿＿＿

调查完成日期：＿＿＿＿年＿＿＿＿月＿＿＿＿日

A、个人基本信息

A1. 性别：

　　1. 男　　　　2. 女

A2. 您的出生年月是：□□□□年□□月。

A3. 您的婚姻状况是：

　　1. 未婚　　　2. 已婚　　　3. 离婚　　　4. 丧偶

A4. 您的受教育程度是：

　　1. 研究生　　2. 大学本科　　3. 大学专科　　4. 高中（中专）

　　5. 初中　　　6. 小学及以下

A5. 您觉得您目前的身体状况怎么样？

　　1. 很健康　　2. 比较健康　　3. 一般　　　4. 不太健康

　　5. 不健康

A6. 您个人上个月的收入是：□□□□□元。

A7. 您的户籍所在地是否为北京？

　　1. 是（跳答 A9 题）　　　　2. 否

A8. 您来北京的时间是□□□□年□□月。

A9. 您当前所居住的地域类型是：

　　1. 城区　　　　　　　　　　2. 郊区或城乡接合部

　　3. 远离郊区的乡镇　　　　　4. 农村

A10. 您目前居住在什么类型的社区中？

　　1. 商品房社区　　　　　　　2. 经济适用房社区

3. 机关事业单位社区　　　　4. 工矿企业社区

5. 未经改造的老城区　　　　6. 经过改造的老城区

7. 城中村或棚户区　　　　　8. 城乡接合部

9. 农村社区　　　　　　　　10. 其他

A11. 您现在的主要职业是什么？

1. 国家机关、党群组织、企业、事业单位负责人

2. 专业技术人员

3. 一般公务员、办事人员和有关人员

4. 商业、服务业人员

5. 农、林、牧、渔、水利业生产人员

6. 生产运输设备操作人员及有关人员

7. 无固定职业及其他职业

8. 不工作

B. 首都社区安全状况

B1. 在您所居住的社区中，居民出租房屋的比例高不高？

1. 很高　　　　　　2. 一般　　　　　　3. 很少或者没有

B2. 近五年，您所居住的社区是否发生过以下违法犯罪？

类型	是	否	不知道
A. 杀人	1	0	9
B. 性侵、猥亵	1	0	9
C. 入室盗窃	1	0	9
D. 一般盗窃（比方说盗窃电动车、盗窃自行车等）	1	0	9
E. 抢夺或抢劫	1	0	9
F. 电信诈骗	1	0	9
G. 非法集资	1	0	9
H. 邪教活动	1	0	9
I. 传销	1	0	9

续表

类型	是	否	不知道
J. 涉黄行为	1	0	9
K. 涉毒行为	1	0	9
L. 涉赌行为	1	0	9
M. 打架斗殴	1	0	9
N. 破坏公私财物（比方说划车、砸玻璃、破坏绿植、破坏健身器材等）	1	0	9

B3. 在您所居住的社区中，您会经常看到带有红袖标的治安志愿者吗？

　　1. 经常见到　　　　2. 偶尔见到　　　　3. 见不到（跳答 B5 题）

B4. 您认为上述治安志愿者力量开展下列维护社会治安工作的效果如何？

类型	好	一般	不好	没有
A. 巡逻防控	1	2	3	9
B. 提供破案线索	1	2	3	9
C. 矛盾纠纷化解	1	2	3	9

B5. 您晚上独自行走在您所居住的社区中会觉得害怕吗？

　　1. 很害怕　　　　2. 比较害怕　　　　3. 一般

　　4. 不太害怕　　　　5. 不害怕

B6. 您是否认可下列治安志愿者组织的工作效果？

治安志愿者组织	认可	一般	不认可	不知道
A. 西城大妈	1	2	3	9
B. 东城守望者	1	2	3	9
C. 丰台劝导队	1	2	3	9
D. 海淀网友	1	2	3	9
E. 朝阳群众	1	2	3	9
F. 石景山老街坊防消队	1	2	3	9
G. 其他组织（请注明：_____）	1	2	3	9

B7. 您所居住社区的视频监控系统运行是否有效?

    1. 非常有效   2. 比较有效   3. 一般

    4. 不太有效   5. 无效

B8. 您对您所居住社区中居民的认识程度怎么样?

    1. 基本都认识   2. 大部分认识   3. 大约认识一半

    4. 认识一小部分   5. 基本不认识

B9. 您与您所居住社区的主要负责人员熟悉程度如何?

社区主要负责人员	熟悉	比较熟悉	一般	不太熟悉	不熟悉
A. 社区民警	1	2	3	4	5
B. 居委会主任	1	2	3	4	5
C. 物业管理人员	1	2	3	4	5
D. 业主委员会人员	1	2	3	4	5
E. 网格长	1	2	3	4	5

B10. 您在您所居住的社区是否发生过下列类型的矛盾纠纷(可多选)?

    1. 婚姻家庭纠纷   2. 邻里纠纷   3. 房屋、宅基地纠纷

    4. 损害赔偿纠纷   5. 以上均没有

B11. 您认为下列主体在矛盾纠纷化解中是否有效发挥作用?

主体	有效	一般	无效	未参与
A. 社区民警	1	2	3	9
B. 社区居委会	1	2	3	9
C. 社区业委会	1	2	3	9
D. 物业公司	1	2	3	9
E. 治安志愿者	1	2	3	9
F. 相关社区居民	1	2	3	9

B12. 您向社区居委会反映问题的渠道是否通畅?

    1. 很通畅   2. 比较通畅   3. 一般通畅

    4. 不太通畅   5. 不通畅

B13. 据您观察，您所居住社区的社区警务室开放的频率如何？

    1. 经常开放　　　　2. 偶尔开放　　　　3. 不开放

    9. 不清楚

B14. 近三年来，在您所居住的社区中社区民警是否曾经去您家里入户调查或走访？

    1. 是（请注明：有＿＿＿＿＿＿次）　　2. 否

B15. 总体来看，您认为您所居住社区的治安状况怎样？

    1. 很好　　　　　　2. 比较好　　　　　3. 一般

    4. 比较差　　　　　5. 很差

C. 社会公共空间安全状况

C1. 近五年来，您的手机、钱包或其他贵重物品在公共场所（比方说商场等）被盗窃过吗？

    1. 是（请注明：被盗过＿＿＿＿＿＿次）　　　　2. 否

C2. 您晚上独自行走在社区外面的街道、广场等地方，您会觉得害怕吗？

    1. 非常害怕　　　　2. 比较害怕　　　　　3. 一般

    4. 不太害怕　　　　5. 不害怕

C3. 在您所居住社区之外的乡镇或街道中，您会经常看到戴有红袖标的治安志愿者吗？

    1. 经常见到　　　　2. 偶尔见到　　　　　3. 见不到

C4. 在您所居住的街道或乡镇中，您会经常见到警察或警车吗？

    1. 经常见到　　　　2. 偶尔见到　　　　　3. 见不到

C5. 您能区分警察、辅警与保安吗？

    1. 能　　　　　　　2. 不能

C6. 在您自己或亲朋好友所接触的北京警察执法过程中，您认为受到公正对待了吗？

    1. 非常公正　　　　　　　　　　　　2. 比较公正

3. 一般   4. 不太公正

5. 不公正   9. 未接触

C7. 您或您的亲朋好友有没有在北京见到过有人携带下列危险物品？

种类	有	没有
A. 枪支	1	0
B. 管制刀具	1	0
C. 危险物品（比方说易燃易爆、化学物品等）	1	0

C8. 近一年内，您在北京邮寄快递时，快递员是否现场检查邮寄物品？

 1. 全都会检查   2. 大多数会检查

 3. 检查与不检查，比例相当   4. 偶尔检查

 5. 不检查   9. 未邮寄

C9. 近一年内，您在北京邮寄快递时，快递员是否要求您提供身份证件？

 1. 全都会要求   2. 大多数会要求

 3. 要求与不要求，比例相当   4. 偶尔要求

 5. 不要求   9. 未邮寄

C10. 您在北京最近一次办理旅店入住手续时，旅店执行登记旅客信息情况如何？

 1. 所有入住人员均严格登记

 2. 同行人员一人或少数人登记，其余人员未登记

 3. 无须登记

 9. 没住过

C11. 您是否在网购时与商家产生矛盾纠纷？

 1. 是   2. 否（跳答 C13 题） 9. 未网购

C12. 当您网购商品与商家产生矛盾纠纷时，是否有通畅的渠道来解决问题？

 1. 是   2. 否

C13. 当您去银行办理汇款业务时，银行工作人员会跟您进行收款人确认么？

 1. 都会   2. 大多数会

3. 一般　　　　　　4. 偶尔会

5. 不会　　　　　　9. 未办理

C14. 您认为北京市医院的整体安全防范能力如何？

1. 强　　　　　　2. 一般　　　　　　3. 弱

C15. 您通过政府网络服务平台办理过就业、劳动、社会保障、治安管理或医疗卫生等相关业务吗？

1. 办过　　　　　　2. 没办过

C16. 您认为在北京办理居住证是否方便？

1. 办理过，方便　　　2. 办理过，不方便　　　3. 未办过

C17. 近五年，您是否参加过社会稳定风险评估（比方说涉及居民的环境安全、集体财产安全等）的听证会？

1. 是　　　　　　2. 否

C18. 您认为北京市下列交通场站的安防力量是否充足？

交通场站类别	是	否	没去过
A. 地铁站	1	0	9
B. 公交站	1	0	9
C. 火车站	1	0	9
D. 汽车站	1	0	9
E. 飞机场	1	0	9

C19. 当您自驾或乘坐车辆进京时，是否接受过交通卡口的治安检查？

1. 全都检查　　　　　2. 大部分都检查

3. 检查、不检查各占一半

4. 偶尔检查　　　　　5. 不检查

9. 没到过交通卡口

C20. 您最近一年个人信息是否发生过被泄露的情况？

1. 经常被泄露　　　2. 偶尔有泄露　　　3. 未泄露

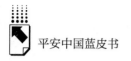
D. 学校、单位安全状况

D1. 您或您的亲属是否有孩子在北京上学？

   1. 是   2. 否（跳答 D5 题）

请选择一个您最熟悉的孩子，回答 D2 ~ D4 题。

D2. 您或您亲属的孩子在北京就读学校的类型为？

   1. 幼儿园（回答 D3 题 A 部分）

   2. 中小学（回答 D3 题 B 部分）

   3. 大学（回答 D3 题 C 部分）

D3. 据您了解，您或您亲属的孩子在校园当中是否存在下列安全问题？

学校类别	校园安全问题	是	否
A. 幼儿园	1. 教师等工作人员虐待学生行为（比方说体罚、侮辱性语言等）	1	0
	2. 猥亵儿童行为	1	0
	3. 校园食品安全	1	0
	4. 校园基础设施安全（比方说失火、触电、中毒、交通、消防等）	1	0
	5. 在上学期间走失	1	0
	6. 其他（请注明：_____）	1	0
B. 中小学	1. 校园斗殴、欺凌行为	1	0
	2. 教师体罚学生行为	1	0
	3. 性侵或性骚扰行为	1	0
	4. 校园周边文化娱乐场所引起的不安全问题	1	0
	5. 校园盗窃行为	1	0
	6. 校园欺诈行为	1	0
	7. 中小学心理健康危机	1	0
	8. 校园食品安全	1	0
	9. 校园基础设施安全（比方说失火、触电、中毒、交通、消防等）	1	0
	10. 在上学期间走失	1	0
	11. 其他（请注明：_____）	1	0

续表

学校类别	校园安全问题	是	否
C. 大学	1. 校园斗殴、欺凌行为	1	0
	2. 性侵或性骚扰问题	1	0
	3. 校外文化娱乐场所引起的不安全问题	1	0
	4. 校园盗窃行为	1	0
	5. 校园欺诈行为	1	0
	6. 人际关系危机	1	0
	7. 大学生心理健康危机	1	0
	8. 国外敌对势力渗透	1	0
	9. 涉及邪教问题	1	0
	10. 传销	1	0
	11. 大学生涉黄	1	0
	12. 大学生涉赌	1	0
	13. 大学生涉毒	1	0
	14. 校园食品安全	1	0
	15. 校园基础设施安全（比方说失火、触电、中毒、交通、消防等）	1	0
	16. 其他（请注明：_____）	1	0

D4. 据您了解，您或您亲属的孩子所在学校是否开展过安全教育？

1. 是   2. 否

D5. 您所在的单位类型是什么？

1. 机关事业单位   2. 国有及国有控股企业   3. 集体企业

4. 个体工商户   5. 私营企业   6. 外资企业

7. 合资企业   8. 其他   9. 无单位（跳答 D13 题）

D6. 您所在单位的视频监控体系是否有效运行？

1. 非常有效   2. 比较有效   3. 一般

4. 不太有效   5. 无效

D7. 您所在单位过去五年是否发生过安全生产事故？

1. 是   2. 否（跳答 D9 题）

9. 不清楚（跳答 D9 题）

D8. 您所在单位发生安全生产事故后，相关责任人是否被追责？

    1. 是   2. 否   9. 不清楚

D9. 您所在单位是否组织过应急演练？

    1. 是   2. 否

D10. 您所在的单位是否有应急救援队伍？

    1. 是   2. 否

D11. 您所在的单位是否定期对各岗位的安全状况进行检查？

    1. 是   2. 否

D12. 您所在的工作单位是否开展过安全警示教育活动？

    1. 是   2. 否

D13. 总的来讲，您觉得北京总体安全状况如何？

    1. 非常安全   2. 比较安全   3. 一般

    4. 不太安全   5. 不安全

    谢谢您参与我们的调查！希望您能告诉我们您的联系方式，以便我们将来联系回访。我们将会严格遵守相关法律规定，为您所提供的信息保密。再次感谢您的理解与配合！

E1. 您的姓名：_____。

E2. 您的手机号码：□□□□□□□□□□□。

E3. 您的固定电话：□□□□□□□□。

                           调查结束，祝您平安幸福！

社会科学文献出版社

皮书系列

✤ 皮书起源 ✤

"皮书"起源于十七、十八世纪的英国，主要指官方或社会组织正式发表的重要文件或报告，多以"白皮书"命名。在中国，"皮书"这一概念被社会广泛接受，并被成功运作、发展成为一种全新的出版形态，则源于中国社会科学院社会科学文献出版社。

✤ 皮书定义 ✤

皮书是对中国与世界发展状况和热点问题进行年度监测，以专业的角度、专家的视野和实证研究方法，针对某一领域或区域现状与发展态势展开分析和预测，具备原创性、实证性、专业性、连续性、前沿性、时效性等特点的公开出版物，由一系列权威研究报告组成。

✤ 皮书作者 ✤

皮书系列的作者以中国社会科学院、著名高校、地方社会科学院的研究人员为主，多为国内一流研究机构的权威专家学者，他们的看法和观点代表了学界对中国与世界的现实和未来最高水平的解读与分析。

✤ 皮书荣誉 ✤

皮书系列已成为社会科学文献出版社的著名图书品牌和中国社会科学院的知名学术品牌。2016年，皮书系列正式列入"十三五"国家重点出版规划项目；2013~2018年，重点皮书列入中国社会科学院承担的国家哲学社会科学创新工程项目；2018年，59种院外皮书使用"中国社会科学院创新工程学术出版项目"标识。

中国皮书网

（网址：www.pishu.cn）

发布皮书研创资讯，传播皮书精彩内容
引领皮书出版潮流，打造皮书服务平台

栏目设置

关于皮书：何谓皮书、皮书分类、皮书大事记、皮书荣誉、
　　　　　皮书出版第一人、皮书编辑部

最新资讯：通知公告、新闻动态、媒体聚焦、网站专题、视频直播、下载专区

皮书研创：皮书规范、皮书选题、皮书出版、皮书研究、研创团队

皮书评奖评价：指标体系、皮书评价、皮书评奖

互动专区：皮书说、社科数托邦、皮书微博、留言板

所获荣誉

2008 年、2011 年，中国皮书网均在全
国新闻出版业网站荣誉评选中获得"最具
商业价值网站"称号；

2012 年，获得"出版业网站百强"称号。

网库合一

2014 年，中国皮书网与皮书数据库端
口合一，实现资源共享。

权威报告·一手数据·特色资源

皮书数据库
ANNUAL REPORT(YEARBOOK)
DATABASE

当代中国经济与社会发展高端智库平台

所获荣誉

- 2016年，入选"'十三五'国家重点电子出版物出版规划骨干工程"
- 2015年，荣获"搜索中国正能量 点赞2015""创新中国科技创新奖"
- 2013年，荣获"中国出版政府奖·网络出版物奖"提名奖
- 连续多年荣获中国数字出版博览会"数字出版·优秀品牌"奖

成为会员

通过网址www.pishu.com.cn访问皮书数据库网站或下载皮书数据库APP，进行手机号码验证或邮箱验证即可成为皮书数据库会员。

会员福利

- 使用手机号码首次注册的会员，账号自动充值100元体验金，可直接购买和查看数据库内容（仅限PC端）。
- 已注册用户购书后可免费获赠100元皮书数据库充值卡。刮开充值卡涂层获取充值密码，登录并进入"会员中心"—"在线充值"—"充值卡充值"，充值成功后即可购买和查看数据库内容（仅限PC端）。
- 会员福利最终解释权归社会科学文献出版社所有。

数据库服务热线：400-008-6695
数据库服务QQ：2475522410
数据库服务邮箱：database@ssap.cn
图书销售热线：010-59367070/7028
图书服务QQ：1265056568
图书服务邮箱：duzhe@ssap.cn

社会科学文献出版社 皮书系列
SOCIAL SCIENCES ACADEMIC PRESS (CHINA)
卡号：578483864526
密码：

S 基本子库
UB DATABASE

中国社会发展数据库（下设 12 个子库）

全面整合国内外中国社会发展研究成果，汇聚独家统计数据、深度分析报告，涉及社会、人口、政治、教育、法律等 12 个领域，为了解中国社会发展动态、跟踪社会核心热点、分析社会发展趋势提供一站式资源搜索和数据分析与挖掘服务。

中国经济发展数据库（下设 12 个子库）

基于"皮书系列"中涉及中国经济发展的研究资料构建，内容涵盖宏观经济、农业经济、工业经济、产业经济等 12 个重点经济领域，为实时掌控经济运行态势、把握经济发展规律、洞察经济形势、进行经济决策提供参考和依据。

中国行业发展数据库（下设 17 个子库）

以中国国民经济行业分类为依据，覆盖金融业、旅游、医疗卫生、交通运输、能源矿产等 100 多个行业，跟踪分析国民经济相关行业市场运行状况和政策导向，汇集行业发展前沿资讯，为投资、从业及各种经济决策提供理论基础和实践指导。

中国区域发展数据库（下设 6 个子库）

对中国特定区域内的经济、社会、文化等领域现状与发展情况进行深度分析和预测，研究层级至县及县以下行政区，涉及地区、区域经济体、城市、农村等不同维度。为地方经济社会宏观态势研究、发展经验研究、案例分析提供数据服务。

中国文化传媒数据库（下设 18 个子库）

汇聚文化传媒领域专家观点、热点资讯，梳理国内外中国文化发展相关学术研究成果、一手统计数据，涵盖文化产业、新闻传播、电影娱乐、文学艺术、群众文化等 18 个重点研究领域。为文化传媒研究提供相关数据、研究报告和综合分析服务。

世界经济与国际关系数据库（下设 6 个子库）

立足"皮书系列"世界经济、国际关系相关学术资源，整合世界经济、国际政治、世界文化与科技、全球性问题、国际组织与国际法、区域研究 6 大领域研究成果，为世界经济与国际关系研究提供全方位数据分析，为决策和形势研判提供参考。

法律声明

“皮书系列”（含蓝皮书、绿皮书、黄皮书）之品牌由社会科学文献出版社最早使用并持续至今，现已被中国图书市场所熟知。“皮书系列”的相关商标已在中华人民共和国国家工商行政管理总局商标局注册，如 LOGO（🖐）、皮书、Pishu、经济蓝皮书、社会蓝皮书等。“皮书系列”图书的注册商标专用权及封面设计、版式设计的著作权均为社会科学文献出版社所有。未经社会科学文献出版社书面授权许可，任何使用与“皮书系列”图书注册商标、封面设计、版式设计相同或者近似的文字、图形或其组合的行为均系侵权行为。

经作者授权，本书的专有出版权及信息网络传播权等为社会科学文献出版社享有。未经社会科学文献出版社书面授权许可，任何就本书内容的复制、发行或以数字形式进行网络传播的行为均系侵权行为。

社会科学文献出版社将通过法律途径追究上述侵权行为的法律责任，维护自身合法权益。

欢迎社会各界人士对侵犯社会科学文献出版社上述权利的侵权行为进行举报。电话：010-59367121，电子邮箱：fawubu@ssap.cn。

社会科学文献出版社